U0034634

經營顧問叢書 276

輕鬆擁有幽默口才

李俊鵬　編著

憲業企管顧問有限公司　發行

《輕鬆擁有幽默口才》

序　言

在編寫這本書的時候，我反覆思量這樣一個問題，這本書可以幫助讀者擁有幽默口才嗎？

這個問題很難回答，幽默並不意味著膚淺的談笑，或者低級的嘲諷。從某種意義上來說，幽默是一門語言技巧，在看似深奧的背後存在著有章可循的學問。只有真正瞭解和掌握了這種語言技巧的人，在日常生活中才能幽默張口就來。**所以本書的定位，不是一本「笑話書」，而是一本「教你如何說笑話的幽默口才書」。**

幽默是一種恒久的時尚。幽默對於每個人都不是陌生的話題，它是我們日常生活中不可缺少的一種語言藝術。如果你不懂幽默，那麼很可悲，你的生活會過於貧乏。在倫敦，說一個人缺乏幽默感，等於是說他一無是處。一個人能擁有詼諧、幽默、風趣的人格特質，將「喜樂之心」傳遞給他人·逗笑他人、使人快樂，就會使「室內牆角」充滿「燦爛陽光」。

在生活中常常有這樣的現象：兩個人相見，由於相互不太熟悉，談話不知從何說起，這時可能由於一個人的幽默一擊，又使熱鬧場面恢復如初……幽默是一種魅力，它可拉近兩個人的距離，它可使僵局呈現轉機。人們的生活需要幽默，個人的魅力有時就來自幽默。美麗是種魅力，與人的外形相關；幽默也是一種魅力，幽默與人的內在氣質相連。幽默可能讓你繁重的勞累變得輕鬆。讓沉悶的生活充滿活力。努力做個幽默的人，用幽默來克服沮喪，用幽默來化解矛盾，用幽默來解除煩惱，用幽默來保持一種愉快和諧的精神狀態。

幽默是一種生存技巧，也是一種人格魅力。幽默更是一種智慧，事實證明，那些有幽默感的人往往就是生活的強者。為了改善你的生存環境，為了提高你的競爭能力，為了讓你的人生充滿和諧，大家不妨都學點幽默。

別人對我們的好感程度，往往決定了我們做事的順利程度。幽默不失為一種贏得好感的好辦法。笑是全世界適用的通行語，是友善溝通的橋樑，讓我們用幽默啟動人脈的磁場，做一個處處受歡迎的微笑大贏家。

幽默也是一種人格魅力，幽默也是一種語言藝術，也是智慧的結晶，是一個人良好素質和修養的表現。幽默可以幫助人們減輕各種壓力，擺脫困境；幽默也能幫助人們戰勝煩惱，振奮精神，轉敗為勝。幽默以善意的微笑代替抱怨，使生活變得更有意義。當你把幽默作為禮物贈與他人時，會得到相應的甚至更多的回報，因此，幽默口才成為大家共同追求和宣導的一種能力。

幽默是一種學問。一句幽默的話可以讓陷入僵局的談判起死回生，一句幽默的話可以讓劍拔弩張的氣氛變得輕鬆緩和，一句幽默的話可以讓你成為眾人關注的焦點，一句幽默的話可以讓初次見面的異性對你一見鍾情，一句幽默的話可以讓你博得他人的愛心。幽默不僅是生活的調味劑，也是工作的潤滑劑；不僅是感情的催化劑，也是對立的消融劑。

但是，幽默感並非都是天生的，那些天生不具備幽默感的人，需要在後天的學習中逐漸掌握幽默的技巧，以增加自己的人格魅力。只要你掌握一些基本的幽默技巧，可以變得善解人意、靈活機智，為你的人生增添更多的樂趣。

本書用大量趣味橫生的例子，生動而具體地講述了幽默的應用，旨在幫助讀者認識幽默、瞭解幽默，讓讀者在輕鬆閱讀的同時，潛移默化地掌握提高幽默口才的方法。

本書可以讓讀者快速認識幽默、瞭解幽默、掌握幽默，提升說話的幽默技巧和表達方式，利用幽默的語言，在短暫的幾句對話中就能打動人心，從而讓自己在工作、學習、生活中，有一個和諧、愉快的氣氛。

通過閱讀本書，你不僅可以提升幽默感，還能學會恰到好處地運用幽默，在談笑風生中展現你的機智和風度，使你成為奪人眼球的焦點，讓你擁有備受矚目的體驗。

《輕鬆擁有幽默口才》

目　錄

第一章　風趣是最好的下酒菜 / 13

第二章　幽默口才是人生快樂之門 / 33

第四章　幽默口才可及時擺脱窘境 / 75

第六章　職場中的幽默口才 / 149

第七章　與客戶笑談中的幽默口才 / 177

第八章　締造幸福的幽默口才 / 191

第九章　巧用語言的幽默口才 / 229

第十章　突破思維的幽默口才 / 247

第一章

風趣是最好的下酒菜

幽默可以改變我們灰暗、消沉的心境，幫助我們找回自信、激情和興致，使我們精神爽朗、心情舒暢，使我們的生活充滿溫暖的陽光。

1 借力順勢展幽默

在生活中，幽默也可以通過借力的方式產生，我們可以巧妙地利用對方的話來為自己服務，這就是所謂的「借別人的梯子，登自己的樓」。猶如太極的借力發力。

這種方法多用於應對攻擊性的話語。當對方從某一角度、某一方面對你進行嘲諷、侮辱時，你可以抓住其話語中的某個破綻，順著對方的邏輯推下去，從而得出一個令對方無地自容的自然結論。這樣既能使自己脫離困境，又能給對方有力的回擊。

有兩個貴族青年，騎著高頭大馬在路上趾高氣揚地行著，迎面走來一位駝背的老婦人，手裏牽著兩匹瘦骨嶙峋的小驢子。

兩位年輕人打趣地向老婦人「致敬」:「早安，驢媽媽。」

「早安，我的孩子們！」老婦人答道。

老婦人巧妙借用對方話中的「驢媽媽」這個詞語，順其之勢，取其精髓再把自己要說的話經過刻意地加工，平和而又幽默地回擊了兩個貴族青年的侮辱，在和緩的氣氛中，既維護了自己的尊嚴，又對兩個貴族青年予以溫和的批評和教育。

「巧借人力，順勢而為」的關鍵在「借」和「順」兩個字上。首先要在別人的話語中發現可借之物，把握其內在的精神，然後順著這種內在的精神，運用可能前後並不協調的話語，表達出乎對方意料的意思，幽默也就輕鬆產生了。我們來看達爾文是怎樣運用這種技巧的。

有一次，達爾文應邀出席一次盛大的晚宴。宴會上，他的身邊正好坐著一位年輕美貌的小姐。

「尊敬的達爾文先生，」年輕美貌的小姐帶著戲謔的口吻向科學家提問，「聽說您認為人類是由猴子變過來的？」

「當然不是，我所指的是古代的猩猩。」達爾文聳了聳肩膀說。

「是這樣啊！那麼我也應該是在您的論斷之內的吧？」小姐問。

「那是當然！」達爾文望了她一眼，彬彬有禮地回答，「我堅信自己的論斷。不過，您不是由一般的猩猩變來的，而是由長得非常迷人的猩猩變來的。」

美貌的小姐還不肯甘休，她又以自己的容貌為題材，想再次為難達爾文一下，她說：「猩猩的臉也能變得這麼美嗎？」

達爾文卻借她的美貌作出回答：「當然不是所有猩猩的臉都能變得這麼美，自然是迷人的猩猩才能變成這樣。」

達爾文從對方的話語中成功地找到了可借之物──「美」和「美貌」，然後緊緊抓住這兩個要素，順著小姐的話進行幽默的回答，從而巧妙地維護了自己的進化論，而又未失紳士風度。

「巧借人力」的幽默技巧不僅可以使我們逢凶化吉，同時也能幫我們取得事業的成功，下面就是一個事例：

在英國肯特郡的一個法庭上，瓊斯太太正與丈夫鬧離婚，理由是她丈夫有了外遇。法官問道：「瓊斯太太，你能不能告訴法庭，與你丈夫私通的『第三者』是誰？」

瓊斯太太爽快地說：「當然可以，她就是臭名遠揚、家喻户曉的『足球』。」

法官聽後哭笑不得，只得勸道：「足球不是人，你只能控告足球生產廠家！」

誰知瓊斯太太果眞在法庭上指控了一年生產 20 萬隻足球的天地足球廠。更出乎意料的是，通過法庭調解，該廠居然答應賠償瓊斯太太 10 萬英鎊的精神損失費。

足球廠老闆說：「瓊斯太太與丈夫鬧離婚，正說明了我廠生產的足球的魅力，而她的控詞給我廠做了一次絕妙的廣告。」

在這一則幽默故事中，瓊斯太太控告天地足球廠生產的足球為第三者，足球廠老闆卻利用這一特殊事件，順著瓊斯太太的邏輯，給自己的足球做了一次絕妙的廣告宣傳。從這裏，我們可以看出足球廠老闆所具備和運用的正是一種巧借人力的充滿大智慧的幽默。言語幽默雖包含著引人發笑的成分，但它絕不是油腔滑調的故弄玄虛或矯揉造作的插科打諢。有幽默感的人，大都有較高的文化水準和良好的品德修養，而一個不學無術的人則往往只會說一些淺薄、低級的笑話。

2 幽默使生活情趣盎然

幽默的魅力主要在於它能營造歡樂的氣氛，使平凡、忙碌的生活充滿趣味和歡笑，讓親人體味到生活的幸福。在生活中，我們不僅需要有對生活的熱愛之情，更需要有幽默的言談，因為它表現了你對生活的眷戀，對親人的關懷。讓幽默充滿生活，是營造美滿和諧生活的良方。

一天，小李正與妻子看電視，小李非常同情電視中的男主人公，不禁發出了一聲長歎。妻子察覺到了，問道：「你不好好看電視，為什麼長歎？」

小李說：「人都說：『水可載舟，也可覆舟』，我想這女人好比是水，男人好比是船。」

沒想到他的妻子立刻沉下了臉，厲聲問道：「自從我跟你結婚到現在，我讓你翻過幾次船？今天你不說清楚，我跟你沒完。」她一邊叫嚷，一邊揪住了小李的衣領，眼看一場家庭大戰就要爆發。

小李立即辯解：「我想我跟電視上的男主人公一樣，是一艘潛水艇，終年潛伏水下，雖不能揚帆千里，也無覆舟之慮，這樣才能『天下太平』呀！」

妻子聽後轉怒為喜。

有一次，妻子叫丈夫洗衣服，丈夫說：「我的腰疼，不能洗衣服。」

於是妻子給丈夫揉了揉腰，然後問道：「現在不疼了吧？」

丈夫說：「我的腰是不疼了，但是我的手疼。」

妻子笑著說：「那你趕快洗衣服吧，好讓洗衣機中的波浪給你按摩一下。」

丈夫只好笑著去洗衣服。

幽默，更易於營造一種甜蜜溫馨的氣氛，讓平凡的生活變得有趣詼諧。在不經意間，輕鬆地與家人幽默一下，可以維持良好的家庭氣氛，同時也讓生活有一點兒驚喜。

一天，妻子幹完家務活就開始做飯，她的丈夫卻一邊看電視，一邊對妻子說：「電視上說，豬腦補腦，豬肝補肝……」

過了一會兒，妻子把飯菜端上了餐桌，丈夫說：「啊，豬肝、豬心，味道不錯！」

丈夫邊吃邊問妻子：「你知道豬肝、豬心能補什麼嗎？」

妻子擦了擦額頭上的汗珠，笑著說：「補那些沒有心肝的人的心肝。」

丈夫品出了妻子的話外之意，趕忙扶妻子坐下一同吃飯。

3 幽默口才體現樂觀的生活態度

幽默者屬於樂觀主義者，能讓人笑口常開，給人一種樂觀向上的精神力量。在悲傷的時候，幽默不一定能讓你快樂起來，但是它能夠幫助你笑對人生，輕鬆愉快而又有意義地生活。

在一場戰爭中，戰敗方的一位將軍被炮彈奪去了左腿。他的勤務兵抱著他空蕩蕩的褲管失聲痛哭，將軍卻泰然自若地笑著打趣：「傻小子，以後你每天只需擦一隻皮鞋了。」勤務兵破涕為笑。

幽默能讓人笑口常開，從而能從一種樂觀向上的生活態度中獲得幸福的感覺。

有一次，歌德的廚師從他家偷偷地拿走了一條魚。恰巧歌德走出門來，他一眼就看到了廚師衣服底下露出的魚尾巴。

「嘿，夥計！」歌德大聲喊道。

廚師聽到喊聲，愣了一下，隨即應聲答道：「先生，你還有什麼事嗎？你吩咐的事情我都做完了。」

歌德笑著說：「夥計，如果你以後再想拿魚的話，就請你穿一件長一點的大衣，要不然，你就拿一條小魚好了。」

幽默是開朗樂觀性格的體現，是對他人所犯錯誤的大度，更是不計較得失的豁達。亞里斯多德就曾經說過：「幽默發現正面人物在個別缺點掩飾下的真正本質。我們正是這樣不斷地克服缺點，發展優點，這也就是幽默對人的肯定的力量之所在。」

在半夜時分有小偷光臨，一般不會令人愉快，可是大作家巴爾扎克卻與小偷開起了玩笑。

巴爾扎克一生寫了無數作品，但還是常常窮困潦倒。有一天夜晚他正在睡覺，有個小偷爬進他的房間，在他的書桌上亂摸。

巴爾扎克被驚醒了，但他並沒有喊叫，而是悄悄地爬起來，點亮了燈，平靜地微笑著說:「親愛的朋友，別翻了，我白天都不能在書桌裏找到錢，現在天黑了，你就更找不到啦！」

幽默顯現了一種寬闊博大的胸懷。有幽默感的人大多寬厚仁慈，富有同情心。幽默不是超然物外地看破紅塵，幽默是一種積極豁達樂觀的人生觀念。

4 以幽默磨煉意志

在漫長的人生道路上，每個人都難免會與逆境狹路相逢。很多人畏懼逆境帶來的動盪和痛苦，但從長遠看，時常有些小挫折，倒是更能使人保持頭腦清醒，經受住考驗，也更能磨礪人的意志。

愛迪生在發明電燈的過程中，試驗燈絲的材料失敗了 1200 次，總是找不到一種能耐高溫又經久耐用的好金屬。這時有人對他說:「你已經失敗 1200 次了，還要試下去嗎？」

「不，我並沒有失敗。我已經發現 1200 種材料不適合做燈絲。」愛迪生幽默地說。

愛迪生就是以這種驚人的幽默力量，從失敗中看到希望，在挫折中找到鼓舞。這就是這個偉大的發明家百折不撓、碩果累累的訣竅。有時候，面對失敗，我們的意志和信心可能會滑坡，而適時的幽默可以幫助我們避免這一點。

有人打網球打不過他的朋友，他就可以幽默地對他的朋友說：「我已經找出毛病在那裏了，我的嗜好是網球，可我卻到乒乓球俱樂部裏去學習。」

這種幽默不是自欺欺人，也不是要我們和鴕鳥一樣在看到危險的時候把頭埋進沙子裏，這種幽默可以有效地防止我們的意志滑坡，還能在會心一笑中拉近我們同他人的心理距離。

職工、師生抱怨食堂伙食差，還有人罵了食堂負責人，可這位負責人風趣地說：「耶穌用五個餅和兩條魚就能讓眾人吃飽，眞不可思議，可我們這裏每天已有 30 種菜，5000 斤米飯，1500 個包子，現在不知都那裏去了。」

5 幽默使你盡情歡笑

有一位老婦人在雪地上滑了一跤，不但左臂骨折，更讓她痛苦的是肩關節脫臼，但她還是能夠笑著對朋友說：「如果你有機會摔跤，寧願跌斷手臂，也要護住你的肩膀。」

的確，疾病對人的打擊並不是一件小事，但一個有超脫、瀟灑的生活態度的人卻不會因此而失去生活的希望和歡樂。

不幸的基姆先生病了。醫生徹底檢查完了之後，十分悲哀地告訴他：「你的健康狀況糟透了！您腿裏有水，腎裏有石，動脈裏有石灰……」

基姆接口道：「現在您只要説我腦袋裏有沙子，那麼我明天就可以蓋房子了！」

6 柴米油鹽皆可幽默

在家庭生活中，餐桌是一個重要的地方。

有時候，在餐桌上運用幽默的方法，可以變廢話為趣話，讓生活充滿情趣，使家人在心理、情感上靠得更近些。

一天，丈夫回家，看見餐桌上放著一個大蛋糕、蠟燭和一瓶紅酒，便問道：「今天是什麼日子？你怎麼買了這麼多好吃的？」

妻子回答道：「難道你忘了嗎？今天可是你的結婚紀念日呀！我是專門為你買的。」

丈夫很受感動，對妻子説：「等你結婚紀念日到了，你一定要告訴我，我也要買個蛋糕，好好地為你慶祝一番。」

聰明的人不會放棄在餐桌上巧用幽默，調節就餐的氣氛，使家人有一個和諧的就餐環境。在充滿笑聲的環境中就餐，不僅可以讓人心情愉快，還可以增進親人間的感情。進人家庭生活以後，柴米油鹽不可避免地會取代戀愛階段的花前月下。其實在煩瑣的家務中幽默也是無處不在，只要你善於觀察，善於運用，柴米油鹽也可以成為幽默的素材。

一天，妻子將煮好的湯端上了餐桌。丈夫喝了一口，說：「親愛的，這湯的味道眞不錯！對了，家裏還有鹽嗎？」

妻子說：「有！我現在就去拿……」

丈夫說：「親愛的，你不用拿了……」

妻子奇怪地問：「為什麼？」

丈夫說：「我以為你把所有的鹽都放進去了……」

在家庭生活中多以生活瑣事為主，柴米油鹽就成為日常生活中不可缺少的話題。借助於這些瑣碎的小事，恰當地發揮幽默，可以為你的家庭增添無窮樂趣。

有一位丈夫下班後回到家，見妻子還沒回來，就打開電視機等著妻子回來做飯。妻子進門後也坐下來看電視，想歇一會兒再去做飯。

過了一會兒，丈夫的肚子開始「咕咕」叫起來，就催促妻子說：「快去做飯吧，我餓得受不了啦！」

妻子說：「那你幫我一塊做。」

丈夫板下臉來，威脅地說：「你再不去做，我可要上館子去吃了！」

妻子說：「好吧，請你等十分鐘。」

丈夫取得了勝利，高興地說：「你眞是越發能幹了，十分鐘就能做好飯嗎？」

妻子說：「不，十分鐘我就能打扮好陪你上館子了。」

丈夫無可奈何地一笑，只好幫著太太做飯。

有的丈夫，認為妻子做飯是天經地義的，不僅不做飯，還對飯菜挑三揀四，這也不吃，那也不吃。對這樣的丈夫，妻子就不能一味地遷就，而是要幽默地回擊。

7 幽默是社交成功的捷徑

幽默是一種能博得好感、贏得友誼的好方法，尤其是在遇到那些沒必要爭執或不值得爭執的問題時，幽默更能收到好效果。

在與人交往時，當你對某人或某事產生了意見，但又不方便直說時，也不妨神色自若地使用一下幽默，相信定能達到你想要的結果。

一次，威尼斯新執政官上任，舉辦了一場宴會，詩人但丁雖然與宴會主辦方並不熟悉，但因為很有名望，也收到了邀請，並且應邀出席。宴會上，侍者端給義大利各城邦使節的是一條條很大的煎魚，而給但丁送上的卻是幾條小魚。

但丁沒有品嘗佳餚，只是故意當著主人的面，把盤裏的小魚逐條拿起靠近耳朵，然後又一一放回盤中。宴會主人見此情況，就問但丁，為什麼做這種莫名其妙的動作。

但丁站起身來，清了清嗓子，以在場所有人都能聽到的音量回答：

「幾年前，我的一位朋友，很不幸地在海上遇難。自那以後，我始終不知道他的遺體是否安然埋於海底。所以，我就問問這些小魚，也許它們多少知道一些情況。」

宴會主人對此很感興趣：「那麼，它們又對你說了些什麼呢？」

但丁故弄玄虛地回答：「小魚們告訴我說，那時它們都很幼小，對過去的事情不太瞭解，不過，也許鄰桌的大魚們知道一些具體情況。它們建議我向大魚們打聽打聽。」

宴會主人不由得笑了，轉身責備侍者不應怠慢貴客，吩咐他們馬上給詩人端上大煎魚。

像但丁這樣，在宴會中受到不公平待遇，又因為與主辦的人不熟悉，溝通不暢，互相也不夠瞭解，換了別人，很可能早已憤怒離席。但是但丁不僅沒有拍案而起，反而將自己的不滿幽默婉轉地表達出來。這種幽默指出對方過失，同時又為自己提出要求的委婉技巧，任何人聽了都不可能無動於衷，必然是一邊為對方機智的談吐逗笑，一邊又不無歉意地請求對方的原諒。這樣，提意見的和被批評的不需要在言語上發生衝突，就其樂融融地達到了雙贏的境界。相信宴會主人看了但丁的「滑稽」表現，一定會忍俊不禁。兩個原本陌生的人，關係就在這一刻被拉近了。

8 幽默給人留下良好的第一印象

第一印象是所有人際交往的開始，它直接關係到日後人際交往的走向。而幽默的人容易給人留下良好的第一印象，也更容易引起別人的交往熱情。羅伯特是美國著名演說家，他生平有許多朋友，其中有些是文字之交，之前從未謀面。當他們同羅伯特首次見面時，總是有些拘謹。

羅伯特 60 歲生日，許多朋友去看他，有人見他頭禿得厲害，就勸他不妨戴頂帽子。羅伯特回答說：「你們不知道光頭有多好，我是第一個知道下雨的人！」這句幽默的話一下使聚會的氣氛變得輕鬆起來。

很多人之所以招人喜歡，讓人願意與其交往。不僅因為他是個極有才華的人，更主要的原因是由於他的幽默能夠活躍氣氛，給人留下深刻的印象和美好的回憶，使得彼此之間第一次交往變成朋友之間友好的聚會。

9 用幽默代替握手

見面握手，是表示「我歡迎你」，並尊重你的一種友好方式。而以幽默來打招呼，則是有力地表示我喜歡你，我們之間有著可以共用的樂趣。分享樂趣的歡樂自然要比簡單的握手或是說句「你好」更加受人歡迎。

一個男人對一個剛剛相遇的朋友說：「我結婚了。」

「那我得祝賀你。」朋友說。

「但是不久前又離了。」

「那我更要祝賀你了。」

這個朋友並沒有對男人離婚的事表示勸慰，而是反其道而行之地表示了祝賀，暗含了對痛苦婚姻的評價，讓對方在會心一笑中消除了煩悶。自然也就對這個初次見面，並這麼幽默風趣的朋友產生了好感。

某教師第一次到一個地方上課，不巧趕上一場大雨，本來打算乘坐的三輪車全都不見蹤影。沒辦法，教師只能徒步趕往教室。

當他撐著雨傘從招待所奔到授課地點時，已經晚了十分鐘，一推教室的門，迎接他的是幾十雙清澈而明亮的眼睛。

教師為自己的遲到感到抱歉，他走上講台，向同學們鞠了一躬，然後說：「不好意思，讓同學們久等了。我是講《公共關係學》的，但和老天爺的關係沒處理好。瞧，他的態度一點也不歡迎我……」教師滿含幽默的道歉頓時激起了同學們的歡笑和陣陣掌聲。初次上課便遲到的尷尬早已消失不見了。

很多人知曉了幽默的好處，卻苦於沒有那麼多幽默的素材。其實，幽默在於積累，平時注意從家人、同事、親朋好友那兒獲得幽默的題材，注意傾聽他們所說的趣事，就可以隨時增加自己的幽默資源。待到用時，你就可以手到擒來了。

10 幽默能帶來友善的人際關係

在言談中，那些幽默談吐的人比較受人歡迎，因為他們能夠使氣氛緩和，在爭執不休時，若能靈活地運用幽默感，亦可促進結局的圓滿成功。應當看到，幽默可以增進良好的效果，例如：可以緩和當時的緊張感；可以顯示出和對手的親密感；還可以適時開啟對方心扉，創造絕佳的契機……它是為我們帶來良好人際關係的有利工具。

一天，傑出的英國戲劇家蕭伯納在街頭行走時，突然被一個騎自行車的人撞倒，雖然沒有造成什麼傷害，但著實讓他受了不小的驚嚇。

騎車的人十分緊張，立即扶起了蕭伯納，並慌張地不住向他道歉。然而，蕭伯納卻笑了笑打斷他的話說道：「不，先生，您比我更不幸。要是您再加點勁兒，那就可以作為撞死蕭伯納的好漢而永遠名垂史冊啦！」

蕭伯納的這句幽默話讓那位撞到他的人頓時放下了包袱。良好的人際氣氛就這樣形成了。

不可否認，幽默能夠輕鬆地消除陌生人之間的心理敵意，拉近彼此的心理距離。無論是誰都願意和一個有幽默感的人交朋友，而不願和一個整天板著臉毫無趣味的人相處。這也證實了幽默作為一種生活情趣，能反映一個人的修養和情調，從人格上對他人產生極大的吸引力。

不論在任何時候，任何場合，恰當的幽默都能幫助我們成功地打開溝通的大門。許多幽默的人，他們常常能將窘迫的情境恢復原狀，這實在令人羨慕。

11 牢騷也動聽

上帝創造了驢子並告訴它:「你將從早到晚不停的工作、背負重物，你只能吃草，你將不會擁有智慧，而你有 50 年的壽命，你是一匹驢子！」驢子回答說:「我會是匹驢子，但活 50 年太久了，讓我活 20 年就好了！」於是上帝給了它 20 年壽命。上帝創造了狗並告訴它:「你必須替人類看家，你是人類最忠實的朋友，你只能吃人給你的東西，而你可以有 25 年壽命，你是一隻狗！」狗回答說:「活 25 年太久，讓我活 10 年就好了！」於是上帝給了它 10 年的壽命。

上帝創造了猴子並告訴它:「你必須在樹上跳來跳去，做一些蠢事讓人開心，而你有 20 年的壽命，你是一隻猴子！」猴子回答說:「上帝，活 20 年太久了，讓我活 10 年就好了！」上帝也同意了。

最後，上帝創造了人類並告訴他:「你是人類，地球上唯一的理性動物，你將運用智慧去控制其他的動物並主宰世界，而你可以有 20 年的壽命。」

人類回答說:「上帝，我是人類，但 20 年的壽命實在不夠，你何不把驢子放棄的 30 年、狗放棄的 15 年及猴子放棄的 10 年都給我呢？」上帝也同意了。

這就是上帝的決定。從此，人類過了 20 年人樣的生活。結婚後花了 30 年像匹驢子一樣的背負重擔。當他的孩子離開家後，又花了 15 年如狗一般的看家，吃任何別人給他的東西，然後漸漸老去而退休。剩下的 10 年，他像猴子般的在屋子裏和孩子們間轉來轉去，盡做些蠢事為的是取悅兒孫。

面對客戶，他也會大吐苦水，說自己：「起的比雞早，睡的比狗晚，吃的比貓少，幹的比牛多。」以低姿態博得同情。

12 雞毛蒜皮皆幽默

以笑來面對日常生活中引起我們不快的小事情，會眼看著不快的情緒消失。借著分享和他人對你的笑，你就可以把瑣碎的問題擺在適當的位置。和你的整個生活相比，這些問題就顯得不在話下了。你也會因此提醒別人，這有助於他們輕鬆地面對生活，振奮精神。

・天氣預報：今天白天有點想你，下午轉大到暴想，心情指數將由此降低十個百分點，受此低情緒影響，預計此類心情將持續到見你為止。

・風向預報：今天夜間到明天白天，你的手機將出現鵝毛大雪般的祝福，你的心情將以晴為主，受此晴好天氣影響，笑聲將席捲你週圍，預計未來 52 週你的事業、生活、愛情都將以順風為主。

・降水概率預報：今天降水概率為 60%，你的雨傘漏雨的機會為 40%，而你頭上噴的發膠變成糨糊的可能性則為 30%。

・根據天氣在線的預報，元旦至春節期間全球大部份地區會降鈔票。北美東部、西部都將有較弱的美鈔，歐洲大部則有堅挺的歐元，西歐部份地區將有英鎊；中國華北將受金條影響。天氣在線提醒各地用戶，注意備好麻袋，準備發財！

・甲：「聽說，不孝敬老人會遭雷劈！」

乙：「沒關係，你看我家屋頂上裝有避雷針，氣象局剛做過防雷檢測！」

・地理老師：「我市為季風氣候控制，即夏天盛行東南風，冬天盛行西北風。」

學生：「老師，你說得不對。我媽說，自從她跟我爸結了婚，一年四季都喝西北風。」

・一個小夥子寫信給女朋友：「親愛的，為了見到你，我會奮不顧身地橫渡大洋，毫不猶豫地跳進深淵；為了見到你，我要克服一切困難……明天我一定去見你，如果天不下雨的話。」

・弟弟：「氣象台預報，明天最低溫度要到攝氏零度呢！哥哥，什麼叫攝氏零度？」

哥哥：「笨！你連零度都不知道？零度就是沒有溫度嘛！」

・你是否曾經很想對你的家庭背景抱怨一番，或者誇耀一番？有兩個人互相吹自己的祖先：

一個說：「我的家世可以遠溯到南北朝時的慕容世家。」

「抱歉，」另一個表示歉意說：「我的族譜在大禹治水時被沖走了。」

・還有一則伊利諾州參議員德克森的故事。

當德克森首次問鼎國會時，他聽到對手在政見發表會上，對家世大做文章。這位對手的祖先是個將軍，叔父是州立最高法院的法官。輪到德克森發言了。「各位女士，各位先生，」他開始說：「本人深感榮幸有這樣的家世——我是從已婚者一脈相傳、源遠流長而來的。」

•詩人麥琛有一次對他自己「從婚姻外的關係而出生」的事實開玩笑。「我生來就是私生子，」麥琛說：「但是有的人卻窮其一生來成為私生子。」

•也許你覺得你生錯了時代，或生錯了地點，或生錯了家庭；或者你為過去的經濟環境感到困窘，生怕有人提起。我們要提出一些想法，可以發揮幽默力量來解決這些小小的困境。同時你也可以使用自己發明的方法！

「我們從來不窮，也沒有挨過餓，只是有時候把吃飯時間無限延後罷了。」

「我出身窮苦的家庭。當我小的時候，別的小孩做模型飛機，而我是做模型漢堡包。」

•麻將人人會玩，何不來段即興笑話：

阿月要煮飯，問正在打麻將的母親要洗多少米。

母親沒有聽到阿月的問話，一邊將手裏的牌打出一邊說：「九筒！」結果——那一鍋飯讓她們家足足吃了一個星期。

再來段《陋室銘》：

藝不在精，有錢則靈；

人不在多，四位則行；

斯是清娛，唯麻將經。

斷麼斷九來，最好門前清，

海底揮月爽，杠上尋歡心，

可以強精神，活腦筋。

有晝夜之娛遣，無男女之區分；

四圈見勝負，得意勿忘形。

賭鬼云：何厭之有？

・當你在超級市場結賬出口或銀行排隊的時候，是否和其他人一樣等得焦躁不安呢？還是使出你的幽默力量來與他人一道歡笑。

「這是自然法則，我沒去排的那一行總是動得快些。」

「速度快不一定是最好。否則的話，兔子早就來統治這個世界了。」

還有在超級市場排隊時可以說:「我買了三條比目魚，但是排隊排了這麼久，現在我買的可是一條比目魚和兩條魚乾了。」

心得欄

第二章

幽默口才是人生快樂之門

幽默是種生活方式，也是人特有的一種特質。如果掌握了這種藝術技巧，具備了這種藝術的特質，那將是有百益而無一害的，而且這種生活方式經常會使人事半功倍。它像一種魔法，會使人產生一種無形的、神秘的氣質，我們常把這種氣質稱為魅力。

1 幽默是生活的快樂良方

工作中，我們會遇到同事之間關係不好、上司不賞識自己、薪水低等煩惱。生活中，我們會遇到生活品質不高、與家人或者朋友產生矛盾等煩惱。每個人都會有自己的煩惱，這是難免的。一位睿智的哲人說：「煩惱是人駕馭不了自己而徒勞的歎息。」一位偉大的思想家說：「煩惱是人生灰暗的色調，是心靈空虛的自我表白。」無論怎樣，解除煩惱，獲得快樂，對於我們繼續追求自己的夢想很有必要。美國韋氏大詞典對「煩惱」的解釋是一種旁觀者的說法，不符合精神現象學的要求，對心理衛生也沒有幫助，所以用感性的解除方法才是理想的方法。我們並不用費盡力氣地去尋找這種解決方法，因為它就在我們的身邊，它的名字叫「幽默」。

吉姆非常喜歡摩托車，於是他努力工作，省吃儉用，不到半年的時間，他就用自己攢下的薪水買了一輛哈雷摩托車。看著設計獨特、酷勁十足的摩托車，吉姆忍不住要騎上它出去兜兜風。一會兒工夫，他騎著心愛的摩托來到了一間咖啡屋，停好車後他走進咖啡屋，點了一杯咖啡心情愉快地喝了起來。可天有不測風雲，突然一輛大貨車斜著開出了公路，正好撞在了吉姆新買的哈雷摩托車上，而且由於衝擊力巨大，摩托車瞬間便面目全非。看著那輛嶄新的摩托車被撞後的殘骸，吉姆心裏很鬱悶，一想到好不容易攢錢才買到的自己最喜歡的摩托車就這麼轉瞬間報廢了，吉姆無比煩惱。這時，一位旁觀者看出了吉姆的心思，拍了拍吉姆的肩膀勸他想開點。吉姆也知道煩惱是沒有用的，於是對週圍的人說：「唉，我以前總說，要是有一天能有一輛摩托車就好了。現在我眞有了一輛摩托車，而且眞的只有一天！」週圍的人聽後哈哈大笑起來，吉姆自己也感覺輕鬆了很多。

對吉姆來說，車被撞已無可挽回，但他並沒有看得很重，而是轉移了自己的注意力，一句自我解嘲利用幽默的力量，既減輕了自身的痛苦和不愉快，又給圍觀的人帶來了一片歡笑，獲得了生活中的快樂。

幽默能夠幫助我們度過黑暗和困難的日子。我們應該注意觀察生活中的某些時刻，發現其中令自己開心的因素。生活並不會輕易為我們提供快樂的理由，這時候就需要我們努力花時間去主動尋找讓自己開心的事情。尋找微笑將有助於減少憂鬱心態、放鬆心情並至少暫時遠離生活的煩惱。萬事應想得開，隨時隨地保持心理平衡，相信自己，守住平常心，處變不驚，笑口常開，快快樂樂地度過每一天。我們不應對自己過分苛求。每個人都有自己的抱負，有些人對自己的要求過高，根本非能力所及，於是終日鬱鬱不得志，這無異於自尋煩惱。在這個世界上，凡事不可能一帆風順，事事如意，總會有煩惱和憂愁。當煩惱的事時常縈繞在我們心頭的時候，我們要學習智者，用幽默化解煩惱，還自己快樂的生活。

2 小幽默包含大智慧

幽默是一種智慧，例如可以將抽象難懂的問題具體化，能使深奧的語言變得淺顯易懂，同時還能給枯燥乾癟的語言潤色，使之變得更加豐滿，此外，幽默還能產生讓人們聯想的「弦外之音、言外之意」。幽默的方法很多，例如自相矛盾、借用修辭、多向思維，等等，這些都是人們常用的幽默方式，而且每一種方法中都閃現著智慧。

凱薩琳女士是一家化妝品公司的總裁，她的公司在短短的幾年間，規模從小到大，發展十分迅猛。她的公司能取得這樣輝煌的成績離不開她的兩個助手——傑克和瑪麗。兩個人的辛勤努力為公司的發展立下了汗馬功勞，凱薩琳女士對他們的信任和依賴程度也非常高，所以，傑克和瑪麗被公司裏的人稱為凱薩琳女士的「左膀右臂」。相比之下，傑克更加得到凱薩琳的賞識，這個聰明的小夥子很能幹。只是年輕好勝的他很愛闖禍，然而卻從來沒有出現過麻煩纏身影響工作的情況，這一切都離不開他的好朋友霍華德。霍華德是當地著名的律師，他接手的案子很少敗訴，而且辦事效率很高，所以傑克稱他為「快槍霍華德」。俗話說人無完人，這名傑出的律師辦案能力很強，但是這律師長相醜陋。

一次，凱薩琳女士為了款待朋友們，舉辦了一個宴會。由於她的公司現在急需一名法律顧問，而且也聽傑克說過好朋友霍華德的事，所以這次她特地邀請了霍華德。宴會上，霍華德問傑克那位是凱薩琳女士，於是傑克指給了霍華德看。不一會兒，霍華德手裏拿著酒杯走到凱薩琳面前，並說了聲「您好」。凱薩琳看見來者先是一怔，她身旁的朋友也意識到了來者的相貌很影響氣氛，凱薩琳的一句「你是誰？」又使這種緊張的氣氛加重了。正在人們猶豫的時候，霍華德說道：「您好，我是您左手握著的那把快槍。」凱薩琳恍然大悟，感覺很失敬，連忙微笑著與霍華德握手，週圍的人也都笑了起來，同時對這位沒有謀過面的著名律師贊許有加。

也許是凱薩琳女士被霍華德的容貌嚇到了，一句比較失敬的話脫口而出。此時是比較正式的社交場合，誰都需要被尊重，但是此時就收回自己的話想必會讓自己的顏面不保，但是不說些什麼又會使場面非常尷尬，於是霍華德的自嘲為凱薩琳女士解了圍，同時也為自己贏得了尊重。霍華德的反應如此機敏，話語如此幽默、犀利，他的幽默使他的智慧有了一個淋漓盡致的展現。

在美國一所學校裏，年輕女教師卡琳娜在給同學們上歷史課。課堂上卡琳娜提問：「『不自由，毋寧死。』這句話是誰說的？知道的人請舉手。」教室裏鴉雀無聲，無人應答，卡琳娜見狀臉上充滿了失望之情。這時，有人用不熟練的英語答道：「1775年，巴特利克．亨利說的。」卡琳娜聽後馬上說：「對，同學們，剛才作出正確回答的是日本留學生，你們生長在美國卻回答不出，而來自遙遠的日本的學生都能回答，多麼可憐！」這時，從教室內傳來一聲怪叫：「把小日本幹掉！」卡琳娜聽到叫聲，不由氣得滿臉通紅，大聲問道：「誰？這話是誰說的？」教室安靜了一會兒後，在教室的一角有人答道：「1945年，杜魯門總統說的。」

1945年杜魯門總統的宣言，由於戰爭關係，的確說過類似的話，而那位學生引用得那麼貼切，不得不讓人佩服他的智慧。在特定的環境下引用別人恰當的話語、格言，可以達到幽默的效果。每一句話都有它產生的場合和特定的內容，雖然是同樣的語言，場合變了，也會跟著起變化，於是就會產生幽默，而這也正是一個人智慧的閃現。

幽默時刻體現著智慧，每個人都想熟練地運用幽默，並且使自己的幽默讓人回味無窮。這需要我們平時注意觀察身邊的事物，注意知識的積累。

3 幽默是情緒的調控師

一個人的情緒是多變的，有時會歡聲笑語，有時會痛哭流涕，還有時會怒髮衝冠。但是在一定的場合、特殊的情況下，並不是想表現什麼情緒就可以無所顧忌地釋放自己的感受。很多時候需要控制自己的情緒，使其平穩，有較小的波動。另外，較小的情緒波動也比較有益於養生，有益於身體健康。幽默能很好地控制人的情緒，嘗試在失落時給自己打打氣，在得意時給自己提提醒，在憤怒時給自己降降溫。自己的情緒都不能控制的人，很難對其他事情有很好的掌控，所以不妨用幽默控制一下自己的情緒。

情商的英文縮寫是 EQ，就是情緒商數，情緒智力，情緒智慧，情緒智慧。

主要是指你的信心、恒心、毅力、忍耐力以及你的直覺，你的抗挫力，等等。主要是心理素質，他是一個人感受理解、控制、運用表達自己以及他人情緒的一種情感能力。

幽默感對個人調節情緒極為有益。當一個人發現自己的情緒不調和時會進行調整，想成功控制自己情緒的步驟大體可分為兩步，首先要能對面臨的現實情況有比較客觀理性的瞭解，然後要做到不要被這種現實挾持自己的情緒，避免使自己陷入不理性的激動狀態。在這裏，最好的辦法就是以幽默的態度去對待。運用幽默常常可以使一個原來比較複雜的氣氛變得舒緩輕鬆。那些經常運用幽默來調節自己情緒的人，很少會出現健康問題，而那些面對自己不能接受的現實總是情緒失控的人，經常會出現各種疾病。

具有幽默感的人常常能用一種輕鬆愉快的態度來對待生活，所以他們常能保持樂觀、愉快的心境。許多令人煩惱厭惡的事物，如果能用幽默的辦法來應對，往往可以產生奇妙的效果，使不快的情緒蕩然無存，使自己立刻變得輕鬆起來。

曾任美國總統的林肯不僅知識淵博，思維敏捷，還是一位幽默大師。在一次演講中，曾有人遞上一張紙條罵他是「笨蛋」，他看看那張紙條，沒說什麼，繼續演講。待演講結束後他說：「本總統收到許多匿名信，但今天收到的非常特別，往日的匿名信是只有內容沒有署名，而今天的是只有署名沒有內容。」

試想如果林肯在當時被那張紙條激怒了，大喊著「是那個混蛋寫的」，那麼他的形象無疑會一落千丈，他的支持者也會感到顏面掃地，這也恰恰中了寫紙條者的圈套。但是林肯善於掩飾自己的內心，控制自己的情緒，他的幽默風趣不僅使自己保持輕鬆愉快的情緒，同時又是給對方的有力還擊。所以我們平時可以準備一些幽默笑話集、漫畫書、喜劇電影等，在心情煩悶時，可以通過看漫畫或喜劇表演、講笑話、自我解嘲等具體措施，驅散心頭的不快，調整自己的情緒。更重要的是注意培養自己的幽默感，用寓意深長的語言、表情或動作，或者用諷刺的手法機智、巧妙地表達自己的情緒。

做情緒的主人，聽起來很容易，但是實際操作起來卻是很難的。但情緒是屬於自己的東西，如果連自己的東西都管理不好，那怎麼可以呢？所以不要成為情緒的奴隸，要做自己情緒的主人。用幽默調節好各種情緒，把自己的人生點綴得五彩繽紛，給自己增加無窮的樂趣，而不是任情緒在自己的人生中為所欲為。

學做情緒的主人，把健康掌握在自己手中，這也是生命不可缺少的一種追求。讓我們用幽默把握好自己的情緒，因為痛苦和煩惱只是一時的，快樂會與我們相伴一生。

4 幽默是生活的調色盤

生活對於不同的人，它的標準是不一樣的。有的人嚮往富足、無憂的生活，有的人嚮往清淨、自然的生活，有的人則嚮往充滿刺激與挑戰的生活。人們嚮往著不同的生活方式，但是有一點是共同的，那就是不喜歡乏味、無聊的生活，單調無味的生活會使我們慢慢趨於平庸，逐漸忘卻了生命的意義。所以，生活需要情趣，即使不激情四射，也不要毫無生氣，這時幽默就顯得不可缺少。幽默可以使人們的交際更加自如，可以帶來輕鬆愉快的氣氛，還可以為人們的健康提供保障。幽默為生活帶來了生氣，讓生活變得豐富、多姿多彩，因此，幽默是生活的調色盤。

有一次，一位植物學教授帶領一群學生到深山老林去做校外實習，沿途看到許多不知名的植物，學生甚是好奇地一一發問，而教授不厭其煩地一一解答。一位同學不禁停住了腳步，看著老教授，感歎地說：「老師，您知識眞是淵博啊，什麼植物都知道得那麼清楚！」教授狡黠地眨了眨眼睛，扮個鬼臉說：「這就是我為什麼故意走在你們前面的原因了，我只要一看到自己不認識的植物，就『先下腳為強』，趕緊踩死它，以免露餡！」同學們聽了笑得前俯後仰，由一位如此風趣的老師帶領同學們實習，可見這是一趟充滿歡笑的浪漫之旅。

幽默可以使人們善於交際，頗具人緣。大凡有幽默感的人，往往是受歡迎的人。除了詼諧的語言惹人發笑外，幽默的風趣勝於說教的乾巴，給人以親近感。不管老教授是在開玩笑還是真的像他說的那樣做了，都是無關緊要的，重要的是他的幽默給同學們帶來了歡笑，使得這次校外實習充滿了歡樂。同樣，在生活當中多運用一些幽默，可以使生活充滿歡聲笑語，這樣的生活是快樂的，是多姿多彩的。

如今，人們生活、工作節奏加快，每天神經繃得很緊，本就疲勞的自己不能再給自己加壓，如果下班回家、朋友相處、家庭聚會來上一兩句幽默，或說件愉快的見聞、幽默的笑話，疲勞和煩惱就會瞬間煙消雲散，人便會感到一身輕快。生活需要幽默就如同需要春風、需要時雨。生活就是本笑話書，懂得了幽默，才能從中體會到樂趣，才能融入生活。學會幽默，可為生活添加色彩，讓生活到處都充滿陽光。

5 小幽默折射大境界

委屈是一時的，成就是一世的，因此做人一定要樂觀豁達。誰都有過低谷，如果因為一直悔恨當初的不應該，那麼寶貴的時間就被一點一點浪費了，而且很可能在憂鬱的時候錯過一次千載難逢的機會。在面對困境時不要忘記幽默一下，做一個心胸開闊、性格開朗、瀟灑豁達的人。

啓功是著名的書法家，由於啓老的書法是難得的墨寶，所以假冒的作品很多。有個書畫鋪子就是這種「作品」的專賣店，標價不高，有人看了問店主：「是眞的嗎？」店主也挺痛快：「眞的能是這價錢嗎？」

後來啓老聽說了這件事，就來到這個鋪子，一件一件看得挺仔細。啓先生誰不認識呀，有人走過來問：「啓老，這是您寫的嗎？」啓老聽了，微微一笑說：「比我寫得好。」在場的人全都大笑了起來。過了一會兒，啓老又改口了：「這是我寫的。」

事後他解釋說：「人家用我的名字寫字，是看得起我，再者，他一定是生活困難缺錢，他要是找我來借錢，我不是也得借給他嗎？」

經常可以看到一些名人在發現自己的作品被盜版後大發牢騷，甚至破口大罵，風範盡失。而啟功先生並沒有追究自己被盜版的作品，卻如此大度、幽默地處理此事，他的幽默展現了他的豁達。

幽默不但是一種高尚的美麗，它更是一種情操，一種為常人所不易企及的境界，一種人生的悟性和智慧。人生像一隻船，有時風平浪靜地航行，也有時遭遇狂風和巨浪；人生像一條路，有筆直的大道，也有彎曲的山間小路。

6 用幽默顯示良好修養

幽默的情趣格調應該高雅，幽默雖包含著引人發笑的成分，但它絕不是油腔滑調的故弄玄虛或矯揉造作的插科打諢。有幽默感的人，大都有較高的教育文化水準和良好的品德修養。如果一直以低級趣味來取悅他人，那只能算是嘩眾取寵，不能算真正的幽默。而且低俗的情調會模糊人們的判斷能力，時間長了會歪曲人們對某些事物正確的看法。情調高雅的幽默總是於詼諧的言語中蘊涵著真理，體現著一種真善美的藝術美。而且高雅的情調有益於人們的身心健康，能保持其正確的價值觀，並使人們以其為標準，指導人們的言行。因而，幽默必須是健康樂觀、情調高雅的。

美國著名小說家馬克·吐溫很善於運用言語幽默。有一次他到一個小城市去，臨行前別人告訴他，那裏的蚊子很厲害。到了那裏以後，當他正在旅館登記房間時，有一隻蚊子在他面前來回盤旋，店主正在尷尬之時，馬克·吐溫卻滿不在乎地說：「你們這裏的蚊子比傳說的還要聰明，它竟然會預先看好我的房間號碼，以便夜晚光顧。」大家聽了不禁哈哈大笑。於是全體職員出動，設法不讓這位作家被那預先看房間號碼的蚊子叮咬。

馬克‧吐溫面對讓人厭煩的蚊子，並沒有對旅館的管理員惡言相向，而是用「聰明」、「光顧」等很體面的辭彙幽默地提醒了旅店的管理員，使得管理員意識到了問題的所在，同時為馬克‧吐溫的寬容大度所打動，從而趕緊行動起來，解決問題。馬克‧吐溫的做法非常得當，不但非常巧妙地用幽默化解了問題，而且顯示了良好的修養。

人們在面對旅館工作人員的服務時總是很挑剔，尤其是服務不到家時，或者出現問題時，很多人都會大發雷霆，不惜將服務人員罵得十分難堪。其實這是非常沒有禮貌的做法，不但解決不問題，而且會顯得自己非常沒有修養。當發現有問題時，可以找到相關人員坐到一起談，探討問題的解決方案和辦法，或者選擇幽默當場解決問題，這樣不但乾淨俐落，而且顯得非常有修養。言語幽默很能體現某人受人歡迎的潛在特質。言談明顯具有雅俗之別、優劣之分，言談優雅者也往往是言談幽默者。

鐵血首相俾斯麥有一次和一名法官相約去打獵，兩人在尋覓動物時，突然從草叢中跑出一隻白兔。

「那隻白兔已被宣判死刑了」法官很自信地說完之後，便端起獵槍，隨著一聲槍響之後，他定睛一看，沒有打中，白兔跳著逃走了。看到這種情形的俾斯麥，大笑著對法官說：「它對你的判決好像不太服氣，已經跑到最高法院上訴去了。」

俾斯麥沒有用「你的槍法爛到家了」嘲笑法官，而是從兔子的角度對事情進行了評價，既化解了尷尬，又挽回了法官的面子，非常得體，顯示出了他良好的修養。在日常生活中有很多人會自吹自擂，或者過於自大，結果就造成了一些自己無法收場的尷尬局面。出於友善，我們不應隔岸觀火，而應該伸出援手拉對方一把。所以這時用幽默來化解無疑是不二的選擇，這樣一來，不但替對方化解了困境，而且展現了自己的良好修養。

王先生來到一家餐廳就餐，在椅子上坐了很久，看著別的客人吃得津津有味，只有他的桌上空無一物，且無侍者來招呼。於是，王先生起身問餐厅老闆：「對不起，請問我是不是坐到觀眾席了？」

王先生沒有大聲譴責服務員服務不週，反而用幽默得體的語言提醒對方，表現出了其良好的個人修養，這就是個人高雅的情調對幽默的提升作用。言語幽默多是三言兩語、輕描淡寫的。它既不像戲劇那樣有激烈的矛盾衝突，又不像小說那樣有完整的故事情節，但是它的確具有一種特殊的穿透力和一種高雅的情調。要擁有這種高雅的情調，就要在平時注意陶冶情操，樂觀對待現實，用幽默培養一種寬容的心態。在日常工作和生活當中，要善於體諒他人，學會用幽默展現自身的雍容大度，克服凡事斤斤計較的弊病。

7 幽默感讓人印象深刻

幽默的人都有一種獨特的魅力，使其給人們留下好的印象。有的人聲音很有魅力，有的人眼神很有魅力，還有的人人格很有魅力。人的魅力可以無所不在，魅力一旦產生就有了一些神奇色彩。培養一下自己的幽默感，因為幽默可以提升個人的魅力，從而給人們留下好的印象。

在一次奧斯卡的頒獎典禮上，一位剛剛獲獎的女演員準備上台領獎，也許是因為太興奮了，在通過階梯走上領獎台時，她被自己的晚禮服長裙絆了腳，身體整個摔倒在舞台邊上。當時全場靜默，氣氛非常尷尬，因為還從來沒有人在這樣一個全球直播的盛大晚會上跌倒過。女演員迅速地從地上爬起，她拿著麥克風真摯而感慨地說：「為了走到這個位置，實現我的夢想，我這一路走得艱辛、坎坷，付出了很多代價，包括有時候會跌跌撞撞。」話音剛落，全場爆發出熱烈的掌聲。

在頒獎典禮上摔跤，在眾目睽睽下出醜，絕對是一件非常丟人的事。可能大多數人發生這種事情都會急忙爬起來，然後在麥克風前解釋一番，但是，幽默的解釋絕對是最佳的選擇。所以我們相信這位女演員不但不會因這次摔跤而影響形象，反而會因此而獲得更多人的認可。這就是幽默感的威力，在瞬間化逆境為順境，化危機為機遇，給人們留下了深刻的印象。

8 順勢而為中產生幽默

在講話時，要有意誘導聽話人，在語意突然轉向中生出妙語，使其在聽話中「出乎意料」，從而取得幽默的效果。運用這種方法，常常是先表述一種事物的多種情況，或者多種事物的一種情況，使聽者心理上形成一種明確的語意趨勢，然後突然轉向，亮出與先前趨勢不同的奇妙的意思，使人因感覺意外而發笑。

甲：當學生的，胸前的衣兜裏插著鋼筆。

乙：學習用具，必不可少。

甲：衣兜裏插一支鋼筆的，是……

乙：是什麼人？

甲：是中學生。

乙：插兩支鋼筆的呢？

甲：是大學生。

乙：插三支鋼筆的呢？

甲：留學生！

乙：那麼，插四支鋼筆的呢？

甲：那……那是個修理鋼筆的！

聽眾自然是哄堂大笑。這段幽默也是利用了聽話人的心理預測。學生胸前農兜裏插著鋼筆，插的鋼筆越多，學問越多，學歷越高，層層遞增，聽眾心理已經形成了遞增的趨勢，當達到「插四支鋼筆」時，突然出現逆轉性的反差——「那是個修理鋼筆的」，乍一聽「出人意料」，再一想卻合乎情理，幽默效果分外突出。

9 糊塗中的幽默

智慧有時候還隱藏在假裝糊塗的幽默中。在一些特殊的場合，我們常常會碰到一些意想不到的事情，處理不好著實使人萬分尷尬。遇到這種情況，想要化解難堪，不妨假裝糊塗，幽默應變。

有個故事是說第二次世界大戰期間，希特勒到一個精神病院裏視察。

希特勒詢問大家對政府關懷的感受，本想聽到讚譽之聲的他聽到的卻是大多數病人不滿的抱怨。

希特勒於是拉長了臉，厲聲問他們知道他是誰嗎，病人們紛紛搖頭。於是希特勒大聲吼叫起來：「我是阿道夫·希特勒，你們的偉大領袖。我的豐功偉績，可與上帝相比！」病人們絲毫不理睬他，並且露出了鄙視的笑容。有位病人拍拍希特勒的肩幽默地說道：「是啊，是啊，我們開始得病的時候，也是像老兄你這個樣子的。」

且不去考究這個故事的真實性如何，故事中病人糊塗的幽默，有力地諷刺了希特勒神經質般的不可一世的氣焰，值得世人揣摩借鑑。

10 幽默是一種睿智

幽默也是種睿智，可意會不可言傳，也許事例是最好的啟發：

• 美國第 7 任總統安德魯·傑克遜曾經同本頓決鬥過。本頓一槍擊中了傑克遜的左臂，子彈一直留在裏面近 20 年。到 1832 年醫生取出子彈的時候，本頓已經成了傑克遜熱情的支持者。傑克遜建議將子彈歸還本頓，但本頓謝絕接受。說 20 年的保管期，已使產權發生了轉移，子彈的所有權當屬傑克遜了。而傑克遜說自從上次決鬥到現在還只有 19 年，產權關係沒有發生變化。本頓回答說：「鑑於你對子彈的特別照管——一直隨身攜帶——我可以放棄這一年。」

• 1944 年 3 月 25 日，佛蘭克林·羅斯福第四次連任美國總統。《先鋒論壇》報的一位記者採訪這位第 32 任總統，就他連任總統之事問他有何感想。羅斯福笑而不答，請記者吃一片三明治。記者覺得這是殊榮，很快就吃下去了。羅斯福請他再吃一片，記者覺得這是總統的恩賜，也就把它吃了。羅斯福又請他吃第三片，記者受寵若驚，雖然肚子已不需要了，但他還是硬著頭皮吃下去了。羅斯福微笑著說：「現在已經不用回答您的提問了，因為您已經有了親身的感受。」

• 一次，普希金宴請客人，在座的一位客人對他說：「親愛的普希金，一望而知你的腰包是裝得滿滿的！」普希金饒有風趣地回答:「自然我會比你闊氣些!你有時候鬧窮,必須等家裏寄款給你,而我卻有永久的進款,是從那 32 個俄文字母上來的。」

•德國詩人歌德在公園散步,在一條僅能一個人通過的小道上,他遇到了一位曾經尖銳批評過他的批評家,兩人越走越近。「我是從來不給蠢貨讓路的!」批評家傲慢地先開口道。「我卻正好相反!」歌德說完,笑著退到路旁。

•安徒生很儉樸,戴著舊的帽子在街上行走。有個過路人嘲笑他:「你腦袋上邊的那個玩意兒是什麼?能算是帽子嗎?」安徒生回敬道:「你帽子下邊的那個玩意兒是什麼?能算是腦袋嗎?」

11 幽默更是一種人生境界

幽默是一種更高層次的人生境界,是對豁達的性格、圓通的作風的一種肯定,亞里斯多德就曾經說過:「幽默發現正面人物在個別缺點掩飾下的真正本質。我們正是這樣不斷地克服缺點,發展優點,這也就是幽默對人的肯定的力量之所在。」

具有幽默感的人,在任何事情上,他們都能從積極的角度去看問題,即使生活遇到困難也能灑脫地面對。

希歐多爾·羅斯福是美國的第 26 位總統。

有一次,羅斯福丟了很多東西。他的朋友恩來想寫信安慰他。而羅斯福卻在回信中寬慰朋友說:「謝謝你來信安慰我,我現在很平靜。這要感謝上帝,因為:第一,賊偷去的是我的東西,而沒有偷去我的生命。第二，賊只是偷去了我一部份東西，而不是全部。第三，最值得慶倖的是，做賊的是他，而不是我。」

以幽默的方式來灑脫地面對人生，並不是偉人的專利，普通人也能分享這種修養。

一天傍晚，史密斯敲開了鄰居的門：「請把您的收錄機借給我用一晚上好嗎？」

鄰居熱情地接待了他：「怎麼，您也喜歡晚間特別節目嗎？」

「不，我只是想夜裏安安靜靜地睡上一覺。」史密斯說。

幽默顯現了一種灑脫的人生境界，更是一種寬闊博大的胸懷。但我們在社交場合中由於某種原因發生衝突，需要對朋友當場提出批評時，不妨採取上面這種曲折暗示的方法，這樣既能表達你的意見，又能避免短兵相接、激化矛盾，還能表現你灑脫、大度的良好修養。

12 幽默是快樂的催化劑

幽默是一種很神奇的東西，它可以幫我們擺脫種種煩惱，讓生活變得輕鬆愉悅。在生活中，多一點幽默感，少一點氣急敗壞；多一點樂觀豁達，少一點你死我活，以幽默的力量來引導自己的生活與事業，很多不快都會煙消雲散。

有一家住戶的水管漏水，院子裏已經流滿了水。修理工答應馬上就來，結果等了大半天才見到他的身影。

修理工懶洋洋地問住户：「太太，現在情況怎麼樣了？」

那位太太風趣地答道：「還好，在等你的時候，我們的孩子已經學會游泳了。」

這位女主人用誇張的幽默手法，巧妙地淡化了她對修理工的不滿情緒。如果你想擁有愉快的生活，那就盡可能地培養自己的幽默感吧。

紐約一家著名的時裝公司董事長史度茲曾經說過：「世界上最美妙的聲音就是笑聲。它比任何音樂或娓娓的情話都美妙。」

13 幽默暗藏著智慧

幽默是一種緩衝劑，它減輕失望和悲觀；幽默也是一種黏合劑，讓人與人之間的關係更加親密友善。它是奮發向上者不可缺少的東西，也是每一個希望減輕自己人生重負的人依靠的支柱。

一次颶風，一個農民家的屋頂被掀了起來，這時候大雨傾盆，他的家人慌亂成一團，他對家人說：「別著急，沒有房頂的壞處就是被雨淋濕了，但好處是太陽可以直接曬乾我們的東西。」

這個農民能在生死關頭處亂不驚，從容幽默，讓家人從驚慌的狀態中平靜下來，心靈得到暫時的安慰和放鬆，這是一種偉大的智慧，也是幽默藝術在生活中的作用和魅力的最好體現。

・二次大戰期間，由於眾多猶太人都跑到瑞士避難，而德國軍隊不能進入瑞士，這令德國邊界的指揮官感到很惱火。

一天，德國指揮官命人把一個包裝得非常漂亮的禮盒送過邊界，呈給瑞士指揮官。指揮官打開禮盒，裏面裝的居然是一大堆馬糞。

第二天，德國指揮官也收到了來自瑞士的禮盒，打開一看，裏面裝的是一塊上好的瑞士乳酪。另外，盒中還附著一張紙條，上面寫著：「遵照貴國的習俗，我們已收到你的產品，我們也恭奉上敝國最好的產品。」

・有一次，林語堂應邀出席某校的畢業典禮。典禮上發言的人一個個口若懸河、滔滔不絕。輪到他發言已經十一點半了。他站起來說：「女士們，先生們，紳士的講話，應該是像女人的裙子，越短越好。」

心得欄

第三章

幽默是人際交往的潤滑劑

幽默是人際交往的潤滑劑，也是帶來良好氣氛的芳香劑。可見幽默不僅能使人們在交往時從感官上得到舒適的感覺，而且能使人們從心情上感到極為輕鬆愜意。幽默可以增進友誼，是增進友誼的橋樑和紐帶，幽默容易讓人產生信任。打開溝通管道。

1 一句幽默，一片和氣

幾個人聊天，或者很多人開一個圓桌會議都需要一個良好的、和諧的氣氛。互相之間因為矛盾鬥嘴、爭論不休，或者某個人的低落情緒感染了身邊的人，大家都開始低落，這些都不能算是良好的氣氛。這樣只能加深互相之間的矛盾，而問題卻得不到解決，要解決問題就需要坐在一起心平氣和地談，可坐在一起談的前提就是需要良好的氣氛。如果氣氛很緊張，可以嘗試一下幽默的開場或者用幽默調節緊張的氣氛，因為幽默是帶來良好氣氛的「空氣清新劑」。

古代有個刀匠，他鍛造的大刀非常鋒利、堅韌，而且耐用，其人姓王，所以人送綽號「王大刀」。這個王鐵匠有個小徒弟，年齡不大，卻十分聰明，尤其是反應很迅速，別人問各種關於刀的問題，他都能出口成章、對答如流。師徒二人每天潛心研究刀的鍛造方法，然後就到鍛造室裏叮叮噹當鍛造寶刀。但是由於知名度有限，所以賣出去的刀不是很多，於是師徒二人決定去其他地方進行表演來擴大知名度。

一天，二人來到一個城市，選了一條非常熱鬧的街道擺開了攤子，王鐵匠幾句洪亮有力的吆喝使得週圍一會兒就聚滿了前來圍觀的人。他讓徒弟把備好的大石塊放到中間的空地上，自己拿著一把剛剛鍛造好的大刀對週圍的人說：「今天給眾位表演一下寶刀劈石，看看咱這刀合不合您的心意，還望各位回去多和親朋好友說一說咱的刀，多謝了。」說罷一刀下去砍到了石塊上。眾人定睛一看，石頭紋絲沒動，刀刃卻缺了一塊。王鐵匠見狀慌了，這時週圍的觀眾開始議論紛紛。尷尬的王鐵匠心急如焚，汗珠一顆顆從臉上滑落，面對著此時的窘境，他不知所措。就在這時，王鐵匠的那個小徒弟掄起另一把大刀對著石塊就是一下，「咣」的一聲，石塊被劈開了。徒弟笑著對週圍的人說道：「各位，這把才是我家的刀，我師父那把刀是路上撿的。如用這一刀就劈開了石塊沒什麼意思，為了讓各位看得起勁，我們提前導演了一下，讓各位見笑啦。」這時人群中響起了掌聲，王鐵匠也長出了一口氣。

徒弟的玩笑使得師父脫離了窘境，並且博得了觀眾的掌聲。這掌聲不僅是贊刀，而且是贊徒弟的機靈，贊其用一個小幽默化解了尷尬的氣氛。王鐵匠很可能是失誤，但是面對這麼多人的見證，他越解釋反而越會讓眾人懷疑刀的品質，越抹越黑。所以此時最好的辦法就是將計就計，徒弟很好地做到了這一點，非常機智巧妙。

良好的氣氛離不開人們主動的調節，然而最好的辦法就是使用幽默，難怪人們會將幽默稱為帶來良好氣氛的「空氣清新劑」。

2 幽默是增進友誼的橋樑

幽默可以使自己對他人更加友善，讓自己更具有人緣，也可以為他人解除煩惱，使朋友之間的關係更加融洽，幽默是增進友誼的橋樑和紐帶。通過幽默，朋友之間可以互相打開心扉，無話不談。在朋友失意時，一句幽默能緩解朋友的壓力，帶去溫暖的鼓勵；在朋友成功時，一句幽默能巧妙地送去祝賀和讚揚，使朋友更加充滿信心挑戰更高的目標，取得更輝煌的成績。朋友之間交談應該是輕鬆自然的，多些溫暖和坦誠、諧趣和歡笑。多用幽默使朋友之間的默契程度逐漸升高，進一步增進彼此之間的友誼。

法國作家小仲馬有個朋友寫的劇本上演了，朋友邀請小仲馬同去觀看，小仲馬坐在最前面，總是回頭數一個、兩個、三個……「你在幹什麼？」朋友問。「我在替你數打瞌睡的人。」小仲馬風趣地說。

後來，小仲馬的《茶花女》公演了，他便邀請他的那個朋友一同來看自己劇本的演出。那朋友也回頭來找打瞌睡的人，好不容易找到一個，就說：「朋友，今晚也有打瞌睡的呀！」小仲馬看了看那個打瞌睡的人，說：「你不認識這個人嗎？他是上次看你的戲睡覺的，至今還沒醒呢！」

小仲馬非常喜歡和朋友開玩笑，在看朋友寫的劇本上演時也不忘記拿朋友「尋開心」。當然這是沒有惡意的玩笑，於是那個朋友決定以其人之道，還治其人之身，結果小仲馬以自己的幽默再次勝利。朋友之間的這種幽默是雙方友誼的橋樑和紐帶，不但不會傷害雙方的感情，而且會促進彼此間的友誼，所以朋友間多開一些善意的玩笑，可以使雙方的感情更加融洽。

多用幽默能夠使你變得更加智慧，能讓你的生活更加多姿多彩，完美的人際關係讓你充滿自信。你的幽默感還能「傳染」給你的朋友，使他們的生活充滿歡聲笑語。正如美國一位心理學家說的：「幽默是一種最有趣、最有感染力、最具有普遍意義的傳遞藝術。朋友之間要充滿幽默，朋友交往中的笑談、打趣、開玩笑是很自然、很平常的事，而幽默會使朋友之間的關係更為親密融洽，相互交往變得更富於情趣，能使我們的生活更加充實美滿。財富不是一輩子的朋友，朋友卻是一輩子的財富，用幽默作橋樑，進一步加深朋友間的友誼。

3 幽默使生活絢麗多彩

在我們的生活中，幽默無處不在。工作中，幽默可以緩解緊張的工作壓力，促進工作效率的提升；生活中，幽默可以增添歡樂的情趣，驅走乏味和平淡。因此不要吝嗇自己的幽默，把握一切機會展現自己的幽默，還自己一個多姿多彩的人生。

有一個人非常有幽默感。有一天，他開著車在一個狹窄的小巷與另一輛轎車相遇。兩輛車都停了下來，但誰也未先給對方讓路。不一會兒，對面車的司機竟拿出一本厚厚的小說看了起來，還優哉地哼著流行歌曲。此人見狀，從車窗探出頭來高聲喊道：「喂，老兄，看完後借我看看啊！」就這一句幽默的話，逗得看書的司機哈哈大笑，主動倒車讓路。後來讓車的司機主動提出交個朋友，就這樣，兩個人交換了名片，聯繫時間久了便成了好朋友。幽默不但化解了矛盾，而且讓兩個人成了朋友，皆大歡喜。

很多人在開車時都會遇到兩車狹路相遇的情況，這種情境下必須有一方做出讓步才能使交通恢復暢通，但是並不是所有的人都願意讓路，這就難免會使雙方發生口角，甚至是肢體衝突。這樣的結果是人們都不願意看到的，因為它不會讓人們感到快樂，不會讓人們看到生活的美好。所以在遇到這種情況時，我們不妨向上面那個故事裏的司機學習，用幽默輕鬆巧妙地化解衝突。這樣的做法不但使得人們之間的關係更加融洽，而且能使幽默為你的生活添彩。

法國寓言家拉封丹每天早晨都習慣食用一個馬鈴薯。有一天，他把一個太燙的馬鈴薯放在飯廳的壁爐上涼一涼，隨後就離開了房間。可是，等他回來時，他發現那個馬鈴薯不見了。他記得有個佣人曾經從飯廳走過，拉封丹猜到發生了什麼事情。於是，他叫喊起來：「啊！我的上帝，誰吃了我放在壁爐上的那個馬鈴薯？」「不是我。」那個佣人回答說。「那再好不過了。」「為什麼這樣說？」「因為我在馬鈴薯裏放了一點砒霜，是為了毒死老鼠的！」「啊，我的上帝！砒霜，我中毒了！」「放心吧，孩子，這是我略施小計，為的是想知道事情的眞相。」

拉封丹在發現自己的馬鈴薯不見了的時候並沒有到處詢問，而是非常巧妙地運用幽默逼偷吃馬鈴薯的人自己招了。拉封丹的幽默很有意思，他抓住了人性的弱點，順口編了一個幽默的謊話，佣人信以為真，嚇得開始呼喚上帝，拉封丹也由此知道了事情的真相，讓人忍俊不禁。

無論是生活、工作，還是學習上都是需要幽默的。生活中，幽默可以使人保持良好的心情；工作中，幽默可以緩解工作的壓力；學習上，幽默可以增添學習的動力。幽默之花的綻放可以使人生更加絢麗多彩。

4 常人對幽默的不當理解

常人對幽默的認識有那些偏失呢？

1. 幽默不等於「搞笑」、「耍嘴皮」、「無厘頭」

幽默(humor)原本是一個外來詞匯，最早是由林語堂先生從英語辭彙轉譯成為中文辭彙。其實，漢語中早有類似的辭彙，如「詼諧」、「滑稽」、「搞笑」等，但它們卻與幽默有著本質的區別。

西方人，特別是美國人一向將幽默視為創新能力與國民素質的核心部份，幽默似乎只是「搞笑」、「耍寶」、「無厘頭」的代名詞，到頭來只是使人一笑了之！

西方人的幽默，力圖追求不和諧中的和諧與和諧當中的不和諧，使人能夠看到別人看不到的一面。因此，幽默被視作創造力的直接表現，也是對個人創新能力的開發。而中文中的詼諧、滑稽等詞只是使人發笑，而缺乏深刻的內涵。

很多影視作品中，有許多搞笑鏡頭，但大都往往只是為了尋開心，一笑了之而已，缺少能在人心靈深處留下深刻的啟迪。

2. 幽默有化解壓力的功效

大量研究表明，有幽默感的人會有更高的主觀幸福感與樂觀人格。西方人宣導幽默，也是為了使自己活得更瀟灑、更快活。

3. 幽默是人脈的催化劑

幽默可以幫助人們提高人際交往的能力，獲得更多的人際和諧。在西方社會，幽默往往是開啟人際溝通之門的鑰匙。

4. 善意是關鍵

是否有智慧和與人為善是幽默的關鍵問題，幽默表現出的是很強的創造力，但世人所追求的是一種積極心態的表現，而非刻毒的傷人。即使在敵對當中，也能為矛盾的雙方渲染一種搞笑的氣氛──沒什麼大不了。由此可見，培養幽默感不但可以提高一個人的創新能力，也可以完善一個人的人格。

5 無傷大雅的幽默拉近彼此距離

有兩個人，其中一個人總是冷冰冰的很少露出笑容，少言寡語而且說出的話都是硬邦邦的。另一個人則臉上總是洋溢著微笑，總是在講一些笑話使人發笑，而且說出的話詼諧幽默，很有內涵。如果讓你從這兩個人中選擇一個去接近，毫無疑問你會選擇後者。「幽默」一詞原為拉丁語，是林語堂先生首次把它洋為中用的。開始，「幽默」是指人的舉止、言談和文學作品中所有的詼諧、趣味，進而演化成今天的泛指能夠引人發笑、帶來喜悅和歡樂的藝術美學概念。幽默的人能「軟化」空氣，不再緊張的氣氛會使你產生想接近幽默的人的想法。正在你猶豫是不是要接近的時候，幽默的人會通過自身的言行舉止產生一種磁性，會使你不由自主地與其接近，不知不覺中，你已經和其聊得火熱了。這就是為什麼幽默的人容易接近，的確，他們擁有這種特質。

美國前總統林肯深受美國人民愛戴，但是眾所週知他的容貌很難看，這是討人喜歡的一個障礙。林肯認識到這一點，但並沒有迴避，反而利用它拉近了與人們的距離。一次，林肯的政敵說林肯是兩面派。林肯以平和的態度說：「現在，讓聽眾來評評看，要是我有另一副面孔的話，我還會戴這付難看的面孔嗎？」

幽默，顯示了林肯對自己達觀的態度，體現了他的真誠，贏得了人們的理解，更表露了人們所需要的人性和人情味。這也就是林肯為什麼平易近人的原因了。

美國前總統雷根曾回到他的母校，在畢業典禮上致辭時，他嘲笑自己在學校的成績。他說道：「我返回此地只是為了清理我在學校體育館裏的櫃子。但獲此殊榮，我心情十分激動，因為我過去總認為只有得到第一名才是榮譽。」

雷根並沒有因為自己現在的身份是總統而在母校耀武揚威，讓自己成為母校師生心中的偶像，而是用幽默語言做了一番展示自己另一面的講演，使他與母校更加親近了，取得了很好的效果。

有一次，英國首相、陸軍總司令邱吉爾去視察一個部隊。天剛下過雨，他在臨時搭起的台上演講完畢下台階的時候，由於路滑不小心摔了一個跟頭。士兵們從未見過自己的總司令摔跟頭，都哈哈大笑起來，陪同的軍官驚慌失措，不知如何是好。邱吉爾微微一笑說：「這比剛才的一番演說更能鼓舞士兵的鬥志。」

效果的確如邱吉爾所戲言的，士兵們對總司令的親切感、認同感油然而生，必定會更堅定地聽從總司令的命令，去英勇戰鬥。奧地利精神分析大師佛洛德講過：「最幽默的人，是最能適應的人。」的確，幽默能使我們在社交場合應對自如，用幽默來化解各種各樣的危機和困境，使自己更加深入人心。

幽默的人能使激化的矛盾變得緩和，能化解雙方的對立情緒，使問題更好地解決。美國作家特魯說：「當我們需要把別人的態度從否定改變到肯定時，幽默的力量具有說服效果，它幾乎是一種有效的處方。」他還說道：「幽默能幫助你解決人際關係問題，當你希望成為一個克服障礙、贏得他人喜歡和信任的人時，千萬別忽視這種神秘的力量。」

6　幽默是自我推銷最好的名片

自我推銷是指給予他人正確的信息，從而促使他們作出「購買」的決定。這裏的「購買」，不是指購買某種商品，而是聘用你、和你建立某種合作關係，或者成為你工作上的「目標夥伴」。不會自我推銷的人容易被人遺忘，如果不知道如何推銷自己，別人就只能片面地對你作快速判斷，一旦沒有滿足他們需要的某一條件，他們就會認為你不夠格，將你忽視。戰國時期，像蘇秦、張儀這些能言善辯的人進行自我「推銷」或「推銷」自己的觀點時，都並非明明白白地事先告訴對方，而是通過一些巧妙的方法和手段來促使自己的「推銷」成功。這些方法和口才是值得大家學習的，它能使一個人的自我推銷更有效。

一位大學畢業生走進一家報社問道：「你們需要一位好編輯嗎？」其言下之意是：自己當然就是一個「好編輯」，其語言很是自信。「不！」然而報社相關負責人員的拒絕卻是那麼乾脆。「那麼，好記者呢？」那個大學畢業生的語言還是那麼自信。「不！」報社相關負責人員的拒絕依然是那麼乾脆。「那麼，印刷工如何？」那個大學畢業生的追問依然堅韌。「不！」報社負責人員的回答依然是否定的。看來那個大學畢業生是沒戲了。「那麼，你們一定需要這個東西。」這位大學生從公事包裏拿出了一塊精美的牌子，上面寫著：「額滿，暫不僱用。」報社負責人笑了，但也開始用一種新的眼光來審視面前這位年輕人。最後，這位年輕人被錄用了，任報社發行部經理。

這名畢業生的思維反應非常機敏，而且善於運用幽默，這在招聘者看來是不可多得的人才。最終，這名剛剛畢業的大學生用自己的出色表現征服了報社相關負責人，並在後來得到了重用，由此可見，一個人的幽默可以很好地推動一個人的自我推銷。

7 幽默是最好的見面禮

與人見面時用幽默代替握手可以獲得意想不到的效果，特別是初次見面，恰當的幽默可以使自己更加有趣、機智、平易近人。幽默還能給雙方帶來許多話題，使得雙方在輕鬆的環境中談天說地，思想在無限中暢遊。

法國前總統戴高樂在會見某國總統時，還沒有握手就說：「啊，原來我的個子還沒有你高，怎麼樣，當總統滋味如何？」「不錯，像吃了火藥一樣，總想放炮。」這段對話使兩位總統間的猜疑、戒備之心立刻消失了。

與他人一見面就說：「嗯，我一定在那兒見過你。一定見過，好面熟。」「是嗎？這不可能。」「不，肯定的。即使在夢裏，也可能見過你。」

兩國總統的會面用幽默開場，氣氛一下子就融洽了起來。這種充滿妙趣橫生問答的會面無疑縮短了兩個人心與心之間的距離，為進一步交談奠定了良好的基礎。後面例子中「我一定在那兒見過你」和「即使在夢裏，也可能見過你」兩句非常幽默的話語輕鬆地將兩個人連接在一起，也為以後的交往奠定了基礎。

8 幽默是傳遞快樂的載體

幽默可以拉近你我的距離，因為它不但使自己的心情變得愉快，而且可以使自己與人同笑，讓別人一起分享你的快樂。

一次，邱吉爾同意美國一家影片公司拍一部有關他生平的電影。這部影片中要出現邱吉爾 65 歲和 86 歲時的鏡頭，這一角色由一位名叫查理斯·羅福頓的電影演員扮演。當邱吉爾知道羅福頓由於扮演這一角色將獲得數目相當可觀的一大筆報酬時，他聲稱：「第一，這個演員太胖；第二，他太年輕。與其讓他去扮演可以得一大筆錢，倒不如由我自己來扮演更合適。這筆錢應該由我來賺。」

邱吉爾的幽默是情感的自然流露，顯然他並不是想真的去搶這個角色，或賺那筆錢，而是用這筆數目可觀的報酬來調侃，讓大家一起分享自己的事蹟被拍成電影的快樂。邱吉爾用幽默使人們獲得快樂，同時自己也分享大家的快樂，這是真正的與人同樂。

幽默的人大都善良，因為懂得幽默的人都會與生活締結善緣。即使幽默不容易學會和掌握，但是通過不斷地練習，它終究會成為屬於你的交流技巧。幽默是一種氣質的自然流露，是幽默主體氣度和氣質的外化和延伸。幽默可以使人永遠對生活充滿信心，只有具備幽默品質並且能夠與人同笑的人，才能擁有更多的朋友，人生之路才能越走越寬廣。

9 自嘲幽默顯豁達

如果一個人懂得自嘲，那麼應該是個懂得幽默的人，自嘲是最佳的幽默術。一個簡單的動作，一句幽默的話語，可輕鬆地化解尷尬氣氛，這便是自嘲的妙用。不用刻意修飾的語言，既不顯得過分自卑，又不會太過輕佻，自我嘲笑常常能讓本已凝固的空氣在眾人的淺笑中又重新流動起來，這是智者的幽默。

不管是大人物還是小人物，自嘲都能使其備受歡迎。大人物因自嘲可減輕尷尬而得好名聲，小人物也可以苦中作樂，甚至一夜成為「笑星」也不無可能。

張先生要出國進修，他的妻子半開玩笑地說：「到外面約束就少得多了，見的美女就多得多了，別再帶一個回來啊！」他笑道：

「你瞧瞧我這副尊容。瓦刀臉，羅圈腿，站在路上怕是人家眼角都不撩呢！」一句自嘲的話把妻子逗樂了。

人人忌諱提自己長相上的缺陷，一見人恨不得左捂右擋，就怕被別人嘲笑。可這位張先生卻能夠接受自己的先天不足，並不在意揭醜。這樣的自嘲體現了一種人生智慧，這種輕鬆的幽默其實是張先生向妻子的許諾，無形之中也給妻子吃了一顆定心丸。這樣的形式比一本正經地向妻子發誓決不拈花惹草效果更好，此時他在其妻眼裏，一定又忠誠又可愛。

傳說古代有個石學士和幾個朋友一起去旅遊，路途遙遠，於是他備了大量的乾糧，騎著一頭毛驢上路了。在經過一段很不好走的路時，坎坷的路面讓毛驢走起來晃晃悠悠，結果石學士一個不小心從驢背上摔了下來，路面上突兀的石塊頂到了他的屁股，使他疼得不行。眾人見狀很是尷尬，可這位石學士拍拍身上的塵土，不慌不忙地站起來說：「虧我是石學士，要是瓦的，還不摔成碎片？」一句妙語，說得在場的人哈哈大笑，自然這石學士也在笑聲中免去了難堪。

自嘲是一種技術，是自信者才能使用的技術，因為它要人自己罵自己。要拿自身的失誤、錯誤甚至生理缺陷來「尋開心」，對醜處、羞處不予遮掩、躲避，反而把它放大、誇張、剖析，這絕非缺乏自信者能做到的。當你對你的缺點和醜處大加評論時，人們會驚訝，而當你巧妙地引申發揮，自圓其說時，人們就會理解你的意圖，為之一笑。沒有豁達、樂觀、超脫的心態和胸懷，是無法做到自嘲的。可想而知，自以為是、斤斤計較、尖酸刻薄的人只能望其項背。

很少有人願意被別人指指點點，大多數人都喜歡被人恭維，即使是明顯的過分誇張，也不會選擇被當做被取笑的對象，這是人性的一個弱點。可如果你能以幽默的力量主動地把自己作為取笑的對象，你就能避免出現上述弱點，並能為你增加開朗豁達的品質。

在擁擠的電車上，一位胖乘客和一位瘦乘客吵了起來，瘦子悻悻地說：「有些人搭車，應該按重量買票才行。」胖子聽了一笑：「是的，也許我該買3張票，謝天謝地。不過，假如你的話應驗了，那你永遠沒有福氣乘電車了。」「為什麼？」「你想想，如果都像你這樣乾瘦的傢伙，電車公司能收到多少錢？乾脆甭開了。」

笑自己，其實是在取笑他人，取笑他人的狹隘與愚蠢。一味地笑他人，其實是在笑自己，笑自己的偏執與冥頑。

10 自我「調侃」，得心應手

抗戰勝利後，張大千要從上海返回四川老家。行前好友設宴為他餞行，並特邀梅蘭芳先生等人作陪。宴會伊始，大家請張大千坐首座。張大千說：「梅先生是君子，應坐首座，我是小人，應陪末座。」梅蘭芳和眾人都不解其意，甚至有些莫名其妙。張大千解釋說：「不是有句話叫『君子動口，小人動手』嗎？梅先生唱戲是動口，我作畫是動手，我理該請梅先生首座。」滿堂來賓恍然大悟，並為之大笑，並請他倆並排坐首座。

張大千拿自己調侃，自嘲為小人，好似自貶，然而「醉翁之意不在酒」，這既表現了張大千的豁達胸懷，又製造了寬鬆和諧的交談氣氛。

傳說，希臘哲學家蘇格拉底的妻子是個潑婦，常對蘇格拉底發脾氣，而蘇格拉底總是對旁人自嘲道：「討這樣的老婆好處很多，可以鍛鍊我的忍耐力，加深我的修養。」一次，他的老婆又發起脾氣來，大吵大鬧，很長時間還不肯甘休，蘇格拉底只好退避三舍。他剛走出家門，那位怒氣難平的夫人突然從樓上倒下一大盆水，把他澆得像只落湯雞。這時，蘇格拉底打了個寒戰，不慌不忙地說：「我早就知道，響雷過後必有大雨，果然不出我所料。」

顯然，蘇格拉底有些無可奈何，但他帶有自嘲意味的譏諷，使他從這一窘境中超脫出來，顯示了蘇格拉底極深的生活修養。

能夠「含沙射影」地讓對方感到臉紅，既解不快，又可起訓誡作用，何樂而不為？

11 用自嘲的幽默征服他人

自己嘲笑自己是一種很重要的交際方法。人際交往中，在人前蒙羞，處境尷尬時，用自嘲來對付窘境，不僅能很容易地為自己找到台階，而且多會產生幽默的效果。這樣的你還會顯得非常豁達，不斤斤計較，很有風度和氣量。所以自我解嘲是很高明的一種脫身手段，同時也是征服他人的一種手段。

佛蘭克林是美國著名的發明家，他的風箏實驗曾經引起了全世界科學界的轟動，佛蘭克林的電學理論通過實驗得到了驗證，並得到了世界的公認。這也促使他後來發明了避雷針，使得人們在下雨天能更加安全。一次，佛蘭克林想做一個實驗：用電流電死一隻火鷄。不料接通電源後，電流竟通過了他自己的身軀，將他擊昏過去。醒來後，佛蘭克林說：「好傢伙，我本想弄死一隻火鷄，結果卻差點電死一個傻瓜。」

佛蘭克林的實驗總是有驚無險，他在昏厥後醒來，居然還能以自嘲的方式來面對，不得不使人佩服，他不畏危險探索科學的精神征服了世人。

在美國一所學校，有位身材矮小的男教師去任教，當他走上講台時，學生們有的面帶嘲諷，有的交頭接耳暗中取笑他。如果這位老師用嚴肅的目光掃視一下，自然也能挽回面子，或者給學生講鄧小平、拿破崙、愛因斯坦等偉人雖是矮個，但卻作出了令世人矚目的偉大貢獻，這樣歷數矮個多奇人、多偉人或許更能奏效。然而，這位矮個教師卻說：「上帝對我說：『當今人們沒有計劃在身高上盲目發展，這將造成嚴重後果。我雖多次警告，但人們總是不聽。就派你先去人間做個示範吧。』」一席話，學生們都佩服老師的幽默，忘記了老師身材矮小的缺陷。

可見自嘲幽默不管是你的優點還是你的缺點，都能使你的心靈輕鬆愉快，使你的自我價值得到昇華，使你在無形中征服他人。

坦誠調侃自己，可以緩解緊張情緒。大膽自諷，可以顯示自信和樂觀。自我嘲弄，可表示豁達，增加人情味。所以自嘲的人都是值得人們佩服的，他們自然地流露著自身的魅力，這種魅力煥發著活力，使人們在無形中為他們所征服。

12 幽默開場白可以抓住人心

演講開場白很重要。萬事開頭難，演講也不例外。如果開場白不出彩，平鋪直敍就開始了，即使內容豐富、道理深刻，也無法有效地吸引聽眾。那麼後面很可能會出現的一幕，就是聽眾由聚精會神轉入酣睡的尷尬場面。幽默的開場白是演講者明智的選擇，因為這不僅能使台下的聽眾眼前一亮，而且人在輕鬆的氣氛裏能有效地思考問題，從而演講者可使自己的演講抓住人們的心。

台灣著名藝人淩峰在一次春節聯歡晚會上發表了一段精彩的即興演講，其中幽默的自我介紹作為開場白堪稱經典。「在下淩峰。這兩年，我大江南北走了一道，男觀眾對我的印象特別好，因為他們見到我有點優越感，本人這個長像對他們沒有構成威脅，他們很放心，他們認為本人長得很中國，中國五千年的滄桑和苦難都寫在我的臉上了。」淩峰這段介紹後，台下大笑並發出熱烈的掌聲，「一般說來，女觀眾對我的印象不太好，有的女觀眾對我的長相已經到了忍無可忍的地步。她們認為我是人比黃花瘦，臉比煤球黑。」這時台下又迸發出笑聲，「但是我要特別聲明，這不是本人的過錯，實在是父母的錯誤，當初並沒有徵得我的同意就把我生成這個樣子。」台下再次爆笑，「但是，時代在變，潮流在變，現在的男人基本上可以分為三種：第一種，你看上去很漂亮，看久了也就那麼一回事，這一種就像我的好朋友劉文正這種；第二種是你看上去很難看，看久了以後是越看越難看，這種就像我的好朋友陳佩斯這種。」台下又是爆笑，「第三種，你看上去很難看，看久了以後你會發現，他有另一種男人的味道，這種就是在下這種了。」這時觀眾給予了熱烈的掌聲，「鼓掌的都表示同意了！鼓掌的都是一些長得和我差不多的，眞是物以類聚啊！」台下再次爆發出笑聲和熱烈的掌聲。

淩峰的開場白妙語連珠，使觀眾的笑聲迭起，掌聲不斷，不但緊緊抓住了觀眾的心，而且給觀眾留下了極為深刻的印象。一個人的開場白是其演講抓住人心的重要環節，如果你的開場白平鋪直敍，那麼你給人的印象是一個很本分的人，講究中規中矩，值得人們信任，這樣的印象不錯，但是這樣的開場白缺乏亮點，在接下來的演講中會給台下的聽眾「催眠」，這也就難以達到演講所要達到的目的了。所以要精心設計自己的開場白，加入幽默元素，讓人們感到新鮮，瞬間抓住人心。

一位培訓師在演講前的開場白很具特色。他在熱烈的掌聲中走到台上後說：「掌聲，不要、不要、不要停、不要停，謝謝大家的掌聲！我想掌聲是給自己肯定同時也是給對方的讚賞，掌聲是給值得你敬佩的人鼓的，掌聲是給值得你羨慕的人鼓的，掌聲是給值得你學習的人鼓的。大家都非常的有激情和智慧，我非常喜歡和有激情、有智慧的人交朋友。我喜歡交的朋友有幾個類型。第一類就是一定要倍增收入的人；第二類是一定要越來越快樂的人；第三類是一定要讓家庭更幸福的人；第四類是不僅想到還要做到的人；第五類是遇到好事，聽到好的演講會熱烈的鼓掌的人。如果你是其中一類的話，不要舉手，熱烈鼓掌就可以啦！」培訓師充滿激情和幽默的演講一下就抓住了學員們的心。

這名培訓師非常有幽默感，一上場就利用了台下聽眾的掌聲，用「不要」和「不要停」的組合幽默了一把，這樣一來，不僅拉近了自己與聽眾的距離，同時也為下面的演講做好了鋪墊。後面的開場白部份，他列出了好多點，非常清晰，而且他本人充滿著激情與活力，這些都深深地感染了台下的聽眾，抓住了他們的心，讓他們對自己的每一個字都仔細地聆聽。這樣的開場白效果是明顯的，是成功的。所以不要吝嗇你的幽默，在開場白中加入幽默元素，讓人們在歡聲笑語中聆聽你的演講，領會你的精神，達到你演講的目的。可見幽默的開場白對於抓住聽眾的心有多麼重要。幽默的開場白從一個側面體現了演講者的智慧和才華，體現了他對將要進行的演講充滿了信心與期待，所以受眾會逐漸由被演講者的個人魅力所吸引，過渡到被演講本身所吸引。可見幽默的開場白對於演講的開展是至關重要的。

13 收集他人的幽默，提升自身能力

有幽默感的人一般都比較注意向他人學習，博採眾長，取長補短。只有在不斷的積累中才能更有品質地成長。演講者在恰如其分地運用幽默的時候，總是表現得那麼輕鬆自如、順手拈來，仿佛他頭腦裏的智慧總會在其需要的時候閃光，幽默應運而生。俗話說「養兵千日，用兵一時」，其實演講者運用幽默表現出來的那份從容熟練是從平時的一點一滴慢慢積累的，離不開自身的努

力鑽研，更重要的是注意收集他人的幽默。

幽默的言語中充滿了令人愉快的智慧，如果你已經嫻熟地掌握了幽默技巧，在演講中插入一些妙趣橫生的內容，往往比振振有詞的套語更能牽動聽眾的心弦。演講高手從來不會忽略幽默，而總是以笑聲來調節台下聽眾的情緒，激發聽眾的思維，使聽眾對演講回味無窮。所以要想成為一個優秀的演講者，千萬不要忽視幽默的作用，除了自己的發揮，別忘了多收集他人的幽默，這對豐富、提升自身的能力是至關重要的。

心得欄 --

第四章

幽默口才可及時擺脫窘境

當遭遇尷尬的時刻，我們會發現自己突然無話可說，解釋也毫無意義，恨不得馬上逃離難堪的局面。這時我們可以嘗試用幽默擺脫沉悶的氣氛。用幽默為自己解脫，風趣地對待他人的過失，可讓自己顯得很有人情味，也會贏得對方的好感。

1 用幽默化解因失誤帶來的難堪

失誤總是難免的，人們面對失誤的態度也是不同的。有的人出現失誤之後，總是在檢討自己的過失，並面對來自各方面的壓力，以致心中煩悶至極，最終導致持久的頹廢；有的人在失誤後，用一句打趣的話就化解了外界對他的質疑，自己則重新投入到奮鬥的隊伍當中，尋找新的挑戰，奪取成功。可見用幽默來為自己的失誤「辯解」，不僅能給自己一個輕鬆的環境，而且能給自己打氣，給自己希望，為成功作鋪墊。

男人喝酒，常常會受到妻子的責罵。一個酒徒由於和朋友聊得很投緣，在外面喝多了酒，很晚才回到家。本來就擔心被妻子責罵，心虛得很，沒想到一摸兜又發現自己忘帶了鑰匙，於是只好硬著頭皮敲門。

其妻子聽到敲門聲怒氣衝衝地打開門說道：「對不起，我丈夫不在家。」「那好，我明天再來。」酒徒說完，裝出轉身要走的樣子。丈夫的幽默，終於使妻子化怒為笑。

丈夫通過幽默，誘發妻子內心深處對丈夫的憐愛和尊重。這時夫妻兩人都不會扯住喝酒的事不放，而是拋開不愉快去享受兩人之間幽默的情感。雖然是個笑話，但是不妨礙給我們一個啟發，那就是隨機應變的幽默不但能為自己的失誤挽回面子，而且能在此時營造一種輕鬆的氣氛，很有利於自己的進一步發揮，從而可以促進問題的解決、感情的加深。家家有本難念的經，生活需要我們努力奮鬥，在這打拼的過程中本來就充滿了辛酸，如果再一味地鑽牛角尖歎息自己有多麼不如意，面對失誤也不肯輕易地饒恕自己，那麼生活就會變得暗淡無光，逐漸就會失去希望。

2 風趣地對待他人的過失

每個人在出現過失時都希望能被原諒，能得到鼓勵和支持。所以在遇到他人出現過失時，幽默地表現原諒，或者風趣地開玩笑鼓勵對方，這不僅能使對方感激不盡，也能讓自己釋然、超脫。

在邱吉爾 75 歲生日的茶會上，來了很多客人，包括各國政要、社會賢達以及大批的記者。一名年輕的記者抑制不住內心的激動，擠進人群，對壽星說：「首相先生，我真希望明年還能來祝賀您的生日。」記者原本是好意的祝賀，但是聽起來卻又會令人有另一種想法，似乎邱吉爾即將不久於人世一樣，賓客們心中多半暗暗咒罵這名記者的拙口笨舌。

這名記者說出此話後也後悔不及，不停地撓頭。正當這名記者不知所措的時候，只見邱吉爾拍拍記者的肩膀說：「放心吧！你這麼年輕，身體又這麼壯，應該是沒有問題的。」這句幽默的回答引來在場的人一陣輕鬆的笑聲，那名記者也長出了一口氣，同時心裏也在暗暗佩服邱吉爾的氣度。

也許是那名記者過於激動，總之說出的話不合時宜，在這樣的場合裏，邱吉爾能以風趣的態度面對，顯示了他的博大胸懷。

4 月 1 日是愚人節，這一天可以隨便開玩笑。有人為了捉弄馬克·吐溫，也為了擴大報紙的發行量，在紐約的一家報紙上竟報導說他死了。結果，馬克·吐溫的親戚朋友從全國各地紛紛趕來弔唁。當這些人來到馬克·吐溫家時，只見他安然無恙地坐在桌前寫作。親戚們馬上明白這是怎麼回事了，紛紛譴責那家造謠的報紙。馬克· 吐溫卻毫無慍色，幽默地說：「報紙報導我死是千真萬確的，只不過提前了一些。」

馬克·吐溫不但沒有像大多數人們想像的那樣憤怒地將手中的稿件撕個粉碎拋向空中，也沒有拿著當天的報紙大罵編輯，而是用一句十分冷靜而又充滿幽默的話語化解了人們內心的不安，人們不得不佩服他的胸懷和氣度。

3 借用幽默解圍

當我們遇到無法向發問者作出回答或解釋的窘境時，我們應該學會為自己解脫，借助幽默，自然、鎮定地去掉別人內心的疑問，贏得眾人的喝彩，也給自己心理上以慰藉。

有個頭髮很少的將軍很注重自己的形象。他頭頂幾根稀疏的頭髮，他總是用美髮用液固定住，顯得很有型。但這個將軍內心是渴望擁有濃密的頭髮的。所以很多人怕觸到他內心的傷處，都不敢輕易提及他頭髮的事。一天，這個將軍受邀請去參加一個宴會，於是在出發之前，他又將自己裝飾了一番，看起來很威武。看著鏡子裏的自己，將軍很滿意地出門了。在宴會中，一個年輕的士兵有點興奮得過頭了，走路時酒杯舉得高過頭頂，似乎要和每一位來賓喝上一杯。結果走到將軍跟前時，腳底一滑，手中的酒杯完全傾斜，這個士兵不小心把酒潑到了將軍的頭頂上。看著將軍頭頂那幾根被淋濕的頭髮，這個士兵呆若木鷄，週圍的人也替將軍和士兵捏了一把汗，屋內的空氣驟然緊張。將軍如果發怒，場面將很不愉快，士兵也會沒有好下場。將軍如果默不作聲，將軍會顏面掃地，場面也將很難堪。但是就在這時，將軍笑著拍拍士兵的肩膀說：「兄弟，你以為這種治療辦法有效嗎？」頓時，屋內發出了一陣會心的笑聲，將軍也為自己贏得了人們的喝彩。

如果將軍發怒，也無可厚非，因為自己的傷疤被這名士兵無情地揭開了。但此時是各方名流聚集的宴會，這樣的舉動無疑會讓人們對這個將軍的形象大打折扣。所以將軍的不計前嫌，幽默地化解尷尬局面，體現了他的大度，同時也展現了他的幽默風采。

幽默能使人們發笑，看似很輕鬆，但實際上是很有力量的，適當地使用能起到以柔克剛、四兩撥千斤的作用。

4 用幽默來解釋過失

經常可以看到一些這樣的場景：裁判在足球比賽中出現了誤判，公車上的乘務員報錯了站，主持人站在台上忘記了台詞，等等，這些都是人們的失誤。人無完人，所以過失對於每個人來說都在所難免。用幽默來解釋自己的過失，不僅可以為自己挽回面子，而且可以得到大家的原諒，營造良好的氣氛。

在一次婚禮上，經過了「一拜天地」、「二拜高堂」的程序後，婚禮主持人剛喊完「夫妻對拜」，還沒等說祝詞，兩個人便相互鞠躬，於是婚禮主持人馬上插了一句「等等，等等，著什麼急呀？」賓客們聞聽此言全笑了。接著主持人又加上一句「叫新郎，叫新娘，不要慌，不要忙。一切行動聽指揮，是不是著急入洞房？」賓客們更是開懷大笑。

新人沒有聽主持人口令指揮的失誤讓主持人用四句順口溜一筆帶過，而且說新郎、新娘「著急入洞房」不但無損於他們的形象，而且烘托了婚禮的氣氛。

其實，在日常生活中，我們每個人都在自覺不自覺地接受幽默和製造幽默。因為幽默能使人忘掉煩惱，使人快樂。讓我們去重新審視生活中的各種笑料，變不自覺地接受幽默為自覺地欣賞幽默，主動地品味幽默和能動地製造幽默。特別是在自己出現過失的時候，鄭重的道歉固然能為自己挽回聲譽，但是這種沉重的氣氛使人久久不能忘記你的過失，並且將這次過失作為一次教訓深刻地記在心中，不能抹去。所以出現過失時可以不先急於懺悔，更不要自暴自棄，用上一些恰如其分的幽默，不僅可以在輕鬆的氣氛中給出問題恰當的解釋，而且掃去了人們以及自己心中的陰霾，這樣的解釋要比長篇大論的鄭重道歉強上百倍。所以學會用幽默解釋自己的過失，意義十分重大，不容忽視。

5 自相矛盾幽默法

很多時候我們會出現說的和做的相互矛盾的情況，例如說自己不喜歡吃某樣東西，可遇到該種東西時卻大口大口地吃，說自己喜歡某樣東西，可以該東西面前卻做出一副很不屑的樣子，等等。這樣言行不一，造成的反差，往往會產生荒謬的效果。但是有意地借用前後矛盾也可以製造出意想不到、出乎意料的幽默效果。自相矛盾幽默法是人們運用幽默的重要手法。

有一對正處於熱戀階段的青年男女，感情非常甜蜜，無奈都處於創業階段的兩個人無暇顧及感情，忙碌的工作使雙方在一起的時間很有限。一次假日，兩人為了這次難得的假期好好地準備了一番，並決定要去一家高級餐廳奢侈一次，來次浪漫的燭光晚餐。傍晚，兩人攜手來到選好的餐廳。在進入餐廳時，男青年總感覺有什麼地方不對勁，但一時又想不起來，為了不掃興就乾脆不去想了。兩人在燭光的映襯下略顯羞澀，但氣氛非常浪漫，伴著美妙舒緩的音樂，不知不覺中，晚餐接近了尾聲。男青年很主動地提出送女方回家，並叫服務員結賬。當掏出錢包正要付錢時卻猛然發現沒帶夠錢。他的臉瞬間漲紅了，一時不知所措。正在他為難之時，女青年似乎看出了端倪，笑著說：「不是之前說好了你請客我掏錢嗎？」說著將錢遞給了服務員。男青年見狀，心中充滿了感激，同時，覺得自己更加喜愛這個善解人意的姑娘了。

這個小幽默正是運用了矛盾幽默法，按常理，誰請客當然誰掏錢。女方說對方請客，照顧了男方的面子，自己掏錢，又化解了尷尬場面。這一舉動更贏得了男方的好感，促進了兩人的感情。

大家都知道，按照正常邏輯思維，說話是不能自相矛盾的，因為這樣會出現語義的混亂。從某種程度上看，自相矛盾是語言、行為能力有障礙的表現，然而，一些有明顯意圖的自相矛盾，卻往往可以產生幽默的趣味。這種邏輯上的自相矛盾會讓人們有出乎意料之感，給人們以震動，從而促使人們去思考它的原因，而這原因往往是十分有趣味的。

在生活中，有許多自相矛盾的幽默運用得非常精彩。一些人用精心設計的蠢言自我調侃，自我暴露，這樣做的結果是讓人們發笑，可以很好地融洽人際關係，所以人們在人際交往中經常會使用自相矛盾的幽默來使氣氛變得和諧融洽。

6 妙借修辭幽默法

巧妙借用修辭的幽默法會使你的幽默更加形象、生動，更容易為人們所接受。採用修辭能將抽象難懂的問題具體化，能使深奧的語言變得淺顯易懂，同時還能給枯燥乾癟的語言潤色，使之變得更加豐滿，另外還能產生讓人們聯想的「弦外之音、言外之意」。總之，妙借修辭可以使你的幽默錦上添花，所以人們常常用此法來製造幽默。

一個愛說廢話而不愛用功的青年整天纏著大科學家愛因斯坦，要他公開成功的秘訣。愛因斯坦厭煩了，便寫了一個公式給他：A=X+Y+Z，愛因斯坦解釋道：「A 代表成功，X 代表艱苦的勞動，Y 代表正確的方法………」

「Z 代表什麼？」青年迫不及待地問。

「代表少說廢話。」愛因斯坦說。

愛因斯坦的幽默非常有特色，他運用了借代的修辭方法，讓青年在公式中瞭解到了自己的癥結所在，很巧妙。幽默中的借代法，是直接用一種東西，去指代另一種東西。也正因為如此，後者比起前者來，就有更大的靈活性，而且由於出乎意料，容易顯示出幽默。

幽默能夠潤滑生活，幽默言語能夠引人發笑，使人們在平日緊張的工作、學習之餘得到放鬆和休閒。在輕鬆、風趣的幽默中往往包含著讓人們再三體味的深刻寓意。在你的幽默自然切入時，人們會在捧腹大笑中不知不覺地接受你的觀點。

修辭手法的運用能帶來強烈的幽默效果，越來越多的學者也開始對幽默言語進行多角度、多方面的研究。運用修辭來製造幽默的方法很多，這需要我們平時注意觀察身邊的事物，注意知識的積累。

7 偷換概念幽默法

從概念上講，偷換概念是一個歪曲對手言論的邏輯謬誤。犯下這謬誤者會把對方的言論重新塑造成一個容易推翻的言論，然後再對這種言論加以攻擊。偷換概念可以是修辭學的技巧，也可以用於對人們遊說，但事實上，這只是誤導人的謬誤，因為對方真正的論據並沒有被推翻。偷換概念這種技巧就是把概念的內涵暗暗地偷換或者轉移，概念偷換得越離譜、越隱蔽，概念內涵的差距就越大，產生的幽默效果就越強烈。

一天杜朗開車出差，結果遇到了堵車，看著一輛輛汽車排起的「長龍」，杜朗心裏很是鬱悶，於是無聊的杜朗打開車窗，抽起了煙。一扭頭，他從後視鏡中看到一個穿著破爛的男人正在乞討，這個乞丐一個車接一個車地要人們施捨他點錢，眼看著就要走到杜朗這輛車了，這時杜朗靈光一閃，計上心頭。男乞丐對杜朗說：「給我點錢吧。」杜朗說：「給你支煙吧。」「不抽煙，要錢。」杜朗又說：「給你瓶酒喝吧。」「不喝酒，要錢。」杜朗再說：「我帶你去賭一把，贏了給你，輸了算我的。」「不賭博，要錢。」杜朗這時高興地說：「夥計，上車吧，我把你拉回我家，讓我老婆看看，讓世界上所有的女人都看看，不喝酒、不抽煙、不賭博的好男人是什麼樣子。」

好男人在人們的心目中具有能掙錢、很顧家、不吸煙、不喝酒等特點，但是杜朗卻借乞丐偷換了好男人的概念，為自己的行為進行開脫，從而產生了幽默效果。

8 機辯、善辯幽默法

有時面對突如其來的狀況，我們來不及思考，所以此時打破窘境的幽默不是深思熟慮的產物，而應是隨機應變，自然而成的結晶。幽默往往與快捷、奇巧相連，講究出其不意，掩其不備。這樣的幽默不僅給人眼前一亮的感覺，而且可以體現幽默者的智慧。

在開往日內瓦的列車上，列車員正在檢票。一位先生手忙腳亂地尋找自己的車票，他翻遍自己所有的口袋，終於找到了。他自言自語地說：「感謝上帝，總算找到了。」「找不到也不要緊。」旁邊一位紳士說，「我到日內瓦去過二十次都沒買車票。」他的話正好被一旁的列車員聽到了，於是列車到達日內瓦車站後，這位紳士被帶到了拘留所，並受到嚴厲的審問。「您說過，您曾二十次無票乘車來到日內瓦。」「是的，我說過。」「您不知道這是違法行為嗎？」「我不這麼認為。」「那麼，無票乘車怎麼解釋？」「很簡單，我是開著汽車來的。」

這位先生的回答無可非議，他以前做過無票乘車者，但能巧妙地運用幽默為自己開脫，列車員只能啞口無言，這就是幽默的力量。

一次，美國總統雷根在白宮鋼琴演奏會上講話時，其夫人南茜不小心連人帶椅跌落到台下的地毯上。正在講話的雷根看到夫人並沒有受傷，便插入一句話：「親愛的，我告訴過你，只有在我沒有獲得掌聲的時候，你才應該這樣表演。」台下響起了一片熱烈的掌聲。

本來是一件令雷根很尷尬的事情，在這時如果埋怨或者置之不理都會令氣氛更加緊張，但是一句幽默的話不僅將氣氛還原，而且體現了雷根的智慧。

事事都求「自然成文」為好，幽默也是如此。有準備的幽默當然能應付一些場合，但難免有人工斧鑿之嫌。臨場發揮的幽默才是最精粹、最具有生命力的，也是最難把握的至高境界。

幽默是一種生活藝術，是運用你的幽默感來增進你與他人的關係，並改善你對自己真誠的評價的一種藝術。同時是一種智慧的表現，它善於打破常理，出其不意地解決問題，巧妙化解矛盾，使一些誤會或矛盾瞬間澄清或者化解。這樣的化解方式要比大打出手、爭吵不休要體面，更能讓人從心理上接受。

有了幽默，我們可以學會以笑來代替苦惱。借助幽默的力量，我們能隨時將痛苦驅趕。幽默可以潤滑人際關係，消除緊張，解除人生壓力，促進感情的發展。它可以使我們和他人輕鬆相處，使我們獲得益友，提高生活的品質。幽默還能使我們振奮，信心大增，使我們脫離許多不愉快的窘境。

不論你從事什麼行業，身居何職，幽默的力量都能助你一臂之力，使你的工作和事業能更順利的發展，使你的社會交往更為廣闊。它能使你善於待人接物，廣交朋友，幫助你解決人際關係的難題，教你學會如何擺脫使人窘迫的處境。尤其當你想以積極進取和樂觀開朗的形象出現，贏得人們的歡迎和信任時，當你想鼓勵更多的人共同為實現目標而努力時，幽默的力量就能發揮更大的作用。

9 借風使舵，順勢而為

有時我們可以拿對方的話做文章，將其所說的話順勢推回，不但幽默效果明顯，而且頗有點太極中順水推舟、以無形克有形的意味。根據別人言行舉止中的事理或一般的道理、規則，似乎合邏輯地推理出含有新義、具有幽默感的結果或命題。它就好像一棵桃樹上結出的果實，不是桃子而是梨子，這不符合大自然的規律，但對園藝家來說卻是技術高超的證明。懂得順勢而為的人，他的生活是多面性的。這種人往往會給人一種有用不完的智慧的感覺，在生活當中，他更能左右逢源，揮灑自如地處理、解決所遇到的問題。除了多方面的能力外，表現出來的還有充沛的活力和堅強的意志，並且具有很強的創造力。

邱吉爾有一次應邀到廣播電台去發表重要演講。由於時間緊迫，他自己叫來一部計程車，並對司機說：「送我到 BBC 廣播電台。」「抱歉，我沒空，」司機接著說，「我正要趕回家去收聽邱吉爾的演說。」邱吉爾聽了很高興，馬上掏出一英鎊鈔票給司機。司機也很高興，大叫道：「上來吧，去他的邱吉爾！」邱吉爾大笑起來，說：「對！去他的邱吉爾！」

由於邱吉爾對人性的瞭解以及自身的豁達，他沒有去和司機計較，而是順著司機的話開了自己的玩笑，但是正是這個小小的玩笑卻體現了他高大偉岸的形象。他能站在對方的位置上來欣賞對方的觀點，成為一個努力使別人愉快的人是一個位居高官的人很難做到的，這也是偉人與普通人的區別。通常，這種人在工作和生活中都會十分順利，因為他們不會因為個人的情感而耽誤了要事。他們在和別人的交往、接觸中，會對別人欣賞，這樣的最終結果就是得到他人的欣賞，獲得人們的贊許。

巧借人力、順勢而為的幽默需要靈活的思維和豐富的知識，一個人腦筋必須轉得快，同時腦子裏又必須有一定的知識積累，這樣才能在擊中對方要害時，打得又準又狠。光有積累，腦子轉得慢會延誤時機，腦子轉得快，但是空空如也，再快也沒有用，所以兩者要相輔相成，互相促進，才能使這些幽默信手拈來。

以幽默的人生態度處世、交往，可以消弭許多無謂的爭端，從而結交許許多多的同路人，這樣的生活是灑脫的。當一個人對人生中的各種困難都抱以樂觀的態度時，那麼困難在他們強大的自信面前會變得微不足道。幽默處世，瀟灑生活，正成為現代人對人生的共識。所以，在社會交往中，在人與人的往來接觸中，幽默的力量是無窮的。

10 自吹自擂，天生的幽默口才

愛吹牛的人有著天生的幽默細胞，如果運用得好，可以成為一種有效的幽默方式。這種自吹自擂「厚臉皮」的幽默技巧，能廣泛地用於日常生活中。在某些情況下，你可以毫不臉紅地把自己「吹噓」一番，這可以給週圍的人一種輕鬆歡快的氣氛並給大家一種愉快的心情。當然，你所「吹」所「擂」的東西應與現實情況有較大差異，並且表意明確，讓對方很容易通過你的話語看出你是名不副實，這樣，幽默才能順利產生。

薩馬林陪斯圖帕托夫大公打獵，閒談之中薩馬林吹噓自己說:「我小時候也練過騎射，即使說不上精通，也算得上箭不虛發。」大公要他射幾箭看看，薩馬林再三推辭不肯射，可大公非要看看他「箭不虛發」的本事。實在沒辦法，薩馬林只好拈弓搭箭。他瞄準一隻麋鹿，第一箭沒有射中，便說:「羅曼諾夫親王是這樣射的。」他再射第二箭，又沒有射中，說:「驃騎兵將軍是這樣射的。」第三箭，他射中了，自豪地說:「瞧瞧，這才是我薩馬林的箭術。」

薩馬林的箭術的確不怎麼樣，但是他的幽默彌補了這一點。

有個人特愛吹牛，一天他說:「我見過一面大鼓，正月初一敲一槌，能一直響到八月十五，你們猜猜看，這鼓有多大？」一個叫胡亂侃的人說:「不大，不大，我見過一個大木盆，黃河水流到裏面，流了九九八十一天，只流了半盆。據說曹操80萬大軍在裏面洗澡，誰也沒碰到誰。」一個白鬍子老漢說：「這不算大，我有一頭牛，牛嘴在長江喝水，尾巴在內蒙古乘涼，一口啃了300畝莊稼。一個農民拿了根竹子來趕牛，不小心把天戳個大窟窿。玉皇大帝很不高興，派天兵天將來捉他呢……」吹牛大王和胡亂侃不相信，白鬍子老漢說：「不相信？那麼，那有這麼大的牛皮來做大鼓，這麼長的竹子破成篾子做成大箍，箍那麼大的盆呢？」

這幾個人的吹牛功夫可謂高超，但正是這些荒謬的地方使人們發笑，產生了幽默的效果。

有一個美國人和一個英國人在一起互相吹牛。美國人非常驕傲地說：「我們美國人很聰明，發明了一種製造香腸的機器。這種機器眞是神奇，只要把一頭豬掛在機器的一邊，然後轉動機器的把手，那麼，香腸就可以自動地從機器的另一邊一條一條地轉出來。」英國人一聽，不屑地說：「這有什麼了不起？這種做香腸的機器我們早就有了。你們美國人眞是少見多怪，我們早就把這種機器改造得更加神奇了！」「怎麼神奇？」美國人問。「我們新的製作香腸的機器，只要做出來的香腸不符合我們的口味，我們就可以把香腸放在機器的一邊，然後『倒轉一下』機器的把手，那麼，機器的另外一邊，就會跑出原來的那頭豬。」

從上面的故事中，我們不難看出很多幽默的成功，都在於對關鍵的地方用語言進行恰到好處的誇張。自吹自擂往往與現實形成反差，幽默就從其間產生。自吹自擂的時候，可以毫不臉紅，卻免不了誤打誤撞，言過其實。不過，從製造幽默的角度來說，情況與事實有出入而自己卻津津樂道，恰能透出濃濃的幽默情趣。

誇大其詞就是用荒謬誇張的話來表達幽默，使人感到趣味。誇張之所以能造成幽默效果，是因為這些話題與內容經過誇大之後。變得不合常理，大大出人意料，從而造成幽默效果。

一個具有幽默感的人，不會拘於常理，往往會用心發掘事情有趣的一面。在生活中，發掘其使人輕鬆的一面，這樣的人擁有自己獨特的風格和幽默的生活態度。固然，幽默不會使你手中的紙變成鈔票，不會幫你買下名貴的手錶、汽車，也不會替你上班，幫你賺工資，但幽默能幫助你解決人際關係問題，這無疑是實現以上夢想的前提。當你希望能輕鬆克服交際的困難，成為一個人見人愛、為人信任的人時，千萬別忽視這股神奇的力量。

11 幽默是調節人際關係的特殊處方

在公共汽車上，由於售票員的聲音有些小，導致一位乘客沒有聽清報站名，等到錯過站了，乘客才恍然意識到。於是，便慌慌張張地擂門大叫：「售票員下車！」

可車子已經啓動了，眼看顧客一臉焦急，一場爭吵迫在眉睫。

這時，有一位乘客及時插嘴説：「售票員不能下車。售票員下車了，誰來售票呢？」

這位乘客巧妙地運用了語言的雙關含義，讓大家在一笑的過程中消減了劍拔弩張的氣氛，變得和顏悅色起來。

同樣，當我們要表達內心的不滿時，如果使用幽默語言的話，也能讓對方聽起來更加舒服一些。

喬和他的戀人羅絲到一家咖啡店小坐，可服務員端上來的咖啡卻連半杯都不到。於是，喬將店主叫來，然後笑嘻嘻地對他說：「我有一個辦法，保證叫你的咖啡銷量比現在提高三倍。」

店主忙問：「是什麼樣的辦法？」

喬：「你只需把咖啡的杯子加滿。」

喬巧妙地運用幽默來表達失望感，卻不致給對方帶來難堪。也許喬不會因此喝到滿滿一杯咖啡，但他一定會得到友善、愉快的服務，並讓同來的戀人刮目相看。

當然，這樣的技巧可以用在許多方面，差不多在任何情況下，以富有幽默感的評語來代替抱怨，都可以使你得到一定的回報。

12 幽默是化解敵意的良藥

由於利益和目的的不同，我們與他人在觀點和立場上難免會發生分歧，甚至會導致衝突和矛盾的產生，但假如能巧妙地運用幽默，就能夠有效地緩解矛盾，將自己從對立的境地裏解救出來。

公司裏的人都在為了一個部門經理的空缺費盡心思，爭得劍拔弩張，大家都鉚足了勁，擺出一副志在必得的架勢，沒想到，這個頭銜卻最終落在了剛來公司不久的李平的頭上。

大家都很不服氣：「憑什麼讓一個剛來不久的毛頭小子來領導我們。」於是，大家聚集在了一起，摩拳擦掌地打算在李平上任那天給他點顏色瞧瞧。

就職演講一開始，李平先深深地鞠了一躬，然後開口說道：「在下能到這裏來，全要感謝大家。因為大家都是一等的能人，據說升誰當經理，都顯得不太公平。公司沒有辦法，才決定選了我這個有傻福的人擔任這個職位。」

台下響起了一片笑聲，李平接著說道：「我這個傻人擔當了這個職位，其實就像個蠟燭的芯，看起來最亮，又處在蠟燭的最高最中心。其實啊！這樣最慘，總是承受著最高的溫度，被燒得焦黑、焦黑，你們看看我這麼瘦，能燒幾下啊？」

大家又笑了。李平繼續說道：「其實，最重要的，是蠟燭芯自己不能燒，全靠四週的蠟油。所以，各位，拜託、拜託，我這蠟燭芯就全靠大家了，請大家幫忙，別讓我燒焦了！」

一屋人都笑彎了腰，早就把對李平的敵對情緒和打算修理他的事忘到腦後了。

對於敵人的攻擊，幽默有著自我保護作用；而對於別人的讚揚與批評，幽默有著平衡心態的作用。例如身居高位者，難免碰到自己受重視、別人被冷落的情況，這種情況下，如果你是那個受重視的人，就應該施展手段，減少對方的敵意。適度地講講自己的醜事，詼諧幽默地「抹黑」一下自己，不失為一個好的辦法。

威爾遜是美國新澤西州的州長，有一次，他到紐約出席一個午餐會，主持人在向他人介紹他時，說他是「未來的美國總統」。這句話對於威爾遜來說當然是刻意的恭維，但是卻讓在座的其他人不知如何自處，很沒面子，產生相形見絀甚至仇視之感。

場面頓時很尷尬，一人得意眾人愕然，威爾遜想扭轉這種局面。他起立致辭，在幾句開場白之後，說：「我自己感到我在某方面很像一個故事裏的人物。有一個人在加拿大喝酒過了頭，結果在乘火車時，原該坐往北的火車，卻乘了往南的火車。大夥發現這一情況，急忙給往南開的列車長打電報，請他把名叫詹森的人叫下來，送上往北的火車，因為他喝醉了。

很快，他們接到列車長的回電：『請詳示詹森的姓，車上有好幾名醉漢，既不知道自己的名字，也不知該到那去。…

頓了頓，威爾遜又說：「自然，我知道自己的名字，可是我卻不能像主持人一樣，知道我的目的地是那裏。」

威爾遜幽默的謙遜，平復了眾人不平衡的心理，使眾人感覺擺平了面子，消除了敵意，帶動了現場的氣氛。

所以，不管是為了自我保護，還是為了調節氣氛，都請學會一點幽默的技巧吧。用幽默化解敵對情緒的敵意，讓人與人相處更加融洽，交談更加順利，辦事更有效率，不也正是符合了當今社會宣導的和諧、友愛的大目標嗎？

13 有幽默的地方沒有衝突

幽默是一種高級的智力活動，它能化解對方心中的怒火，讓尷尬的氣氛恢復融洽。

一家飯店的衛生不合格，顧客在用餐時經常發生不愉快的現象。一次，一位顧客在吃飯時，在碗裏發現了一根頭髮，於是把服務員叫來，問道：「你們餐廳是不是換新廚師了？」

服務員很詫異：「你怎麼知道的？」

顧客：「當然知道啦，平日的湯裏總有一根白頭發，今天的碗裏是根黑頭發。」

服務員靈機一動，脫口而出：「先生，您說的可能是以前的情況，可是現在我們的廚師是一位禿子。」

這位顧客非常聰明地發揮了他的幽默，既向對方委婉地表達了自己對該餐廳飯菜衛生的意見，又給對方留了面子，使他們不至於惱羞成怒。而更絕的是該餐廳的服務員，又用幽默成功地幫助他走出了尷尬。在一片歡笑聲中避免了一場口舌干戈。

有一次，一位顧客在一家有名的飯店點了一隻油氽龍蝦。但當菜上來以後，顧客發現盤中的龍蝦少了一隻蝦螯。這位顧客很不高興。

服務員抱歉地說：「對不起，您是知道的，龍蝦是一種殘忍的動物。這隻龍蝦一定是在和它的同類打架時被咬掉了一隻螯。」顧客巧妙地回答：「那麼請調換一下，把那隻打勝的給我。」

服務生和顧客雙方都用幽默的表達方式，委婉地指出雙方存在的分歧，從而避免了衝突的發生。

當雙方因衝突爭論而僵持不下時，不妨說個笑話，來個幽默，和緩一下緊張的氣氛，一場衝突是有避免的可能的。

14 適時運用自嘲擺脱難堪

人人都有遇到尷尬的時候，特別是一些涉及自己的缺陷等問題的時候，常常會讓人大失顏面。遇到這種事，任何人都難以為你解圍，除非你自己能夠幽默、豁達地嘲解自己，大方地承認自己的不足，既博得了大家一笑，又展示了自己的坦誠和睿智，所謂的難堪當然也就不復存在了。

在南部非洲發展共同體首腦會議上，南非前總統曼德拉領取了「卡馬勳章」。在接受勳章時的開場白中，他幽默地説：「這個講台是為總統們設立的，我這個退休老人今天上台講話，搶了總統的鏡頭，我們的總統一定很不高興。」話音一落，笑聲四起。

在笑聲過後，曼德拉正式發言了，當講到一半時，他把講稿的頁次弄亂了，不得不重來。這本來是件有些尷尬的事情，但他卻不以為然，一邊翻一邊脱口而出：「我把講稿的次序弄亂了，你們要原諒一個老人。不過，我知道在座的一位總統，在一次演講的時候也把講稿的次序弄亂了，而他卻不知道，照樣往下念。」這時，整個會場哄堂大笑。

你看，這位政治家面對尷尬和窘迫，就如此機智、幽默、自我解嘲了。

某大作家寫作太累，在開會時睡著了，漸漸地，他的鼾聲大起，逗得與會者哈哈大笑，他醒來發覺別人在笑自己。一位説：「你的『呼嚕』打得太有水準了。」他立即接茬兒說：「這可是我的祖傳秘方，高水準的發揮。」在大家的一聲哄笑中解了圍。

自嘲式幽默，表面是以自貶自抑的幽默方式堵住別人的嘴巴，實則是運用幽默藝術的至高境界，並不是任何人都能做到的。

15 巧用冷幽默反擊對方挑釁

在人際交往中，有些人出於某種用心，不懷好意地用語言挑釁，面對這種情況，不可氣急敗壞，也不要說不出話來，如果用輕鬆的冷幽默型語言進行反擊，既確保人格尊嚴，又表現出敏捷的才思、寬大的胸懷。

英國著名的劇作家蕭伯納是一個很善於運用幽默進行防衛和反擊的人。蕭伯納是個又高又瘦的人。有一天，他參加了一個宴會，受到不少客人的歡迎和尊敬，但是，其中有幾個資本家很不服氣，他們想借這個機會好好戲弄一下蕭伯納。

於是其中一個肥胖的資本家哈哈大笑地對蕭伯納說：「先生，看見您就知道世界上在鬧饑荒。」

而蕭伯納也立刻不屑地笑答：「看見您，先生，就知道世界上鬧饑荒的原因。」

蕭伯納運用這種循果溯因的方式有力地反擊了資本家的嘲諷，真是一語中的、妙不可言。

16 詼諧調侃，讓不快煙消雲散

生活中，總有那麼一些人喜歡故意找碴兒、尋釁滋事，故意想讓你不高興。這時如果你視而不見，難免會有軟弱的嫌疑；如果你退避三舍，可能會遭到別人的恥笑。不如化被動為主動，以幽默的話語回應對方，驅散籠罩在彼此頭上的陰雲。

幽默作家班奇利，在一篇文章中謙虛地談到他花了15年時間才發現自己沒有寫作的才能。結果一位讀者來信對他說：「你現在改行還來得及。」班奇利回信說：「親愛的，來不及了。我已無法放棄寫作了，因為我太有名了。」這封信後來被刊登在報紙上，人們為此笑了很長時間。

班奇利沒有指責那位直爽的讀者，而是以令人愉悅的、迂迴的方式回答了問題，既保護了讀者可愛的自尊心，也保護了自己的榮譽。

杜羅夫是一位著名的俄羅斯丑角。在一次演出的幕間休息的時候，一個很無禮的觀眾來到後台，走到他的身邊，譏諷地問道：「丑角杜羅夫先生，你一定非常受觀眾的歡迎吧？」

「還好。」杜羅夫禮貌地回答。

「我想知道，要想在馬戲班中受到觀眾的歡迎，丑角是不是必須具有一張愚蠢而又醜陋的臉呢？」

「確實如此。」杜羅夫回答說，「如果我能具有一張像先生您這樣的讓人看之生厭的臉的話，我一定能拿到雙薪。」

杜羅夫幽默的回應，同時展示了自己身為丑角的幽默天賦和作為明星的非凡氣勢，自然消散了自己身在公眾場合的所有不快。

17 幽默拒絕，讓對方愉快地接受

有時候，面對朋友的請求，我們不得不拒絕，如何說「不」才能既達到自己的目的，又不傷害朋友之間的和氣呢？這種情況下，幽默就可以發揮它的作用了。用幽默的語言拒絕對方，顯得婉轉、含蓄，更容易被朋友所接受。

美國總統羅斯福就是一個幽默風趣的人，看看他是怎麼運用幽默拒絕別人的吧。

有一次，林肯在擦自己的皮鞋，一個外國外交官向他走來說：「總統先生，您竟擦自己的皮鞋？」「是的，」林肯詫異地反問，「難道你擦別人的皮鞋？」

風趣幽默的話語，既能讓朋友有一個台階下，不至於讓對方產生抗拒心理，也能很好地堅守自己的原則。

一次，一個野心勃勃的軍官請求狄斯雷利加封他為男爵。狄斯雷利知道這個人很有才華，能力卓越，也很想跟他搞好關係。但這個軍官實在不夠加封條件，狄斯雷利無法滿足他的要求。於是，他把軍官單獨請到辦公室裏，對他說：「親愛的朋友，很抱歉我不能給你男爵的封號，但我可以給你一件更好的東西。」

狄斯雷利放低聲音說：「我會告訴所有人，我曾多次請你接受男爵的封號，但都被你拒絕了。」軍官是個聰明的人，聽了狄斯雷利的話後就不再要求封爵。

果然，這個消息傳出後，眾人都稱讚軍官謙虛無私、淡泊名利，對他的禮遇和尊敬遠勝過任何一位男爵。軍官非常感激狄斯雷利帶給他的這一切，後來還成了他最忠實的夥伴和軍事後盾。

18 調侃自己一下，為幽默加分

如果有人故意讓你下不來台，身陷尷尬中的你，是否急切地希望有人能來為自己救場呢？不要寄希望於別人，還是輕鬆地調侃一下，儘快讓尷尬煙消雲散吧。

雷根總統第一次訪問加拿大的時候，有一天，他正在某地舉行演說，可是，很多舉行反美示威的人群不斷高呼反美口號，使他的演說不得不時時中斷。

陪同他的加拿大總理皮埃爾·特魯多見此情景很難為情，眉頭緊緊皺了起失。覺得示威的人群對這位美國總統太不尊重。

可是，面對如此難堪的場面，雷根總統仍然是一臉的輕鬆。他滿面笑容地說：「這種事情在美國時有發生。我想這些人一定是特意從美國來到貴國的，他們想使我有一種賓至如歸的感覺。」

緊張的特魯多聽了這話頓時鬆了口氣，也跟著開懷大笑起來。

很多人遇到這種難堪的局面，都會覺得很尷尬，這樣對自己對事情的發展都沒有任何的好處，反觀雷根總統，運用詼諧幽默的語言和表情，輕輕鬆鬆化解了尷尬，贏得了別人的尊重。

在 1984 年，73 歲的雷根在參加美國競選的演說中，有人問雷根：年齡是否會在競選中成為一個問題。意思是說，雷根的年齡大了，這是對他競選不利的一個問題。年齡大是無法迴避的，可雷根不從正面直接說明，雷根卻幽默地回答：「不！我不打算為政治目的而利用我的對手年輕、沒有經驗這一點。」

這一回答，既委婉地強調了年齡大與經驗多相聯繫而有利於從政，把年齡大的劣勢解說成經驗多的優勢，又消除了這個提問帶給他的不利局面。

在政敵面前，總是難免會面臨人前蒙羞、處境尷尬的情況，這時候，用幽默來對付窘境，不僅能很容易找到台階，高明脫身，還能增添自身的魅力。

19 用諷刺幽默的手法化解窘境

許多人在日常生活中常常遭到那些心懷嫉妒的人的侮辱，而運用諷刺性的幽默予以反擊，正是擺脫窘境的手段。

化窘境為趣味，就是在特殊的情況下，抓住時機把難堪或者不利的局面化為幽默。不管多激憤的言行，只要通過幽默的方法把它誇張到既荒誕又微妙的程度，就能夠轉怒為趣。

兩個書生外出趕考，同住在一家客房。第二天起來洗漱梳頭時，兩人發現房中只有一把梳子和一面鏡子。年紀稍小的書生嫌年紀稍大的書生髒，便有意戲弄道：「梳子你用左邊，我用右邊吧！」

大書生聽出了小書生的言外之意，於是說道：「那這面鏡子你用後面，我用前面吧！」

大書生巧妙應答不但還擊了小書生的無理嘲弄，同時又令小書生無言以對，避免了正面衝突的發生，這就是諷刺幽默的妙處所在。

諷刺性的幽默，實際上就是針對他人的侮辱，予以毫不留情的反擊，而這種反擊不乏趣味，在實際中它需要把自己的思維潛在能量充分激發起來加以運用。

生活中，有些人愛利用自己有利的條件對別人的弱點製造難堪，侮辱別人，以炫耀自己，而諷刺性幽默正是與之鬥爭的有力武器。

有個資本家企圖在蕭伯納的演出中當眾羞辱他一番，他大聲說道：「人們說，偉大的戲劇家都是白癡。」

蕭伯納笑著回敬道：「先生，我看你就是最偉大的戲劇家！」資本家十分尷尬，此前的囂張氣勢頓時消失了。

蕭伯納正是運用了諷刺的幽默，給予了對方有力的回擊，維護了自己的尊嚴，從遭受侮辱的境地中解脫出來。

當你處在一種相當狼狽的境地，備受他人攻擊和惡意侮辱時，你可能驚慌失措，可能十分憤怒，也可能十分沮喪，而這一切無法幫你從遭受侮辱的境地中解脫出來。在這種時候，就需要你把自己思維的潛在能量充分激發起來，運用幽默語言作出超常的發揮，通過諷刺給對方以反擊，就可以幫自己輕鬆地擺脫窘境。

20 幽默口才化解衝突

善於言辭的人知道如何用幽默的語言讓原本的對立者接受自己的觀點，如何在摩擦中注入幾滴潤滑劑而不致碰得火星四濺，如何將枯燥無味的氣氛變得輕鬆融洽。

義大利小提琴大師尼科羅·帕格尼尼憑藉其高超的演奏技巧而名震歐洲。雖然他已經功成名就，但有時候也需要應付場合為一些完全不懂音樂的人演奏，這讓這位音樂奇才痛苦不堪。

某日，一位附庸風雅的貴婦邀請帕格尼尼一起喝茶，並想借此讓帕格尼尼為自己演奏，從而作為炫耀高雅的資本。雖然帕格尼尼本人並不想去，但礙於情面還是接受了邀請。

貴婦興奮地說：「帕格尼尼先生，您能來我眞是感到萬分的榮幸！對了，到時候請別忘記帶上您可愛的提琴啊！」「但是夫人，」帕格尼尼無奈地說道，「我的提琴可從不喝茶啊！」

在情面上，帕格尼尼自然不能直接回絕貴婦的要求，但他巧妙地利用「提琴」與「喝茶」間沒有聯繫來表達自己的立場，這樣既聲明了自己的態度，也給了貴婦一個台階下，不至於傷了彼此的和氣。

法國著名作家莫泊桑因文筆太過犀利，常常遭到一些傲慢貴族的奚落。一次，一位極為自大的公爵夫人在跟他攀談時說：「說眞的，你的小說沒什麼了不起，不過，你的鬍子倒是十分好看，你為什麼要留這樣一個大鬍子呢？」

面對這樣無理的提問，莫泊桑沒有勃然大怒，而是淡淡地答道：「這個大鬍子至少能給那些對文學一竅不通的人一個讚美我的理由。」

莫泊桑的還擊是含蓄而鋒利的，猶如綿裏藏針，而有的幽默還擊則更為直接和辛辣。

21 幽默地鈍化攻擊

所謂鈍化攻擊，包括兩種情況：一種是言談中自己處於有利地位、想要維護自身權益的時候，可採用幽默的話語鈍化攻擊，委婉地批評別人，以達到較好的說服效果；另一種是自己處於被動、遭遇來自他人的言語攻擊的時候，可以用幽默風趣的話語鈍化其攻擊，挽回面子。

擁擠的火車站候車室內，一列火車遲遲沒有到站，有位旅客不耐煩地質問值班員：「這火車經常晚點，列車時刻表有什麼用啊？」

值班員笑了笑說：「先生，很抱歉火車又晚點了。不過您想，如果火車總是準時到達的話，那候車室有什麼用呢？」

旅客的態度隨即緩和，說：「那倒也是。」

這位旅客的本意是攻擊火車總是晚點給自己出行帶來不便，因而用列車時刻表來責難值班員。值班員並不能解決火車晚點這一問題，因而不直接回應列車晚點這一情況，而是幽默地回應「正因為火車晚點，所以候車室才派上了用場」。這樣的回應雖然沒有解答旅客的質問，卻巧妙地緩和了現場氣氛，逗得旅客一笑，從而達到了鈍化對方攻擊的效果。

值班員對幽默技巧的運用，值得我們每個人學習。他告訴我們，即使身處險境，理屈詞窮，也要處變不驚，以幽默的語言加以化解，不動聲色地出奇制勝。

老張被一個小夥子破口大罵，卻一聲不吭。等小夥子罵完之後，老張問道：「如果一個人拒絕接受別人的禮物，這禮物屬於誰？」

小夥子不明白老張意欲何為，答道：「屬於送禮物的人。」

「年輕人，」老張答道，「我拒絕接受你的辱罵，現在我把它還給你吧。」

這個故事中，老張暫時性地轉移話題，詢問「禮物」收受之道，利用禮物接受與不接受的不同歸屬，製造了一個圈套。這種巧妙的應對之法，既幽默風趣，又不著痕跡，很隱蔽卻又很有力地達到了回擊對方的目的。請君入甕，既不費力，亦展現出講話者良好的風度和修養，讓年輕人無言以對。

小李到照相館中拿著剛取的照片，發現攝影師拍得很模糊，就半取笑地說：「我怎麼變成這個樣子了？」

攝影師冷漠地說：「人長得怎麼樣，照出的像就怎麼樣。」小李恍然大悟：「哦，原來我長得很模糊。」攝影師一時啞口無言。

這裏兩人關於「人長得怎麼樣」的理解並不相同，小李借攝影師之語拿自己的長相開玩笑，其實是諷刺攝影師的技術太差，成像模糊。他運用隱蔽反擊的方式回擊了攝影師對自己長相的攻擊，同時鮮明地表達了自己的立場，讓其無言以對。

詩人拜倫在泰晤士河邊散步時，看到一個落水的富翁被一個窮人冒著生命危險救上岸，然而吝嗇的富翁只給了這個窮人一個便士作為酬謝。

聚集在河邊圍觀的人們非常氣憤，叫嚷著要把這個忘恩負義的傢伙拋到河裏去。這時，拜倫阻止他們說：「把他放下吧，他值幾個錢他自己清楚。」

22 順水推舟讓你幽默化解攻擊

顧名思義，順水推舟是指順著對方的話往下說，讓對方難以應對。這種幽默方式的應用需要當事人具有很強的應變能力，能在現場做出即時反應，順著對方的話讓其自食其果，以難堪收場。

德國詩人海涅是猶太人，常常遭到無端攻擊。有一次晚會上，一個旅行家想借機攻擊他，便說：「我發現了一個小島，這個島上竟然沒有猶太人和驢子！」

海涅不動聲色地說：「看來，只有你和我一起去那個島上，才會彌補這個缺陷！」

這位旅行家本意是取笑海涅的猶太人身份，結果卻被海涅順水推舟，諷刺旅行家就是島上所缺少的驢子。整個談話過程中，海涅沒有使用一句指責之語，卻讓對方十分難堪，這可謂是順水推舟的較高境界了。

美國第 28 任總統威爾遜在任新澤西州州長時，他的一位好友、州參議員去世了。他非常傷心並做出取消當天一切約會的決定。

剛做完決定，他就接到了該州一位政治活動家的電話。「州長先生」，那人結結巴巴地說，「我……我希望能夠代替已經謝世的參議員的位置。」

「好吧」，威爾遜漫不經心地說，「如果殯儀館同意的話，我個人是完全同意的。」

對於這種被權力蒙蔽了雙眼而不念人情世故之人，威爾遜當然是十分反感的，尤其是在他痛失好友的特殊時刻，竟然有人想要踩著別人往上爬，他當然應該予以反擊。但是威爾遜沒有義正詞嚴地指責該政治活動家不念舊情，急於升職，而是順著他的話，表示同意。不過，明眼人都能看出來，他同意的是讓該政治家去殯儀館代替舊友。威爾遜抓住這位政治活動家表達不清的弱點順勢攻擊，給對方以辛辣的諷刺和風趣的調侃，令對方十分難堪。

國王舉行宴會，賜給每位來賓一套華麗貴重的衣服。他也叫來了阿凡提，當著眾人的面，賜給他一塊披在毛驢身上的麻布。眾人哈哈大笑，都看著阿凡提是怎樣出醜的。

只見阿凡提恭恭敬敬地從國王手裏接過麻布，再三向國王道了謝，然後高聲向客人們說：「貴客們！國王賜給你們的衣服，雖然都是綾羅綢緞，可都是從集市上買來的。但國王是多麼尊重我呀！你們瞧，他竟然把自己的王袍賞賜給我了！」

國王本想捉弄阿凡提，想讓其在眾人面前出醜，卻反而被阿凡提的順勢應答給捉弄了，最後落得一個「毛驢國王」的形象。

一位闊太太牽著哈巴狗上街，見到衣衫破爛的阿毛，想開心取樂，就對阿毛說：「只要你對我的狗喊一聲爸，我就賞給你一塊大洋。」

阿毛說：「喊一聲給一塊，喊十聲呢？」「給十塊。」闊太太不假思索地答道。阿毛躬身下去，順著狗毛輕輕撫摸，煞有介事地喊了聲：「爸！」闊太太妖裏妖氣地笑了一陣，就給阿毛一塊大洋。阿毛連喊十聲，闊太太就真的賞了十塊大洋。

這時週圍擠滿了看熱鬧的人。阿毛笑眯眯地向闊太太點了點頭，故意提高嗓音，長長地喊了一聲：「謝謝你，媽——！」

圍觀的人大笑不止，闊太太面紅耳赤。

阿毛用幽默回敬了闊太太的侮辱，實在是太高明了。

俗話說：「投之以桃，報之以李。」當對方的捉弄是友善的，我們回應的方式也是親切善意的。當面對別人惡意的愚弄，我們也要毫不留情地以幽默的智慧回敬過去。

一男一女相親。

女：「你有賓士嗎？」

男：「沒有。」

女：「你有洋房嗎？」

男：「沒有。」

女：「那麼，看來我們也沒有緣分！」

男無可奈何地起身，自言自語道：「難道非要我把法拉利換成賓士，把 100 坪的別墅換成洋房嗎？」

這位男士開始時由於還不明白女士的意圖而故作糊塗，順其話往下答，直到女士表明自己的立場之後再來個迴旋一擊。相信等女士聽完男士的自言自語，肯定會臉紅難堪，因為在短短的談話之中她嫌貧愛富的心理已經表露無遺，男士很難再與其交往下去，而女士則很可能因此而錯過一位條件很不錯的對象。

一個城裏人，遇一鄉下人，向他發難：「請問這位老鄉，你有幾個令尊？」

鄉下人裝作不知，反問：「令尊是什麼？」

城裏人狡猾回答：「令尊就是兒子。」

鄉下人反問：「噢，那麼請問您有幾個令尊？」

城裏人無言以對。

鄉下人步步緊逼，安慰他說：「原來您膝下無子。我倒是有兩個兒子，可以過繼一個給您當令尊，不知可否？」

城裏人掃興而去。

城裏人自恃才高，欺負鄉下人知識淺陋，企圖取笑他，而鄉下人則以過人的智慧予以反駁，其語言恭敬但處處陷阱，讓城裏人搬起石頭砸了自己的腳。這位鄉下人運用幽默的技巧，巧用「令尊」一詞進行回擊，為自己解了圍，也維護了自己的尊嚴。

鄉下人往往被誤認為是無知的代表者，而螢幕上漂亮的女演員也常常被誤認為頭腦簡單，不過事實並非如此。下面故事中的女演員就以幽默之語展示出自己過人的智慧和應變能力。

英國電影女演員佈雷斯韋特以漂亮和演技出名。此外，她伶俐的口齒也讓人佩服。

一次，某戲劇評論家碰見了佈雷斯韋特小姐，他想開個玩笑，便對她說：「親愛的小姐，我有個想法已經擱在心裏多年了，今天就對你坦誠直言吧。在我看來，你可以算作我們聯合王國裏第二位最漂亮的夫人。」

評論家以為佈雷斯韋特聽了此話，一定會問他有幸榮登榜首的是那一位了。出乎他的意料，佈雷斯韋特靜靜地說：「謝謝你，親愛的先生。我在第二流最佳評論家這裏，也就只希望聽到這種評價了。」

戲劇評論家調侃佈雷斯韋特不是英國最漂亮的女人，當然此話中玩笑成分多過嚴肅，而佈雷斯韋特也不甘被調侃，幽默地反擊了自作聰明的戲劇評論家，認為他的評論水準也不過爾爾。這句回答一語雙關，不僅表明她不在意該評論家的意見，也對評論家的膚淺調侃進行了尖銳反擊。

23 幽默口才解決矛盾

生活中的磕磕絆絆在所難免。愚者劍拔弩張，將戰火蔓延到生活各處；智者則泰然處之，一笑泯恩仇。

我們身處在緊張忙碌的現代社會，繁忙的工作再加上各種利益的糾葛，使得人們彼此間的矛盾衝突增多，日常生活的摩擦更是不斷。如何鬆弛緊張的情緒，避免爭吵，讓自己擺脫煩惱，確是急需考慮的。善於運用幽默力量的人對此可輕鬆應對。

幽默的調侃將矛盾的熱度降低到零點，雙方增加了親切感，因此一方主動倒車，另一方照應配合，消除了矛盾困窘。與陌生人發生衝突也是難免的事，如果你能大度些、詼諧些，矛盾將變成友情。

現實生活中常常不乏令人碰得頭破血流仍然得不到解決的問題，但是，如果來點幽默，卻往往會迎刃而解，化干戈為玉帛。

有時，面對一觸即發的爭辯，不妨適時叫個「暫停」，使雙方冷靜一下，再運用你的幽默使得雙方達到和解。

1895年夏天，美國著名作家馬克·吐溫與朋友比傑爾夫人就有無靈魂問題發生了激烈的爭論。最後，誰也說服不了誰。比傑爾夫人譏諷說：「我的朋友，如果過了一百萬年以後，我們又在天堂上相見了，你是否肯承認自己的不對呢？」馬克·吐溫見比傑爾夫人有點兒生氣了，便沒有再多說什麼。

第二天，馬克·吐溫派人給比傑爾夫人送去了三塊小石頭，石頭上刻著他新寫的詩句，分別是：「如果過了一百萬年，事情證明你對，而我不對，那麼，我將公開地、坦率地、勇敢地面對著你那可愛的、帶著嘲笑的小臉，承認自己的錯誤」「如果竟是我對，那我會感到遺憾，因為你我已無法對證」「呵！有耐性的石頭，你已經待過好幾百萬年了，就帶著這封信再待上一百萬年吧」。比傑爾夫人收到這三塊石頭後，被馬克·吐溫的幽默打動了，前日的不快一掃而空。於是，這個關於靈魂的爭論就此打住。

幽默的力量能給人以友愛與寬容，用幽默來使自身樂觀、豁達，面對生活中的摩擦，我們不妨用幽默去應對和化解它。

在電影院裏，一名年輕男士在摸黑上過廁所後，來到了某排座位外端的女士旁邊，對她說：「剛才我走出去的時候，是不是踩過你的腳？」

女士很厭煩地回答道：「那還用問嗎？」

那名年輕男士趕緊說：「噢！那就是這排了！眞對不起，我有嚴重的近視……請讓我為您擦擦鞋吧……」

女士馬上表示沒什麼，說自己擦就可以了。

從這個幽默故事中我們可以看出，如果你冒犯了別人，對方在乎的可能不是你是否會賠償他的損失，而是你對自己所做錯事的認錯態度。所以，當錯誤在你時，你只要誠實地低下頭，用幽默的方式向別人道歉，讓對方感受到你表達歉意的一份誠心，相信大多數時候別人也會對你表示友善的諒解。

幽默地道歉也要注意時機，一般情況下，正在發脾氣的人，由於火氣上升，有時候會喪失理性。在這個時候，如果你保持安靜，不去惹他，他就可以慢慢地恢復平靜。

24 面對挑釁用幽默還擊

在與他人交往中，面對他人的惡意挑釁，巧妙地抓住對方的一句話、一個比喻、一個結論，運用幽默進行還擊，就能夠達到回擊的目的，而且又不會讓對方太失面子。

一個富人看見一個人騎馬經過自家門口，就站在門口大聲喊道：「喂，吃個饅頭再走吧！」

騎馬人連忙從馬背上跳了下來，說：「謝謝你的好意！」

沒想到富人說：「我沒有和你說話，我在和馬說話呢！」

騎馬人猛地轉過身子，狠狠地打了馬兩下，說：「出門時你說沒有朋友，為什麼現在卻有人請你吃饅頭呢？」

富人生氣地說：「你在和誰說話？」

騎馬人說：「我沒和你說話，我在和馬說話呢！」

說罷，對準馬屁股，打了兩鞭子，又說：「看你以後還敢不敢再胡說八道！」

騎馬人幽默的模仿相當有力，他巧借教訓馬的機會，狠狠地反擊了對方的不友好，讓對方吃了一個啞巴虧。幽默之餘，既令他人感到好笑，又使對方感到難堪。

25 用幽默巧妙迴避對方的鋒芒

面對他人攻擊，我們可以用看似輕鬆的幽默，接過對方攻擊的話語，或者話鋒突然一轉，擊中對方的弱點，這樣既能巧妙地迴避對方的鋒芒，又不會使自己受到傷害。

有一次，詩人惠特曼在演講，他的演講幽默風趣，全場的人都在全神貫注地聽。

忽然有人在台下大聲喊道：「你講的是笑話，我一點也聽不懂！」惠特曼面對這種攻擊，感歎道：「原來你是長頸鹿呀，只有長頸鹿才有可能在星期一浸濕了腳，到星期六才能感覺得到！」

惠特曼在面對他人無理的攻擊時，巧妙地運用幽默，迴避了對方的鋒芒，並達到了回擊對方的目的。

幽默話語以其委婉的表達、豐富的內涵和深刻的寓意，往往能在危急關頭幫助人們緩和矛盾，甚至是化險為夷。

有人說，人生是一篇錯誤的記錄史。此話雖有些偏頗，但也有一定道理。自己的失態，別人的刁難，隨時都能使人陷入尷尬境地。賢明的先人給我們一個很有智慧的建議，「敗軍之將，不可言勇」。即保持沉默是落敗者的上策。但在當今競爭激烈的時代，一味地沉默退讓，極易給人以懦弱無能的感覺，使情況越變越糟。倘能適時幽上一默，可能會立即從困境中解脫出來，反敗為勝，帶來意想不到的效果。

法國哲學家伏爾泰是一個人見人愛的幽默高手。1727年英法戰爭期間，伏爾泰恰巧正在英國旅行。誰知道英國人竟不分青紅皂白，把伏爾泰抓了起來。「把他吊死！快點把他吊死！」英國人怒氣衝衝地大叫。伏爾泰被抓起來送往絞刑台上時，他的英國朋友紛紛趕來替他解圍。他們緊張而又急切地喊道：「你們不能將他處死，伏爾泰先生只是個學者，他從不參與政治！」「不行，法國人就該死！把他吊死。」那些群眾還是不停地怒罵著。

在雙方爭執不下的時候，伏爾泰舉起了雙手，悄聲說：「可不可以讓我這個將死之人說幾句心裏話？」全場突然安靜了下來。

伏爾泰對群眾深深鞠了個躬，清了清嗓門，說道：「各位英國朋友！你們要懲罰我，因為我是法國人。以各位的聰明才智，不難發現，我生為法國人，卻不能生為高貴的英國人，難道對我的懲罰還不夠嗎？」說完，英國人全都哈哈大笑了起來。這番詼諧幽默竟讓伏爾泰死裏逃生，他被當場釋放了。

法國著名戲劇作家莫里哀說：「隨機應變的回答是一個機智的人的試金石。」所以說，不論準備在應對中用什麼形式，都應該在心中想想你的話對對方會產生什麼影響。

26 答非所問，反守為攻

答非所問指答話者故意偏離邏輯規則，不直接回答對方提問，而是在形式上回應對方問話，通過有意的錯位，造成幽默效果。

生活中總會遇到一些意料之外的困境，直接回答或許會導致矛盾進一步激化，不能很好地解決問題，最好的辦法是巧用幽默利劍，婉轉化解。

一個冬晨，郊區開來的火車到站時又晚了25分鐘，一位焦躁的旅客問列車長，這次又是什麼緣故。列車長說，「碰到下雪，火車難免誤點的。」「可是今天並沒有下雪啊。」旅客說。「不錯，」列車長說：「可是，根據天氣預報今天會下雪。」

雖然列車長並未回答旅客的問題，相信聽了列車長的話，旅客一定生不起氣來了，這就是幽默的力量所在。

幽默是人際關係的潤滑劑，更是化解困境的有力武器，利用幽默表達對對方的不滿，也不失為一種好方法。

在某飯店，一位喜歡挑剔的女士點了一份煎雞蛋。她對女侍者說：「蛋白要全熟，但蛋黃要全生，還必須能流動。不要用太多的油去煎，鹽要少放，加點胡椒。還有，一定要是一個鄉下快活的母雞生的新鮮蛋。」

「請問一下，」女侍者溫柔地說，「那母雞的名字叫阿花，可合您心意？」

面對愛挑剔的女顧客，女侍者沒有直接表達對對方所提苛刻要求的不滿，卻是按照對方的思路，提出一個更為荒唐可笑的問題，以提醒對方：你的要求太過分了，我們無法滿足，從而幽默地表達了對這位女顧客的不滿。

在一次聯合國會議休息時，一位發達國家外交官問非洲某國大使：「貴國的死亡率一定不低吧？」非洲大使答道：「跟貴國一樣，每人死一次。」

外交官的問話是對整個國家而言，是通過對非洲落後面貌的諷刺來進行挑釁。大使沒有理會外交官問話的要害點，而故意將死亡率針對每個人，頗具匠心的回答，營造了別樣的幽默效果，有效地回敬了外交官的傲慢，維護了本國尊嚴。

第二次世界大戰期間，德國法西斯頭目戈林問一瑞士軍官：「你們能參加戰鬥的有多少人？」「50 萬。」瑞士軍官答道。戈林面露鄙視之色，說：「如果我們派百萬大軍進入你們國境，你們該怎麼辦？」「那我們就每人打兩槍。」

面對法西斯的狂妄之言，瑞士軍官並沒有退縮，在軍事這一嚴肅的話題上，他沒有直接回答對方的問題，而是採用幽默的技巧，狠狠地回擊了對方。

27 用幽默化解尷尬

面對突如其來的尷尬局面，睿智的幽默能夠幫你安然渡過冷場的難關，甚至可能將原本不快的場面變成展現你沉穩風度的閃光舞台。

蘇格蘭小說家羅伯特・斯蒂文森曾經說過:「一般掌握幽默力量的人，都有一種超群拔眾的人格，能自在地感受到自己的力量，獨自應付任何困苦的窘境。」生活中，每個人都難免遇到令人尷尬的人，辦出使自己尷尬的事，而因此陷入一種狼狽境地。面對這種情況時，我們不妨略施幽默進行自我調節，以儘快解除困窘。

幽默不是深思熟慮的產物，而是隨機應變，自然而成的結晶。幽默往往與快捷、奇巧相連。

有時候，我們會深陷一種相當狼狽的境地。這時，我們可能驚慌失措，可能很憤怒，也可能十分沮喪。驚慌失措使人失去思考能力，憤怒使人失去對自己的情緒的控制，而沮喪則導致人的精神處於消極的、無所作為的、聽天由命的狀態，而所有這一切都無助於我們從狼狽的境地中解脫出來。

其實這時候，客觀情境的嚴酷十分需要我們把自己思維的潛在能量充分激發起來，做出超常的發揮。而要做到這一點恰恰需要冷靜和樂觀，使自己的精神處於一種自由的、活躍的狀態，也就是通常所說的急中生智。在這種狀態下所說出的話語往往比通常情況下聰明得多，也有趣得多。

有幽默感的人往往思路敏捷、反應迅速，在複雜的環境中從容不迫，妙語連珠，常常能夠憑藉幽默的力量化險為夷。

幽默從機智出發，賦予機智以新的動力，同時也對幽默自身的意念、態度和手法產生影響。當機智在幽默中以其理性姿態出現時，則構成了機智性幽默這一新生物。

28 難得糊塗是化解尷尬的幽默境界

智慧有時就隱藏在假裝糊塗的幽默中。在一些特殊的場合，我們常常會碰到一些意想不到的事情，處理不好著實使人尷尬萬分。遇到這類情況時，想要化解難堪，不妨假裝糊塗，幽默應變。

馬克自稱是個好獵手，他常向人們講起他神奇的槍法。一天，他的朋友來邀他去打獵。來到河邊，朋友指著游動的野鴨子，對他說：「快舉槍瞄準呀！」

馬克端起槍來便射擊，可是沒打中，野鴨子飛跑了。他很納悶地對朋友說：「先生，我這是第一次看到死鴨子還能飛哩！」

死鴨子當然是不能飛的。馬克借糊塗掩飾自己射失了鴨子，荒誕中不失俏皮，用一句話擺脫了自己的窘境。

「糊塗」一詞看似是貶義，但其實其中深意頗多，除卻囫圇愚鈍、不甚精明之外，它還蘊涵有大智若愚的意思。在幽默的王國裏，只要運用得當，「糊塗」也是可以被表現得大愚若智的。

29 幽默讓你從容應對各種場合

人生中既有風和日麗的日子，也會有灰暗陰沉的日子；我們會贏得他人發自肺腑的尊重，也會陷入無地自容的窘境。面對一切榮辱得失，我們要做的是泰然處之，保持一顆平常心。

生活總愛跟人開玩笑，人們常常無法避免一些意外的尷尬。有時，不經意間的一句話就會給自己招來一些不必要的麻煩。碰到這種情況時，人們總會設法解釋，試圖澄清事實。但有時候，事情會越描越黑，越解釋越不清楚。這時，解決問題的關鍵就在於能否讓別人信服你的觀點。

古希臘的寓言大師伊索極富智慧。一次，他的主人醉酒失言，發誓要喝乾大海，並以他的全部財產作賭注。次日醒來，主人發覺失言，極為懊悔。但全城人早已得知此事，紛紛來到海邊等候，要親眼看見他怎樣喝乾大海。

束手無策的主人只好向聰明的伊索請教。伊索很平靜地思考一番，然後給主人出了一條妙計。主人急忙趕赴海邊高喊：「不錯，我是要喝乾整個大海。可是，現在千萬條江河不停地流向大海，這就不好辦了。如果誰能很明確地把河水與海水的界線分開，我保證能喝乾真正的大海！」

沒有人能找到河水與海水的嚴格界線，並把它們分開。於是，伊索的主人渡過了這一尷尬的難關。

聰明的伊索面對主人的難題並沒有像主人一樣驚慌失措，而是平靜地進行思考，分析如何才能挽回主人的聲譽。最終，他通過設立一個不可能的前提使這件不可能的事被合乎邏輯地推掉，達到了化解尷尬的目的。

眾所週知，第一次登上月球的實際上有兩個人。第一個家喻户曉，叫阿姆斯壯，和他一起登月的還有一個叫奧爾德林。在慶祝登月成功的慶功宴上，一位記者出乎意料地問了奧爾德林一個特別的問題：「阿姆斯壯先下去了，成為登月的第一人，你會不會覺得很遺憾？」

場面一下子尷尬起來，大家都屏住呼吸等待奧爾德林回答。但是奧爾德林卻很有風度地說：「各位，千萬不要忘了，回到地面時，我是第一個出艙的。」他環視了一下四週接著說：「所以，我是由別的星球來到地球的第一人。」大家都被他的幽默逗樂了，宴會上頓時掌聲如潮。

幽默地面對尷尬，借著笑的調劑，再大的尷尬也能化解，這使你能輕鬆地獲得他人的理解和贊許。在一些公眾場合，尤其是像演說、演唱會這樣的場合，台上的人受到的是全場乃至場外更多人的關注。因此，他們的形象顯得尤為重要。但在這種場合，也免不了會出現些意外，讓他們陷於尷尬境地。這就需要他們具有應對突發事件的冷靜與智慧，來巧妙地讓自己擺脫這種預料之外的尷尬。

有位青年演説家參加演講比賽，上台時不慎被電線絆倒。正在鼓掌的觀眾們都怔住了，接著嘩聲四起。而演説家卻從容地站起來，微笑著說：「你們的熱情鼓掌真的使我傾倒了。」妙語一出，大廳裏頓時活躍起來，讚美的掌聲響成一片。

面對突如其來的尷尬場景，青年演說家並沒有選擇退卻，也沒有表現出惱怒的情緒，而是很從容地把自己的跌倒聯繫到在場觀眾的熱情上。這樣，不但將自己從窘境中解放出來，還從側面對觀眾給予了肯定，這一舉兩得，真是妙語生花。當我們身處尷尬或被人誤解時，詼諧幽默的話語不但會為我們挽回面子，還可以活躍現場氣氛，為我們贏得尊重。常人難免會遭遇尷尬，即使是具有一定聲望和地位的名人也難免於此。所以他們的應對更需要技巧，因為如果處理不當，很容易損毀自己花費艱辛努力而建立起來的社會聲譽。這時，幽默以對是最好的選擇。

30 幽默讓你的錯誤也變得可愛

犯了錯誤並不可怕，只要能夠將自己的錯誤加以輕鬆詼諧的詮釋，就有讓你從險境脫身的機會。只要你的笑夠燦爛，就有摧毀一切的威力。

小王是個上班族，一次，他在上班時間去理髮。而公司明文規定，員工在上班時間不能隨意外出。小王正在理髮時，公司經理出現在他面前。經理面帶惱怒，小王也緊張起來。

經理對小王說：「小王，現在是上班時間，你為何在理髮店？」

小王吸了兩口氣，平靜下來，回答道：「經理，您看，我的頭髮是在上班時間長的。」

經理馬上接道：「不全是，你下班時間也長頭髮了。」

小王禮貌地回答:「您說得太對了！所以我現在只剪上班時間長的那部份。」

小王的回答可謂是「強詞奪理」，不過假如小王被問得啞口無言，不懂得用幽默來為自己解圍的話，小王一定會很尷尬，而且還讓經理非常生氣。而聰明的小王用了一個小小的幽默，經理不僅對小王的巧辯比較欣賞，而且還可能會對小王另眼相看，至於這樣的小錯誤，就不會放在心上。

有一個公司主管對他的秘書說:「將我的報告列印 5 份給我。」秘書很快就按下了印表機的按鈕。很快，15 份報告就被列印出來了。

主管笑著對秘書說:「小姐，我不知道是你沒聽清楚，還是印表機不聽指令。我只要 5 份報告。」秘書也笑著對他說:「對不起，主管，我想是印表機的耳朵出問題了，看起來真該修理修理它了。」

主管對秘書的批評非常幽默，而秘書接受批評也接受得非常幽默，表面上把印表機拿出來做擋箭牌，其實是向上司表明了自己的態度。

幽默可以讓人心情愉悅，一些小錯誤就會在幽默的糖衣炮彈下被人淡忘，讓自己的事業更加順利，所以，在職場中一定要做一個幽默的人。

巧妙地運用幽默，可以及時地彌補失言所帶來的過失，從而避免因失言而給雙方的關係蒙上陰影，並讓雙方的交往變得更為順暢。

1912 年，羅斯福在一個小城市發表演說，在他的演說中，羅斯福說他一向支持和贊成婦女參政議政。

這時，有人突然喊道:「羅斯福，你以前不是非常反對婦女參政嗎？」

羅斯福坦然地回答說：「是的，我的確是反對過婦女參政，在此我向她們表示歉意。那是在五年前我的學識還不夠豐富的時候，但是我現在已有進步了。五年的時間，地球都已經圍繞太陽公轉了五圈了，難道我還不能轉變我的觀點嗎？」

當我們不小心出現了失言時，巧妙地使用幽默，可以使我們順利地彌補錯誤，不讓對方產生不滿，從而使自己儘快擺脫窘迫的境地。

有一次洛克菲勒要到林白家喝茶。

林白太太心想，自己調皮的女兒很有可能會當著洛克菲勒的面，說他有一個大鼻子，於是林白太太千叮萬囑地告訴她的小女兒：「等到洛克菲勒先生來了，千萬不能提他的鼻子，否則，就是對客人的不尊重。」

洛克菲勒來了，林白的小女兒很有禮貌地表示歡迎，之後就跑到院子裏玩去了。林白太太拿起茶壺，終於鬆了一口氣。她很有禮貌地對洛克菲勒說：「洛克菲勒先生，要不要在你的鼻子裏加點牛奶？」

洛克菲勒吃了一驚，林白太太急中生智，她幽默地說：「哦，我的意思是說，牛奶已經煮好了，而且香味撲鼻，你此時一定想好好地喝一杯牛奶吧！」

當我們失言時，巧妙地幽默一下，可以擺脫這種令人尷尬的境地，並讓對方從幽默中感受到你的真誠與熱情。

幽默具有含蓄委婉的特點，它較之直言不諱的表達更容易讓人接受。在失言時，學會利用幽默的語言靈活地補救，一定會得到他人的諒解和寬容。

不小心失言時，用幽默的方法明示自己的錯誤，便能顯示出一個人的坦誠和幽默感，這樣就能夠淡化自己的失言，避免在他人心中留下不良印象。

有人邀請吉利先生在下一週的某天共進晚餐，吉利只好同意了：「好吧，時間就定在下個星期五吧！」

其實吉利並不想赴宴，他轉身對他的妻子說：「這個人真是叫人麻煩，你一會兒就打電話告訴他，說我下週五沒有時間。」

他一轉身，發現那個人還沒有走，於是急忙說：「因為那天我還得跟這位先生一起共進晚餐呢！」

一個恰到好處的辯解，既能挽回失言，又找到了一個不讓他人懷疑的理由，從而讓他人感受到你的幽默感。

有個人認錯了同學，他說：「哎呀，老同學，你變得太厲害了。原來你是個大胖子，現在你卻變成了豆芽菜。我真是做夢都想不到呀，老張！」

對方說：「你認錯人了，我不是老張。」

這個人急忙說：「什麼，不可能吧，你怎麼連自己的姓都給改了呢？」

對方大笑。

31 用幽默來化解難堪和尷尬

人生有時難免會遭遇難堪的情況，此時，不必灰心，也不用失望，用幽默就可以輕鬆化解。要知道，有時候，一句幽默的玩笑話，就可能讓難堪化為無形。

幽默家兼鋼琴家波奇，有一次在美國密歇根州的福林特城演奏，發現全場座位坐不到五成。他當然很難堪。但是他走向舞台的腳燈，對聽眾說：「福林特這個城市一定很有錢。我看到你們每個人都買了兩三個座位的票。」

於是這半滿的屋子裏，充滿了笑聲。

真正的幽默是從內心中湧出來的，它能解除面臨的壓力，使我們振作精神，擺脫尷尬的局面，並成功地克服困擾我們的一些難題，解決困難，釋放怨恨和痛苦。

某人在雪地上行走，不小心滑了一跤，他站起來走了兩三步之後卻再度摔倒，他不禁自言自語地說：

「早知道如此，當初我就不爬起來了！」

深具幽默感的人，同樣也能夠在人前保持最客觀的言論態度，讓他人看到自己的滑稽，同時也能在他人眼中看到另一個自我的存在。在與他人交往時，難免會發生一些意外情況，用幽默來面對這些挑戰與考驗，能反映出一個人應對緊急情況的能力，反映出他的內在素質。

生活常給我們出些難題，幽默既教給我們智慧，又教給我們怎樣完善自己。當你遇到一些尷尬情況時，幽默可以巧妙地化解。

一位雜技演員參加一個社交沙龍，大家要求他表演踩蛋的功夫。

在表演時，他一不留神，踩碎了腳下的一個鷄蛋，他很尷尬地換了一個鷄蛋。大家發出了一陣噓聲。

這時，沙龍的主人忙打圓場：「為了證明鷄蛋是眞的，所以我們的朋友故意踩碎了一個。」

主人的話音未落，雜技演員又踩碎了一個鷄蛋。

大家的目光馬上轉向主人，只見主人無可奈何地歎了口氣，說：「看來，連母鷄都生產劣質鷄蛋了！」

發生突發事件，如果不能妥善處理，就會發生難堪的事。這時抓住時機，來點幽默，或許就能挽救這一局面。

難以應付的尷尬不是這種突如其來的「襲擊」的專利，很多演講本身附帶了某種政治意義，如果沒有幽默這個「潤滑劑」，這個任務是不可能完成的。

比爾·克林頓是美國第 42 任總統，他是最能說會道和最具幽默感的美國總統之一。他在位期間，曾經在白宮接待過英國首相布雷爾夫婦的訪問，並發表了一篇極為大膽的、題為「英美兩國的特殊關係」的演說。演說中，他毫不避諱地提及了 1814 年英國侵略美國的戰爭。他是如何巧妙地讓那段尷尬的、敏感的歷史問題眞正成為過去呢？

晚宴致辭一開始，克林頓總統就坦誠地說：「今晚，為歡迎首相先生訪問，我想重提一下美英之間的那段『特殊關係』。這種特殊關係在我們的歷史上開始得很早。1785 年，湯瑪斯·傑弗遜在成為第一位國務卿之前不久，堅持認為英國是一個沒落的罪惡的帝國。『她的太陽的光輝正很快地墜落到地平線之下』，他異常缺乏遠見地說。」

接著，他說道：「1814 年到處搶劫的英國士兵焚燒了白宮，就是我們今晚坐的地方，他們為『全球變暖』賦予了一個全新的意義。我的前任——詹姆斯·麥迪森很幸運地逃離了，帶著極少的財物，以及由此磨煉出來的關於我們國防能力的觀點。但首相先生，我們是一個寬容的民族。我們從 1814 年那一夜學到了一個頗有價值的教訓——從現在開始，得讓這些傢伙站在我們這一邊。從那時起，英國就成了我們外交政策的核心。」

在這個精彩的演說中，克林頓用適當的幽默調侃了美英兩國那一段尷尬的歷史，但克林頓巧妙地「化敵為友」，強調了英國在美國外交政策中的核心地位，表明了美英兩國間非比尋常的關係。

32 面對困難和尷尬不妨幽默一下

有一次演講結束後，一個聽眾擠到前面來，說是要問問題，其實是想發表觀點相反的演講。這個人滔滔不絕講了五分鐘還不甘休。當他終於停下來，演講者問他：「是不是可以請你把問題重覆一遍？」聽眾席爆發出一陣笑聲。

演講者幽默地向大眾揭穿了這個聽眾的意圖，使廣大聽眾在笑聲中對這個聽眾的無理又無聊的行為一笑了之，自然更不會在意他講了些什麼，而演講者也巧妙地迴避了一場爭論。有時候，聽眾不是故意為難演講者，而是真心請教一些比較難的問題，這時候演講者也可以幽默作答。

在演講中，有時會出現一些不可預測的情況，這時候，一個好的演講者就要做到即時興講，即事興講，巧妙利用觸媒，恰當臨場引發。那些觸媒在特殊的時刻裏綻放，如曇花一現，雖然時間短暫，可是給聽眾帶來的快樂卻綿綿不絕，你在尚未想到之前，聽眾已將你當成一個優秀的演說家了。

一次演講中，一隻狗突然爬上講台，搖著尾巴注視著講演者，聽眾都哈哈大笑。這時，演講者只輕鬆地聳了聳肩，說：「我的演講看來不光吸引人，還吸引了這條高智商的小狗。」狗沒有主動下台，這時演講者說：「請您到外面玩去吧，這兒可沒有肉骨頭。」這時候，會議主持人就趕緊把狗趕下台去，演講得以繼續下去。

演講中出現類似上述情況時，演講者都會很尷尬，面對聽眾的嘲笑，有些演講者甚至會不知所措。而上面故事中的演講者卻能夠巧借突然出現的觸媒，巧妙發揮，引發幽默。

喬治·伯恩斯就曾經用幽默的句子開自己年齡的玩笑。

在一次演講中，有人故意取笑伯恩斯：「您為什麼老是和比您年輕許多的女孩約會？」

伯恩斯回答說：「在我這個年齡，除此之外你還有別的選擇嗎？」

其實上面那些句子並非什麼驚世駭俗的語句，它們只是在演講陷入困境時用來幫助演講者解圍的鑰匙而已。當演講陷入困境時，如果演講者一個人站在講台上呆愣著，那可要徹底砸鍋了，挽救的手段是演講者要自我解嘲地笑出來。

第五章

幽默口才可輕鬆反擊對手

面對挑釁時，我們通常會有幾種反應：有人態度強硬、寸步不讓；有人態度軟弱、躲避退讓；還有人態度平和、反擊有力。其中第三種無疑是最具有殺傷力的。幽默是反擊挑釁的最佳利器。幽默可以巧妙應對惡意「攻擊」，使人沉穩地應對故意刁難。

1 幽默是反擊挑釁的利器

面對一些無端的指責、一些故意的挑釁以及一些莫名其妙的攻擊，人們總會去想很多辦法應對。很多人面對這些針對自己的責備會勃然大怒，但這時其理性思考可能就會被一時的衝動所代替，他們往往不能找到反擊的辦法，反而可能陷入更加尷尬的境地。幽默能使人保持鎮定，人們在冷靜的狀態下能進行良好的思考，從而發現最好的解決辦法。恰當地運用幽默可以使一個人被提問者「逼到牆角」的時候，總能夠反戈一擊。

2008 年瑞士足球隊乘坐著豪華大巴來到了巴塞爾聖雅克布球場。球隊訓練結束後，瑞士隊主教練庫恩來到了新聞發佈會廳接受媒體採訪。此前，瑞士隊後衛、效力於阿森納隊的森德羅斯曾表示瑞士隊在歐洲杯揭幕戰中的目標就是戰勝對手捷克隊。當有媒體記者再提森德羅斯的宣言時，庫恩對自己愛徒的勝利宣言表示了肯定。「當然了，在歐洲杯這樣的重大比賽中取得開門紅是非常重要的。反之，如果瑞士隊在揭幕戰中失手的話，將會對我們接下去的比賽造成相當大的困難。」本來，這是一個再正常不過的開場白了，但偏偏有一位土耳其記者喜歡刨根問底。當庫恩的話音剛落，這位土耳其記者就舉手問道：「請問，如果瑞士隊眞就輸了揭幕戰怎麼辦呢？」聞聽此言，反應極快的庫恩當即答道：「如果我們眞的輸了第一場，那麼就只能在第二場比賽中戰勝土耳其了。」話音一落，全場大笑。

土耳其記者的提問分明是對瑞士隊實力的懷疑。面對土耳其記者的刨根問底，庫恩沒有失去耐心，而是用幽默給予了其最有力的還擊，非常到位。在我們的日常生活中，用幽默來還擊是不錯的選擇，因為不但能保全顏面，而且能使對手啞口無言。

英格蘭國會中第一位女議員阿斯特女士私底下謔稱邱吉爾是「饒舌的大煙槍」。有一次，她對邱吉爾不無刻薄地說：「假若我是你的妻子，我會在你的咖啡裏下毒！」邱吉爾針鋒相對，從容反駁道：「假如我是你的丈夫，我會喝下那杯咖啡的。」

什麼叫借力打力？什麼叫四兩撥千斤？邱吉爾做了很好的示範。

邱吉爾還與另一位工党女議員貝茜·布拉多克有過口角的較

量。某晚，邱吉爾在下議院喝酒喝多了，遇到膘肥體胖的貝茜·布拉多克，後者當即發難：「你喝醉了！瞧你這副模樣，醉得令人噁心！」邱吉爾酒醉心明，幽默感絲毫未減，殺傷力甚至更強，他說：「貝茜，儘管我今晚喝醉了，明天早上就能清醒，可你就不同，明天還是無法變成窈窕淑女。」

這句話確實太噎人，足夠貝茜·布拉多克狠狠地「消化」一陣子了。

幽默在反擊的過程中展現的是智慧，表現得十分溫柔，但是卻柔中帶剛，一記「化骨綿掌」打過去，逼得對方無路可退，只得認輸。生活中應該是和諧的，但是矛盾總是難免的，面對矛盾時，有的人會因為急脾氣而瞬間發火，導致大打出手。誰都不願意看到暴力，也都不希望用暴力解決問題，所以如果換成用幽默來解決，不但不會使現場的空氣緊張到凝固，而且能在無形中將對方的觀點駁倒，潛移默化中使自己佔上風。

所以在需要反擊時不要時刻想著拳頭，恰當的幽默能抵上無數拳頭。

2 用幽默之矛反戈一擊

在這個人際溝通越來越頻繁的時代，口才的重要性也被大多數人所認識，而幽默是好口才一個不可或缺的要素。俗話說「君子動口不動手」，幽默的口才可以作為反擊之矛，這時它不僅具有柔的一面，而且具有犀利的一面，就像一支長矛，直接刺向挑釁者，使其魂飛魄散，只想逃走，但又慌不擇路。

英國首相溫斯頓·邱吉爾不僅是一位聲名卓著的政治家、軍事家，而且也是一位機敏睿智的幽默大師。他思維敏捷，語言機智，常常用幽默的語言化被動為主動，維護自己的形象和聲譽。邱吉爾的幽默，獨具特點。他能巧妙地改造或借用對方的語言形式，準確地融入特定的內容，得體地表達自己的情感和意願。

邱吉爾參加保守黨期間，一次，與他共事的保守黨議員威廉·喬因森希克斯在會議上發表演說，看到邱吉爾搖頭，心中很是不快，便提高嗓門說：「我想提醒尊敬的議員注意，我只是在發表自己的意見。」邱吉爾是不同意他的話而搖頭，還是另有原因，不得而知，但威廉·喬因森希克斯的話，顯然表現出對邱吉爾的不滿。他的一句「我只是在發表自己的意見」，無疑是想博得眾人的理解，而給邱吉爾施加壓力。此時，眾議員紛紛將目光投向邱吉爾，只聽邱吉爾不慌不忙卻又語氣堅定地說：「我也提醒演講者注意，我只是在搖自己的頭。」

邱吉爾的話，綿裏藏針，柔中有剛，不卑不亢地回擊了威廉・喬因森希克斯的非難。的確，別人發表自己的意見，有人卻在一旁搖頭，自然會令言者難堪和反感，但是換個角度想想，有發表自己意見的自由，自然也有搖自己的頭的自由。邱吉爾就是這樣巧妙地借用威廉・喬因森希克斯的話，及時而有力地使自己擺脫了被動的局面。

蕭伯納是英國的詼諧劇作大師，一次在一場盛大的遊園會上，一個衣冠楚楚的年輕人上前問他：「你是蕭伯納先生吧？聽說你父親只是一個裁縫。」年輕人的語氣充滿了輕蔑與不屑。蕭伯納點頭微笑道：「不錯，我的父親是個裁縫。」年輕人步步緊逼：「那你為什麼不學他呢？」蕭伯納依然不生氣，他笑著看了年輕人一眼說道：「聽說你父親是個謙恭有禮的君子？」年輕人扯了扯衣領，高貴又驕傲地說：「對呀，大家都知道！」？蕭伯納說：「那你為什麼不學他呢？」年輕人頓覺羞愧萬分，於是趕緊離開了。

這才是名副其實的「以子之矛，攻子之盾」。

蕭伯納沒有以一個長者身份來訓斥這個乳臭未乾的「小毛頭」，而是運用了非常巧妙的幽默，力度上毫不遜色於嚴厲的訓斥，甚至效果還要更強。

物理學上，有「作用力」，就有「反作用力」；人際關係上，有「壓迫力」，就有「反壓迫力」。當別人對我們叫嚷時，一般人的反應往往是不能服輸，於是他們不是直接大聲反擊，就是大打出手。但這種做法並不高明，尤其是在人際交往中，這種做法屬於很笨拙的方式。最高明的技巧是運用幽默之「矛」反擊，幽默反擊不會傷害他人，同時效果明顯，能使人在談笑自若中輕易化解人與人之間的相互「攻擊」。

3 幽默可以不露聲色地反駁對方

面對自己不願回答的追問、具有挑釁意味的攻擊，或是莫名其妙的不公平待遇，很多人會惱火，因為這些來勢洶洶的指責根本是無稽之談。當面翻臉很可能會使自己名聲掃地，而且不一定能順利解決問題，但是充耳不聞又難免會為外界猜測，所以最好的辦法就是當面澄清，此時幽默地進行反駁，無疑是最好的方式。

幽默具有「彈性」，它能將那些攻過來的言談話語「彈」回去，就是我們所說的「以子之矛，攻子之盾」。在被別人攻擊時用幽默的方式予以回擊，可以起到很好的效果。

眾所週知，著名作家馬克·吐溫是幽默高手。他在一次酒會上指控美國的一些國會議員太虛偽，是「狗娘養」的。結果這些國會議員義憤難平，強烈要求他道歉。馬克· 吐溫兩天后即登報道歉：「前日鄙人在酒會上說『美國的一些國會議員是狗娘養的』，這話是說錯了，對此我深表歉意，並鄭重聲明，美國國會中一些議員不是狗娘養的！」

馬克·吐溫如此幽默而有深意的回擊，讓對手只能啞巴吃黃連了。在日常生活中，多運用這些幽默的反駁方式，不但能使反駁的效果更加明顯，而且不會讓自己因為憤怒的失態而失掉顏面。

美國前財政部長羅伯特從小就是一個學習成績優異的學生，不過，在他求學的過程中也不是沒有挫折。高中畢業時，他先申請普林斯頓大學，結果遭到拒絕。不過，之後他運氣還不錯，申請到了哈佛大學這所一流的大學。四年後他畢業了，得到了優等生及最優學生的獎勵。君子報仇，四年不晚。他故意寫了一封信給曾拒絕他的普林斯頓大學學務長說:「我想您或許有興趣知道您當年拒絕的人後來的情形，我只是想告訴您，我是以最優等的成績從哈佛大學畢業的。」普林斯頓大學學務長也是一個厲害角色，他回信說:「謝謝您的來信，普林斯頓每年都有責任拒絕一些資質很高的學生，好讓哈佛大學也能有一些好學生。」

這名學務長的回擊非常有力度，他沒有否定羅伯特的才能，但是卻說普林斯頓大學每年都會擔心哈佛大學招不到好學生而不得不拒絕一些學生的申請。這樣的幽默非常辛辣，不但回擊了羅伯特，而且使普林斯頓的地位瞬間被抬高了，不得不讓人佩服。

4 刁難面前化被動為主動

對方故意地刁難自己怎麼辦？不要急，要沉穩，用幽默處理。幽默而沉穩地應對別人的故意刁難，效果會非常明顯，而且非常理想。

著名作家蕭伯納和首相邱吉爾都是 19 世紀英國很有影響的人物。二人交往較深，又都有幾分傲氣，因而見面後免不了「打嘴仗」，即便是通信也是如此。蕭伯納的幽默以尖刻著稱，對邱吉爾就更不藏其鋒芒了。有一次，蕭伯納派人送兩張戲票給邱吉爾，並附上短箋：「親愛的溫斯頓爵士，奉上戲票 2 張，希望閣下能帶一位朋友前來觀看拙作《賣花女》的首場演出，假如閣下這樣的人也有朋友的話。」蕭伯納的來信，嘲笑的意味要多於邀請的意思，尤其是「這樣的人」包含了奚落之意。「假如閣下這樣的人也有朋友的話」的實際意思是：「你這樣的人，怎麼會有朋友呢？」蕭伯納的嘲諷非常刻薄，讓人無法接受。但是邱吉爾看過信後，不慌不忙，馬上寫回條予以反擊：「親愛的蕭伯納先生，蒙賜戲票 2 張，謝謝！我和我的朋友因有約在先，不便分身前來觀看《賣花女》的首場演出，但是我們一定會趕來觀賞第二場演出，假如你的戲也會有第二場的話。」

邱吉爾的回信套用蕭伯納來信的語言形式，同樣來了個假設「假如你的戲也會有第二場的話」，實在是高明。這句話是邱吉爾復信的真實目的，意思是你這樣低檔次的演出，是不會有第二場的。邱吉爾用機智幽默的語言，還以顏色，巧妙地回擊了蕭伯納，為後人留下了一段經典的幽默。用幽默不失風度地回擊，非常含蓄和詼諧，但又正中對方要害，瞬間化被動為主動，邱吉爾的幽默不得不讓人豎大拇指。

面對刁難，不要急於發火，因為易怒不但會顯得自己的氣量小，發火也會使你個人的風度盡失，更重要的是發火往往解決不了問題。冷靜地思考，做出正確的判斷才是正道。

5 從容優雅地讓人知難而退

很多時候，人們會面對一些邀請，或者是要求，甚至是誘惑，這些邀請中，有自己願意接受的，也有想拒絕的，還有必須拒絕的。當你需要拒絕對方時，需要好好考慮一下如何向對方傳達你拒絕的意思。拒絕是一門藝術，拒絕得自然得體，既不傷害對方的感情，還留給對方一個好印象是我們追求的拒絕方式。幽默地拒絕絕對是最合適不過的選擇。

大家知道，英國首相邱吉爾是在第二次世界大戰期間，帶領英國人民取得反法西斯戰爭偉大勝利的民族英雄，是與史達林、羅斯福並立的「三巨頭」之一，是矗立於世界史冊上的一代偉人。他的頭上戴有許多流光溢彩的桂冠：著作等身的作家、辯才無礙的演說家、經邦治國的政治家、戰爭中的傳奇英雄。正是這位地位顯赫、叱吒風雲的人物，卻有一段鮮為人知的故事，1955 年，由於身體等方面的原因，邱吉爾決定退位，這時國會擬通過法案，在公園裏為他立個銅像，以表示對他的尊敬。可是，令人意想不到的是，對於這等好事，邱吉爾卻婉言謝絕了，他說：「我怕鳥兒在我頭上拉糞！」

很多人在取得了一定的成績後就會開始寫一些自傳、回憶錄等來使自己為歷史所銘記，但是殊不知那些真正能為歷史銘記的人恰恰不是那些為自己著書立傳的人，而是那些深入人心，為人民傳誦千百年的人。邱吉爾不愧為一代偉人，多麼詼諧幽默的回答，多麼高的精神境界，他的幽默拒絕體現了一個偉人的胸襟和氣魄。

一天，法國文學家、藝術家簡·科克特參加一個有不少熟人在場的交談會。中途有個人提到了有關天堂和地獄的話題，並請科克特發表自己的高見。科克特彬彬有禮地拒絕道：「請原諒，我不能談論這些問題，因為無論是天堂還是地獄，都有一些我的親朋好友在那兒。」

科克特的拒絕方式幽默而機智，從容而優雅地拒絕了提問者。生活中，我們也會遇到很多難以拒絕的場面，這時就要轉動你的思維，用幽默來為自己解圍，因為這不但不會傷害被拒絕的人，而且能達到拒絕的目的，非常得體。

一個英俊倜儻的馬場老闆帶著一位剛認識不久的漂亮女士騎馬出遊，來到一座幽靜的小山坡旁，他們便坐在大石頭上聊天。兩匹馬兒一公一母，竟然交頸親熱起來，馬場老闆不勝嚮往地對女士說：「你看，那正是我想做的。」面對馬場老闆突如其來的表白，這個有意拒絕的女士該如何化解她的尷尬處境呢？於是女士說：「儘管去做吧，反正那匹馬是你的。」

裝糊塗的幽默也是一種好戰術，當人家明白地引你入彀時，你就來個金蟬脫殼，保證對方會碰個「大軟釘子」。

當你無法滿足對方提出的不合理要求時，可以用幽默詼諧的語氣表達一種拒絕之意，或者用一個含蓄幽默的故事讓對方聽出你充滿拒絕意義的弦外之音。這樣一來，既達到了自己拒絕他人的目的，又避免了讓對方難堪而產生的不必要的糾紛。在生活中，難免會遇到不好正面拒絕對方的情況，這時，可以先不表達拒絕之意，相反，對對方提出的意見你可以先完全接受，然後順著對方的意思進一步向深推，結果出現一些不切合實際的謬論，從而使其自己意識到錯誤所在並放棄對你的要求。這種拒絕法，往往能產生幽默的效果。

6 用幽默回敬他人的「揭短」

揭露別人的短處、缺點是不被提倡的，因為每個人都有長處和短處，每個人也都有自尊心和虛榮心，所以指責或批評別人的時候儘量不要說對方的短處。俗話說「打人休打臉，罵人休揭短」，但是在生活中被人揭短是難以避免的，人們往往會在一些時候有意無意地去揭他人的短，這時，他們的語言裏往往會帶著使你尷尬的詞句，經常使你處於下不來台的境地。對付這種情況，你不要慌，也不要急，巧用幽默，可以恰到好處地回敬他人的「揭短」。

有一次，一位銀行家對法國著名作家大仲馬說：「聽說，你有四分之一的黑人血統，是不是？」「我想是這樣的。」大仲馬說。「那令尊呢？」「一半黑人血統。」「令祖呢？」「全黑。」大仲馬答道。「請問，令曾祖呢？」銀行家打破砂鍋問到底。「人猿。」大仲馬一本正經地說。「閣下可是開玩笑？這怎麼可能！」「真的，是人猿。」大仲馬怡然說，「我的家族從人猿開始，而你的家族到人猿為止。」

大仲馬根本不避諱自己血液裏有黑人血統，面對銀行家無禮的刨根問底，他鎮定自若地回答著對方的每一個問題，最後用幽默回敬了對方，使其自食其果。

艾特正在興致勃勃地向他的朋友講述自己是怎樣從池塘裏釣上來兩條大魚的。可他的妻子卻在一旁插話說：「聽他的！他釣了兩天，一條小魚兒的影子都沒見著，那魚是他花錢買的！」艾特接著妻子的話說：「不錯，我往池塘裏扔了 5 元錢，那兩條魚就自動跑進我的網兜裏了。」

揭短是每個人都會遇到的事情，妻子的無意、朋友的無心都會不經意間說出你的不足和令人尷尬的話語來。要是不回應，自己會覺得很窩囊；若是回應，卻又不知道怎麼去解釋。用幽默語言去消除尷尬是再好不過的選擇了，因為這樣做不會傷害彼此的感情。例如，一個作家剛寫了一本書，另一個作家看了以後，問：「這本書是誰替你寫的？」而作家不以為然地說道：「謝謝誇獎，是誰替你把它讀完了的？」運用幽默的語言去反駁令你感覺到很尷尬的問題，是種最好的不傷害對方卻又保全自己利益的方法。

傑克正在向新結識的女友吹噓：「我最近上了一個戲，這是我頭一次獨立執導，故事非常精彩，上演後一定會轟動。」旁邊卻走過來一個朋友說：「嘿，不怕西北風閃了舌頭。姑娘，別聽他瞎編，他那是什麼導演，只是個場記而已。」傑克接著朋友的話說：「場記怎麼啦？導演都得先幹場記，不信你去問問黑澤明。」

很多人在面對別人的揭短時會瞬間爆發、激烈地反唇相譏，根本不給對方任何還嘴的機會，氣勢非常兇猛。這樣的行為看似非常酷，非常過癮，但實則不然。這樣的行為只會顯得自己沒有氣量，心胸狹窄。而且這樣一時的痛快會產生很多不必要的傷害，使得雙方的感情破裂，得不償失。

7 請君入甕的幽默技巧

請君入甕幽默法，就是指設好圈套等別人來鑽。具體來說，就是用故弄玄虛的連續的問或答，使對方一步步進入自己的話語迷宮，營造出一種幽默的氣氛，同時使他人開竅。

請君入甕幽默法的關鍵在於巧妙地連環設局，這樣才能掌握主動，牽著對方的鼻子走，最後當對方明白意思的時候，已經深陷其中了。

在日常生活中，這種藝術使幽默更加顯露出它固有的機智與思辨色彩。由於這個原因，在生活中的舌戰場合，這種巧設圈套的幽默技巧也被廣泛地應用。

妻子：「親愛的，你能把昨天晚上換下來的衣服洗一下嗎？」

丈夫：「哦，不，親愛的，我還沒睡醒呢！」

妻子：「我只不過是考驗你一下，其實衣服都已經洗好了。」

丈夫：「我也只是和你開玩笑，其實我很願意幫你洗衣服的。」

妻子：「那太好了，我也是在和你開玩笑，既然你願意，那這件事就拜託你了。」

丈夫此時不得不佩服和欣賞妻子的幽默和情趣，不得不去洗衣服了，但此時的家務事帶來的就不是煩惱，而是一種值得回味的快樂了。

運用這種幽默技巧必須突破常規思維，出奇制勝地將對方引入你的圈套中。對方則是按照正常的思維去推理，根據你的設計，對方最後必然進入你的圈套之中。

有一次，老李到菜市場買魚。他走到一家鮮魚攤前，看到擺的魚雖然不少，但都不是很新鮮。老李提起一條來放在鼻子前聞了一下，果然有一股臭味。看來時間已經不短了。誰知攤主看到他這麼一聞，便非常不高興地問道：

「哎，你這是幹什麼？我的魚是剛剛打上來的。」

老李並沒有和攤主爭辯，也沒有指責他的謊話，而是順口說了句：「我剛剛是和這條魚說話呢！」

「嗯？」攤主沒想到老李這個回答，覺得老李這話挺有意思，不禁來了興致，想刁難老李一番，於是就說：「那你和魚說些什麼話呢？」

老李說：「其實也沒有什麼，我想到河裏游泳，所以向那條魚打聽一下現在的水究竟涼不涼。」

「那魚怎麼說呢？」攤主已經笑得上氣不接下氣了，週圍也已經聚集了一些圍觀的人。

「魚對我說，很抱歉，我不能告訴你。因為我離開河已經十多天了。」老李淡淡地說。圍觀的人哄然大笑，攤主臉上的笑容卻早就不見了。

吸引別人注意力的最好辦法就是設置懸念，吊起對方的好奇心，讓對方急切地想知道下文，然後再說出你的答案來，起到一語點破的效果。幽默的老張表面上裝作沒有發現魚是變質的，通過和魚對話這件非常荒謬的事情來化解魚攤主的戒備情緒，並一步步誘使魚攤主進入自己的圈套，正是運用了請君入甕的幽默技巧，魚攤主在整個過程中都被老張牽著鼻子走，完全陷入被動。

請君入甕的幽默技巧能夠體現出一個人高超的智慧。這種幽默還有一個很明顯的特點，那就是施用此術的人總是能在與對手的較量中先發制人。從一開始，就穩固地佔據主動地位，吸引對方的注意力，讓對方總是跟著他走，這樣，最後的一擊才會顯得幽默有力和富有戲劇性。

8 釜底抽薪的幽默技巧

釜底抽薪幽默技巧是指首先就某一問題提出一種假設，取得對方的承認，然後將這一假設中的某個部份抽掉，從而達到證明自己某種要求合理性的目的。幽默也就在這種文字的玩轉中洋溢而出了。

傑克來到某遊覽地的一家旅店，要求給他開個房間。「請問，你提前預訂了嗎？」接待員問。

「預訂？沒有。」傑克回答說，「我每年這個時候都到這兒來，已經 10 年了。我從來不用預訂房間。」

「對不起，」接待員說，「今天確實是全滿了。如果你沒有預訂的話，我們沒法給你安排房間。」

「聽著！」傑克說，「假如有人告訴你，說今天晚上總統要來這兒，我敢打賭，你一定會痛痛快快地拿出一個房間來。」

「那當然了，因為他是……」接待員解釋。

傑克打斷他說：「好了，我告訴你：今晚總統不來了，你把房間給我好了。」

傑克正是利用了「釜底抽薪」的幽默技巧將對方引入圈套的。首先，他作了一個假設，即「如果總統今晚要來，辦事員一定會設法為他安排房間」；第二步，他使得對方也將這個假設加以接受。至於對方為這一假設的成立準備作出的附帶說明，其實是置之不管的；第三步，釜底抽薪，即在以上的假設中抽取了「總統今晚要來」這一部份，而將自己「替補」進去，這樣就達到了自己的目的。

有個女大學生愛上了一個掏糞工人。為了說服古板的父親，她想出了一個主意，這一天，女兒對父親說：「我們話劇團有位女演員愛上了一個掏糞工人。」

父親立刻來了精神：「這可是條好新聞，我馬上去採訪。」

女兒道：「你們記者就愛大驚小怪，連姑娘愛上小夥子也要採訪！」

父親說：「像這樣敢於衝破舊傳統習慣勢力，敢於追求愛情的好姑娘，應該好好宣傳一下。」

女兒：「爸爸我覺得您太偉大了，宣傳就必不了，只要您同意就行了，這個女演員就是我。」

聰明的女兒使用了請君入甕的辦法，先麻痺了父親注意力，讓對方解除思想上的防線，而後引導父親進入自己設下的圈套，然後釜底抽薪，使對方不得不接受自己的意見，從而達到了巧妙說服的目的。試想，姑娘如果一開始就明確地說出自己的想法，必定難以取得勝利。

總之，「釜底抽薪」幽默術就是一種將自己與對方共同接受的觀點進行某種成分上或性質上的抽換代替，從而做到自圓其說，窮竭對方的幽默技巧。幽默的力量離不開語言，但光有語言還不夠，一則深刻、含蓄的幽默往往是語言和邏輯推理共同組合的產物。釜底抽薪術是這種組合的典型技巧。

9 同語異指的幽默技巧

所謂同語異指，從字面的意思來理解就是同一個詞、或者同一句話在不同的情況下所指的實際意思是不同的。確切地來說，就是利用一種特殊的語言環境，把同一詞語的針對性轉向談話的對方，其語義的反差越大，幽默感也越強。

同語異指在某些方面和指桑罵槐是比較類似的，都是實際針對的對象和表面上所指的對象是不同的。由於語義的反差很大，幽默的效果也較強。清代文學家蒲松齡的文學作品《聊齋志異》可以說是婦孺皆知，作者的想像力簡直達到了登峰造極的地步，這得益於他敏銳的觀察力和豐富的想像力。蒲松齡年輕時就聞名鄉裏，因為他會說許多好聽的故事，不僅口才好而且風趣幽默。

有一次，蒲松齡在路上遇到一群鄉親，鄉親們將他的鞋子藏了起來，纏著要求他說一個故事，否則就不把鞋子還給他。

蒲松齡沒有辦法，只好坐下來想了想，開始說故事：從前有一對情侶，兩個人私定終身，非此男不嫁，非此女不娶。沒想到女方的父母強將女兒另許他人，這個男子知道後非常氣憤，便去找這女子理論，女子說父命難違。兩人歎息一番之後，相約在當天晚上跳井殉情。

到了晚上，男子先來到井邊，他想試試這名女子是不是眞心愛他，於是將鞋子脫下來放在井邊，自己躲到樹後。沒過多久，女子也來了，看到男子的鞋子擺在井邊，哭泣了一會兒。剛想跳井，忽然念頭一轉，心想：「我年紀輕輕的，日子還長得很，如果就這樣死了，多不值得，他跳他的，我還是回去吧！」

女子站了起來，見那井邊的鞋子還挺新的，於是就拾起來帶走了。躲在大樹後的男子愣在那裏，直到女子走了，才發現自己連鞋子也沒有了。

過了不久，女方家歡天喜地嫁女兒，男子躲在一邊見女子上了花轎，眼看就要被抬出村子了，於是急忙趕上花轎，說：「喂！你嫁給別人不要緊，」他小聲對女子嚷嚷，「得還我鞋子啊！」

說到這裏，蒲松齡停住了。鄉親們正聽得起勁兒，於是嚷嚷道：「下面呢？下面呢？」催他繼續講下去。只見蒲松齡抬起頭，轉了一下眼珠子，又重覆了一句：「得還我的鞋子啊！」鄉親們一愣，接著哈哈大笑，將鞋子還給了他。

這個故事中的同語異指幽默技巧主要體現在「得還我的鞋子啊」這句話上，蒲松齡藉故事中的這句話，時空轉換到了自己給鄉親們講故事的場景，同樣的一句話，在不同的時空下意思卻是有很大的差別的。然而，由於運用得非常巧妙，儘管意思不同，但是同樣的一句話在不同的時空下卻非常的合適和恰當。由於兩個情景的附會、語義的巨大差異，以及蒲松齡的巧妙運用，加強了幽默效果。

其實，在生活中人們常用這樣的幽默技巧相互調侃，增添了生活的情趣。

新婚的先生回家後，太太溫柔地說：「晚餐已經準備好了，和昨天的一樣香。」

先生興奮地說：「太好了，今天吃什麼？」

太太說：「昨天的剩菜剩飯。」

幽默的太太使用了同語異指的幽默技巧，小小地耍了先生一把，先生興奮異常於「和昨天的一樣香」的「美夢」，以為又是和「和昨天的一樣香」的一頓大餐，可誰知太太的「和昨天的一樣香」是指昨天的剩菜剩飯，當然是和昨天的一樣香了。

使用同語異指幽默術的關鍵在於，將「同語」的針對性在不同的情境下很好地發生轉移，越是不留痕跡，最後恍然大悟後的幽默效果也越佳。

10 兩相對照的幽默技巧

生活中很多事物之間都是有可比性的，即使是同一個事物，也會有可比之處。把這些有可比性的地方放在一起兩相對照，就會發現它們在內容與形式、願望與結果、理論與實際等方面會產生強烈的不諧調，於是形成了不和諧的對照。這種強烈的反差必然產生幽默，充滿情趣。

兩相對照幽默法可以分為兩種：一種是同一事物的兩面對比，另一種是具有可比性的兩個事物之間的對比。

同一事物的兩面對比，就是把同一事物的兩個不同方面放在一起作對比，通過對照兩者的差異，產生幽默的效果。

一天，陳老先生邀請一位老友到家裏來，一起泡茶、聊天，並一起下棋，藉以消遣、打發時間。兩個老人一邊聊過去的趣事，一邊下棋；可是一盤棋還沒下完，陳老先生已經朝廁所跑了三次。陳老先生第三次上廁所回來後，有點不太好意思，趕快解嘲說：「哎呀，人老了喲！想當年，年輕的時候，尿都可以憋得住，就是話憋不住；現在，變成老頭子了，話倒是很能憋得住，但是尿就是憋不住啊！」

把自己身體的兩面——年輕時和年老時放在一起作對比，通過比較不同年齡階段的身體狀況，讓人們看到了歲月在人身體上變遷所留下的痕跡，表現出人的生理和心理在人生軌道上的衰弱與成熟的變化。陳老先生的話很富有哲理和趣味，讓人深思的同時，引人發笑。同時，陳老先生幽默的話語既避免了自己的尷尬，同時也讓人看到了他的生活智慧。

而具有可比性的兩個事物之間的對比，就是把兩個本質截然不同的事物放在一起來對照並作描述。由於兩個事物的本質不同，因而它們之間有著更多的差異，這種較大的不諧調正是幽默產生的根源。

心得欄 --

第六章

職場中的幽默口才

幽默在職場中的作用，有如披上幽默的防彈衣，使你更加輕鬆自如、得心應手地「拼殺」職場。

1 小幽默可助你脫穎而出

大多數人都有過應聘的經歷。應聘之前需要做很多的準備工作，很多人為了在應聘時有出色的發揮而抓緊「補課」。所以每天精神都處於一種緊繃的狀態，生活也隨著節奏的加快變得十分緊張，導致在應聘時放不開手腳，事倍功半。在應聘之前進行相關的準備是沒有錯的，但是精神緊張就不對了。應聘過程中需要做的是放鬆，然後全面地展示自己，使招聘單位充分地瞭解自己。一個緊張的狀態不會有好的發揮，所以在應聘的過程中要拋開心理負擔。運用幽默不但可以營造一個良好的氣氛，給招聘單位一個好印象，而且能使自己輕裝上陣，有助於自己按照預定計劃有好的發揮。

曾經有一名大學生應聘助理，他從容而幽默的表現贏得了公司面試人員的青睞。面試的時候是每人3分鐘上台自我展示，然後面試老師會問一些問題。他覺得在這一輪面試中，最重要的是讓面試老師儘量對自己產生印象。所以他在上台的時候說：「各位老師、各位同學，大家好，我叫XXX。很高興站在這裏，但是因為太渴望進入語言補習班了，所以我有點緊張，能不能借大家寶貴的雙手給我一點鼓勵的掌聲？」然後台下掌聲一片，這時候公司面試人員的表情都是面帶微笑的，他預期的效果達到了。

應聘時一定要想辦法讓自己放鬆，所以這時可以運用幽默，即使沒能讓評委面露微笑，最起碼也緩和了一下略顯沉悶的氣氛，讓人們覺得耳目一新，從而為後面的發揮奠定了良好的基礎。

在一項對英國婦女的調查中，有一個問題是：你理想中的男人應該具備什麼條件？大多數婦女的答案不是金錢、名譽、地位、相貌，而是幽默和智慧。可見幽默的作用是多麼舉足輕重。心理學家認為：幽默是人的個性、興趣、能力、意志的一種綜合體現。幽默是語言的調味品，有了它，什麼話都可以讓人覺得醇香撲鼻、雋秀甜美。幽默是引力強大的磁鐵，有了它，便可以把一顆顆散亂的心吸引起來，讓每個人的臉上綻開歡樂的笑容。

大多數人剛進人面試時大都表現得略顯緊張，有不少有能力、有才華的人為此痛失機會。對於面試官來說，緊張慌亂的應聘者，意味著在工作中也不能勝任工作，而可以恰當運用幽默的人，往往能積極、樂觀地對待工作，做好工作。幽默可以說是一種優美的、健康的品質。幽默也是人與人之間的潤滑劑，是一個敏銳的心靈在精神飽滿、神氣洋溢時的自然流露，每個人都喜歡有幽默感的人，所以幽默可以助你應聘成功。

2 幽默造就融洽職場關係

職場中的人際關係是相當重要的，好的人際關係可以使自己每天都有好心情，以這樣的狀態去工作無疑會有很高的品質和效率。而不好的人際關係則會給自己帶來壓力和心理負擔，工作也會失去動力。因此我們應用幽默為自己做個廣告，使人們看到你的真誠和善意、智慧與活力，進而改善自己的人際關係，創造和諧融洽的職場關係，推動工作的順利進行。

辦公室裏老張素以機智著稱。某日工作累了的小王想放鬆一下，於是特別找了一個題目來刁難他。小王說：「老張啊，歇會吧，問你個問題，你可知世界上最吃虧的事是什麼？」老張想了想說：「不知道。」小王說：「就是一個人死了，他的錢還沒有花光。」此時，大家都看著老張，心想他這回可沒什麼好說的了。誰知老張愣了一下，隨即說道：「小王啊，那你知不知道世界上最慘的是什麼事？」小王搖頭說不知道。老張說：「就是一個人錢花光了，他還沒有死。」老張的幽默讓大家當場笑翻。

辦公室幽默是緩解工作壓力的良方，同時也是促進同事間感情的好辦法。

3 幽默可以促成客戶的合作

與客戶的合作是公司發展的重要途徑，所以怎麼樣才能更有效地爭取與客戶的合作是每個公司都在下大力度研究的問題。誠信是毋庸置疑的，沒有誠信的公司是沒有客戶的。如果我們能在擁有誠信的同時，在與客戶的洽談中適當地運用幽默對一些問題進行巧妙的回答，為雙方創造一個和諧、友好、輕鬆的合作氣氛，對爭取客戶的合作效果是明顯的。

美國有一位牙醫開了一家診所。一天，診所來了一位牙病患者，該患者托著腮幫子說牙痛得厲害，希望牙醫給看看。牙醫拿著手術器具，左弄弄右弄弄，說：「是不是覺得牙很痛呢？」「是的。」「是不是應該要拔掉了？」「是的，那要多少錢？」「35 美元。」「怎麼，要 35 美元？太貴了。」然後患者又問：「那要多久呢？」「五分鐘。」「哇，五分鐘需要 35 美元？！」牙醫說：「假如您覺得時間是五分鐘，太短了，我可以用兩個小時來拔掉您的牙齒，您看好嗎？」牙痛患者當然說不，長痛不如短痛。

牙醫用一些幽默的方式來問問題，很快地就解決了顧客的抗拒，並使意見達成了一致。

有一個小姑娘生性樂觀，她來到一家諮詢公司做電話行銷工作。不到一個月，她便做出了不錯的業績。這可不一般，因為諮詢公司的訂單一般都在萬元以上，前期需要花 2～3 個月的時間來進行客户關係的建立，所以能在一個月之內就做出好業績，必定有獨到之處。這個小姑娘的與眾不同之處是什麼呢？就是她的幽默。每次她打電話給潛在客户，當客户說「不需要」時，她立即就會笑盈盈地回答：「XX經理，您別太激動了，我今天不是賣東西給您的，我今天是來幫您買東西的。」客户一聽，立即就會感到很困惑，馬上就說：「你幫我買什麼東西？」小姑娘回答：「您別著急，我幫您買東西，一定要買得讓您稱心如意，所以不能由我一個人做主，還需要您的參與，在做決定購買之前，我需要您幫忙回答幾個問題。」小姑娘就這樣輕鬆地突破了對方的防範心理，順利進入了下一階段。

幽默風趣是一種非常珍貴的品質，幽默風趣的人無論走到那裏，都會受到歡迎。尤其對從事電話行銷工作的人員來說，能夠培養出幽默風趣的溝通風格，無異於給自己的職業生涯添上了一對飛翔的翅膀。

尤里斯請他的朋友去一家飯店吃飯，他們邊吃邊談論著這家飯店的經營特色。尤里斯對朋友說：「這裏的服務員服務眞有一手，對來者是有求必應，從不拒絕顧客們的要求。甚至你要一份陽光，他們也會假裝照你的吩咐去拿，過後，會對你說陽光剛賣完了。」朋友聽後有點不相信。於是，尤里斯喚來一位服務員說道：「請給我來兩份恐龍肉。」「你喜歡怎樣的恐龍肉？」服務員面帶微笑地問道。「煮得熟一點。」服務員記下了菜名就走了。不一會兒，服務員回來了：「先生，眞抱歉。」「怎麼，賣完了？」尤里斯故意透出一副很失望的神情。「先生，不瞞您說，恐龍肉還有一點，只是不太新鮮，我不忍心賣給您。」

面對客戶的要求，當然是要細心考慮，但是客觀條件不能滿足客戶的要求，這時採用直接回答或者直接拒絕的方式，可能會傷害到客戶，以至於失去往後繼續合作的機會。所以遇到不能滿足客戶的條件又不想失去客戶時，用幽默來為自己找台階下再合適不過了。

每個人無論在怎樣的環境中生活，都會經常碰到各種各樣的矛盾，有的甚至是相當棘手的難題，需要你去妥善處理。成功者的體驗是：不輕鬆的問題，可以用輕鬆的方式來解決，嚴肅之門可以用幽默的鑰匙開啟。

4 假如你是老闆，請和員工一起笑

馬克・吐溫說：「讓我們努力生活，多給別人一點歡樂。這樣我們死的時候，連殯儀館的人都會感到惋惜。」

懂得欣賞別人，學會與人同笑，正是形成良好人際關係的一個重要途徑。也許你是個身居要位的官員，所以你不願同看門老人一同笑；也許你是個博學之士，因而不欣賞智力平平的普通人。這實際上是切斷了你同這個世界的聯繫，你的官職、學位對人性的需要毫無用處。當你開始讓人覺得冷酷無情，甚至厭惡的時候，你的管理對下屬而言只能是勉強地服從，而沒有半點主動的意識在裏面。在這樣的狀態之下，是不可能創造出較高的工作效率和業績來的。

而那些懂得與員工一起笑的老闆通常在工作上會十分順利。

他對別人的欣賞，會使別人瞭解他並和他有共同的志趣，共同的目標。

要學會與員工一起笑，首先要使自己變得大度起來。要承認每個人都有失誤和不足之處，即使是自己也在所難免。所以，難免會有下屬會犯一些錯誤或者聚在一起拿老闆開玩笑。事實上「取笑老闆」已成為員工中的一種傳統，就像我們習慣於取笑政界領袖那樣。許多公司總裁、部門經理、工頭、團體領導人、計劃主持人等身居領導地位的人，常常被當成幽默和抱怨的當然目標。所以，我們經常能聽到這樣的談笑：

「我不得不佩服那些州長候選人，他們迴避重大問題的技巧太高明了！」

幾乎所有的美國總統都被人開過類似的玩笑，無論是他的個性、政策、成就如何，都被作為談笑的目標。

有一位人事經理要舉行 50 年的金婚紀念宴會。他特意向老闆請一天假，他說：「我請求您能准我假期，因為這個日子對我來說很重要。我跟您不一樣，您結過三次婚，金婚紀念日比我多。而我一生只有一次。」

老闆說：「就算是這樣吧！我答應給你假期，不過你也不要每隔 50 年就來煩我一回。」

幽默能造成一股力量去瞭解、影響並激勵他人，同時也造成一股力量去瞭解並接受自己。要達到這個目標，你可以現在就開始運用幽默的力量。

「我看銷售圖表高到前所未有的高——不過是倒過來看的。」

「我的新秘書說我這個人有點固執，因為我堅持同一個字前後兩次的寫法應該一樣。」

但有一點要清楚，不論你如何運用幽默力量去做，不要期望每一次都得到別人的齊聲大笑。但一定要讓你的幽默力量貫穿始終，並表現在你富有創意的行為裏。

當你運用幽默力量去幫助別人更有成就時，你會發現不僅更容易將責任託付給他人，而且你的員工將能更自由地去發展他們的進取精神。為此，你的下屬或同事會更加認同你，你的事業之路才會走得更加順暢。

5 用幽默美化你在下屬心目中的形象

幽默作為一種藝術，在工作中有著重要的作用。尤其是對於主管來說，如果富有幽默感，則很容易在自己的週圍，聚集一批為他效力的員工。員工之所以願意與幽默的主管共事，很多時候是因為主管的幽默，會幫助員工擺脫許多尷尬的情況，員工保住了面子，自然會為有這樣的主管而高興，並為之勤奮工作。

幽默的主管有號召力，只要他一張嘴，就能把下屬「哄」得高高興興地去拼命工作，既替公司省了薪水，又能出色地完成工作。幽默的主管一定會和下屬打成一片，讓下屬有「大家是一體」的感覺，而不是事不關己地站在岸邊指揮。同時他也創造足夠的激勵條件，給下屬榮譽感。遇到這樣的主管，下屬就算做出讓步也是情願的。

幽默的主管比古板嚴肅的主管更易於與下屬打成一片。有經驗的主管都知道，要使身邊的下屬能夠和自己齊心合作，就有必要通過幽默使自己的形象人性化。那麼怎樣才能使自己成為一個幽默的主管呢？

首先，拓寬自己的知識面。

當主管要博覽群書，知識積累得多了，與各種人在各種場合接觸就會胸有成竹，從容自如。

其次，提高觀察力和想像力。

要善於運用聯想和比喻。作為一名企業的主管，要有意識地訓練自己對事物的反應和應變能力。

然後，增強社會交往能力。

多參加社會交往，多接觸形形色色的人，也能夠使自己的幽默感增強。最後，培養高尚的情趣和樂觀的信念。

一個心胸狹窄、思想消極的人是不會有幽默感的，幽默屬於那些心胸寬廣、對生活充滿熱忱的人。

幽默的力量還可以融洽人際關係，化解公司的內部矛盾。運用幽默來美化自己在下屬心中的形象，往往可以使主管取得意想不到的效果。國際上一些著名的跨國公司，上至總裁下到一般部門經理，已經開始將幽默融入到日常的管理活動當中，並把它作為一種嶄新的培訓手段。

而且據美國針對 1160 名主管的調查顯示：77%的人在員工會議上以講笑話來打破僵局；52%的人認為幽默有助於其開展業務；50%的人認為企業應該考慮聘請一名「幽默顧問」來幫助員工放鬆：39%的人提倡在員工中「開懷大笑」。

除了在主管個人身上，幽默對於整個公司的利益，還具有一種神奇力量：在一些西方國家，當遇到經濟衰退的情況，公司不得不利用裁員來解決問題時，於是，就可以利用幽默來化解裁員過程中可能出現的各種風險。

美國歐文斯纖維公司曾在新世紀之初解僱了其 40%的員工，但是，沒有出現一例聚眾鬧事、陰謀破壞、威脅恫嚇、企圖自殺等可怕後果。原來公司高層考慮到可能由此而引起的種種問題，該公司管理層聘請了專門的幽默顧問，利用兩個月的時間對 1600 多名員工施行了幽默計劃，在公司內開展了各種幽默活動。

幽默作為管理者的一種優美、健康的品質，恰如其分地運用會激勵員工，使之在歡快的氣氛中度過與你相處的每一天。

6 用幽默激發下屬的動力

在職場上，為了達到更高的工作效率，作為主管，有必要學會激勵下屬努力工作的方法。而用幽默的方式激勵下屬，則可以取得十分良好的效果。

第二次世界大戰期間，有一次，艾森豪到一支軍隊去視察時接見了一名士兵。士兵平生第一次遇到這樣重大的場面，因此看起來緊張不安。艾森豪看到士兵緊張的樣子後，首先微笑著開口問道：「我的孩子，你現在的感覺怎樣？」

士兵誠懇地答道：「報告將軍，我感到特別緊張。」

艾森豪笑著說：「噢，是嗎？那我們可眞是想到一塊去了，說實話，我也跟你一樣，我親愛的孩子。」

士兵聽到艾森豪幽默的話語之後，緊張的情緒很快便放鬆下來，之後與艾森豪的談話便顯得自然多了，而且，這位士兵在此次談話之後，變得激情飽滿，在戰鬥中屢建功勳。

上司的幽默能夠創造出一種輕鬆融洽的氣氛，這種幽默的激勵使得下屬更願意去努力工作。

在一次由美國 329 家大公司行政主管參加的一項幽默意見調查中發現：97%的主管人員相信：「幽默在商業界具有相當的價值。」60%的人相信：「幽默感能決定一個人事業成功的程度。」

7 笑語不斷，成功吸引主考官的眼球

幽默地回答面試官的問題，已經是難能可貴，如果能把每一個問題都回答得讓主考官發笑，那你必然能牢牢地吸引主考官的注意力，最終二話不說地錄取你！

場景一：

面試官：「談戀愛了嗎？」

應試者：「我的 EQ 很低，對男孩子沒感覺。所以，五年內保證不戀愛；五年後萬一不慎戀愛了，保證五年內不結婚；五年後萬一不得不結婚了，保證五年內不生孩子；五年後萬一不小心必須生孩子了……那應該是四十五歲以後的事了吧，你們可以考慮辭退我了。」

場景二：

面試官：「期望多少薪酬？」

應試者：「五十萬？想都不敢想；二十萬？癡人說夢；十萬？絕不可能；六萬？非常非常滿意；四萬？非常滿意；兩萬？滿意；一萬？我知道不是月薪，是年薪，我也……滿意。如果公司還有困難的話，打張借條，也行。」

場景三：

面試官：「能喝酒嗎？」

應試者：「二十五年來從來沒有喝過酒，不過，如果工作需要，喝；不是工作需要，但上級有要求，喝；客戶有要求，喝；有酒量，喝；沒酒量，創造酒量也要喝；實在喝不下去了，吃解酒藥，喝；喝得爛醉如泥、不省人事、胡言亂語、上吐下瀉了，那也並不表示我不願意喝，麻煩上級直接將酒灌進我的喉嚨裏，只要能灌進去，就行。只有一個請求，曲終人散後幫忙將我送進醫院。」

場景四：

面試官：「能出差嗎？」

應試者：「短期的，可以；長期的，也可以。短途的，可以；長途的，也可以。與女上司一起出差，可以；陪男上司單獨出差，也可以。有出差補助，坐火車，住旅店，下館子，最好；沒出差補助，坐驢車，住澡堂子，泡速食麵，也沒關係。」

8 不同職業有不同的幽默技巧

都說幽默感因人而異，事實上，大家利用幽默活躍氣氛的方式也會因為職業的不同而方式各異。

・一位員警在處理完一起交通事故之後，坐下來填寫報告單，在乘客的反應一欄中，由於很難用簡單的幾個字說清楚。於是他乾脆寫道：「他們像熱鍋上的螞蟻，急得團團轉。」

・巡警的工作是很難做的，一天，巡警喬治在路上看見兩個年輕的天主教教徒同騎一輛自行車在一條小路上飛馳，顯然不合乎交通法的規定，於是便將他們攔住。喬治說：「你們不知道這樣做是違反交通法規的嗎？而且這樣快的速度有多危險，你們不害怕嗎？」

兩個教徒異口同聲地說：「沒關係，天主和我們同在。」喬治說：「很好，這麼說我應該罰你們80美元，因為三個人是不能同騎一輛自行車的。」就這樣，喬治在玩笑中，完成了這項艱巨的工作。

・在一次施工爆破之前，有位新聞記者半開玩笑地向工人提出一個問題：「你們在爆破時準備如何處理那些碎石和灰塵？」工人也幽默地回答：「我們向包裝公司定做了一個特種塑膠袋，用直升機把袋子吊到樓的上空，然後扔下來套在樓上。」記者聽了之後同工人一道哈哈大笑，關係馬上融洽起來。

9 幽默是職場成功的秘訣

從前，有個長工給地主幹活，每天都吃殘羹剩飯。

一天，地主叫長工去買一條大魚。長工把魚拿到家後，將它切成了三段，然後把中間的一段淨肉煮著吃了。

當他把剩下的魚頭和魚尾拿給地主時，地主愣住了。地主非常生氣，他厲聲道：「這魚怎麼只剩下頭和尾啦，中段的魚肉呢？」

長工回答說：「中間的一段有什麼用？我早就把它割掉扔了！」

地主說：「你怎麼把魚給扔了？」

長工回答：「不扔難道還能留著？我都在你家幹了兩年的活啦，從來沒有吃過魚身子，我還以為只有魚頭魚尾才能吃呢！」

地主無奈，以後只得給長工準備一些可口的飯菜。

幽默是獲取成功的重要武器，也是職場成功人士必備的裝備。只有每天都用心撰寫幽默的腳本，才能創造良好的工作條件。

馬克·吐溫在美國的密蘇里州辦報時，有一次，一位讀者在他的報紙中發現了一隻蜘蛛，便寫信詢問馬克·吐溫，看是吉兆還是凶兆。馬克·吐溫回信道：「親愛的先生，您在報紙裏發現一隻蜘蛛，這既不是吉兆，也不是凶兆。這隻蜘蛛只不過是想在報紙上看看那家商人未做廣告，好到他家裏去結網，過安靜日子罷了。」

活潑俏皮的幽默語言，讓你在職場輕鬆擁有一份自信，能夠幫助你創造融洽的同事關係，並創造和諧的職場氣氛。嫻熟地運用幽默與口才，會助你走向職場的成功。

一個在職場中左右逢源的人，必定是一個風趣詼諧的人。在職場中，不論你從事什麼工作，無論你是老闆還是下屬，幽默都能為你的工作創造價值。

一天，一個職員對洛克菲勒說：「經理，我們公司有一筆五千美元的債款到現在也沒有討回來，因為從前我們公司和借款者的交情不錯，所以當時沒有簽署正式的借據。現在看來，想要控告他欠款也沒有證據了，我該用什麼辦法討回這筆借款呢？」

洛克菲勒回答道：「這個嘛，很簡單，你只要寫一封信，催他還一萬美元的借款就行了。」

職員說：「可是，他只欠我們五千美元呀！」

洛克菲勒微笑著回答：「當他回信向你辯解時，你就有證據了。」

職場中不乏不合理的現象，我們不妨採用幽默的方式面對，讓我們工作得更快樂。

10 用幽默推銷自己

現代人都懂得推銷自己，雖然能力的高低是重要的決定因素，但高明的推銷方法則往往是成功的關鍵。有些人頗具才華，但卻不能給人好的印象。而有些人在自我推銷的過程中加入了幽默的成分，便收到了事半功倍的效果。學會推銷自己並非一句空洞的說教。推銷自己的過程，其實就是一次全面展示自己幽默、才學、品行、智慧的過程。這是無法臨時抱佛腳式去應付的。

有一家公司招聘公關經理，他們給應聘者出的一道題是：「一加一等於幾？」應聘者的答案五花八門，但公司的老總似乎並不滿意。

最後輪到一位小夥子，老總皺著眉頭問道：「小夥子，你知道『一加一』等於幾嗎？」

小夥子聽了，風趣地答道：「這太簡單了，我們公關的對象，他想等於幾，就等於幾。」

老總聽後不住地點頭。結果，這位小夥子被聘用了。

幽默的能力是屬於自己的，只有自己努力地挖掘，並不斷地展現，才能使他人對你做出很高的評價，讓你最終走向成功。

在一次招聘中，主考官對一位姍姍來遲的應聘者說道：「你已經遲到了，那你就簡單地做個自我介紹吧！」

這位遲到的應聘者站了起來，不慌不忙地說道：「太對不起了！我遲到了，因為我被撞了。」

瞬間，主考官的腦際閃現了他和小汽車相撞的情景，於是雙眼緊盯著他，等待著他說出原因。

應聘者說道：「不瞞各位，其實剛才我和狗相撞了。」

大家被這出人意料的解釋逗笑了。

應聘者說：「其實我是養狗協會的會員，我覺得我和狗特別有緣，並且我的名字叫『楊苟』，是『一絲不苟』的『苟』。」

這位叫「楊苟」的人在短短的幾秒鐘之內，就用詼諧的語言，做了巧妙的自我介紹。這位應聘者巧妙地避開了「洋狗」的同音之嫌，把幽默發揮得淋漓盡致。

面試時，要想輕鬆地做自我介紹，關鍵要把握好幽默的尺度，讓自己的言談符合現場的氣氛，這樣便會並收到一種較好的效果。

11 幽默助工作蒸蒸日上

不論你從事什麼職業，幽默的言談都能助你一臂之力。擁有了這種能力，你就擁有了一部所向無敵的事業「推進器」。所以，在工作中要善於運用幽默，以助工作蒸蒸日上。

從風趣的言談中，可以體現一個人的能力和智慧。將這種技巧運用到工作中，你將會取得更大的進步。

幽默的力量能夠改變一個人的未來，因為你的同事會認可並支持你。這樣，你才能在輕鬆的環境中順利晉升。

當年瓊斯在競選心臟病基金會會長一職時，他的對手都是相關行業的專家，競爭非常激烈。

到了瓊斯發表競選演說時，他突然將寫好的演講稿放在一邊，很嚴肅地對大家說：「女士們，先生們，我事先已經準備好了演講稿，但是聽了這麼多業界精英的演講，在他們以各自的學識和觀點為各位詳盡分析之後，我決定不用我自己的演講稿，因為他們精彩的論證，已經為在座的各位提供所需的各種數據了。」

台下爆發出一陣陣熱烈的掌聲和笑聲。瓊斯的演講得到了大家的認同。於是，美國政府成立的全國心臟病基金會的首任會長就是以幽默與口才打動大家的瓊斯。

在職場中，人人都想成功，但並不是每一個人都能獲得晉升的機會。在工作過程中，如果巧妙地運用幽默的語言，晉升的機會就會更多一些。同事是自己工作上的夥伴，與同事相處得如何，直接關係到能否把工作做好。同事之間關係融洽，能使人們心情愉快，有利於工作的順利進行；同事之間關係緊張，經常互相拆台，發生矛盾，就會影響正常的工作，阻礙事業的發展。

不過，還是有很多人只是看到同事身上的小缺點，而對同事的優點視而不見。下面這種抓住同事的缺點進行諷刺挖苦的做法就要不得。

某公司的銷售部，有個叫楊威的銷售員，他年輕時長過很多青春痘，滿臉都是疤痕。

一天，一個職員跟另一個職員說：「嘿，看張圖片，你猜是誰？」眾人擠過來一看，原來是一個橘子皮。

「你偷楊威的照片幹嗎？」其中一個人喊。

大家爆笑，於是「橘子皮先生」就成了楊威公開的綽號。楊威本人感到十分委屈，且惱火萬分。

總經理實在看不過去，有一次更正道：「我知道大家最近都說楊威是『橘子皮』。但就算真像也不能這麼說啊。太不照顧同事的情緒了。我宣佈，你們以後再說起他的長相時只可以說：楊威，咳咳！他長得很提神。」

真正具有幽默感的人能看到同事的優點，使自己對同事的行為保持樂觀積極的態度，而不是著眼於同事的錯誤和缺點。我們應該敞開胸懷，去瞭解、接受同事的小錯誤。

某公司有一位愛喝酒的員工，經常會因喝酒太多而耽誤工作。他的同事在寫對他的評價時這樣寫道：「他這個人很誠實，忠於職守，而且『經常是清醒』的。」

12 用幽默拉近與上司的距離

對於許多員工來說，最大的苦惱莫過於工作努力，卻得不到上司的賞識。要獲得上司的賞識就要主動拉近與上司的距離，消除與上司的距離感。首先要把工作幹好，甚至做得十全十美，不能讓上司覺得你是一個沒用的員工。但是，只知道埋頭苦幹也不見得就會得到上司的賞識。美國人力資源管理專家科爾曼說過：「職員能否得到提升，很大程度上不在於是否努力，而在於老闆對你的賞識程度。」那麼，怎麼才能脫穎而出呢？

一個年輕人在找工作，他來到麥當勞面試。老闆問他會做什麼，他說什麼都不會，不過會唱歌。

老闆說那就唱一首歌試試吧，於是他就開始唱歌了：「更多選擇更多歡笑就在麥當勞！」

老闆一聽就樂了，接著問了他一些對於麥當勞有什麼瞭解之類的問題，最後，他被順利錄用了。

上面的例子中，求職者在面試中借助了幽默的力量，他首先就以唱歌的方式說出了麥當勞公司的廣告語，博得老闆一笑的同時，獲得了老闆的好感。

大多數上司都是很有文化的人，想要拉近與上司的距離，就要在語言上多下一些工夫。一般來說，幽默語言的效果應該不錯。

沉默而嚴謹的美國總統柯立芝就曾被人用幽默的方式「冒犯」過。一次他去華盛頓國家劇院看戲劇演出。看了一半時，他就開始打瞌睡了。演員馬克停下歌唱，走到前排，朝總統喊道：「總統先生，是不是到了您睡覺的時間了？」總統睜開眼睛，四下張望，意識到這話是沖著自己來的。他站起來，微笑著說：「不，因為我知道今天要來看你的演出，所以一夜沒睡好，請繼續唱下去吧！」

這則幽默的對話既表現了演員直言不諱的幽默，也體現了柯立芝總統的機敏和幽默感。演員並沒有開罪總統，相反，倒成了總統的好朋友。由此可見，「以下犯上」的幽默使用得適時適度，往往能夠拉近與上司的距離，贏得上司的理解和信任。

工作太累的時候，難免會偷懶，這時如果被老闆看見了，你該怎麼辦呢？

有一個建築工地的工人在搬運東西，每次只搬一點。

工頭：「你在做什麼？你看別人每次都搬那麼重的東西！」

工人：「嗯，如果他們要懶到不像我搬這麼多回，我也拿他們沒辦法。」

幽默的回答，工頭也被逗笑了。

某公司開始實施銷售業績倍增計劃時，主管召集下屬訓話：「各位，現在是我們加油的時候了。從明天開始，早上七點半大家就要到這裏集合。八點鐘一響時，大家就要立刻向外去推銷！」

大家都不滿地抱怨時間太早。

這時有位凡事講求效率和正確性的員工，不慌不忙地反問道：「請問……是時鐘開始敲八下時，還是敲完八下才往外跑？」

主管過於嚴格的要求可能會招致他人不滿，這時上面這位聰明的員工就使用幽默的語言把眾人的注意力轉移到自己身上，使尷尬緊張的氣氛重新輕鬆下來。員工的這個幽默既幫了主管的忙，又使主管看到他較強的時間觀念，從而使他獲得主管的賞識。

13 將幽默融入業務工作

業務工作不僅充滿艱辛，又是枯燥乏味的，能否讓業務工作充滿趣味，關係到業務的成敗。因此，在做業務工作時，適當地幽默能讓業務工作變得風趣。

某皮貨廠家的業務人員在商場中向人們推銷皮大衣，人們把這裏圍了個水洩不通，這時有一個中年男人擠了進來，他問道：「你們這兒有比較便宜的大衣嗎？」

業務人員立刻回答：「當然有。在我們這裏，袋鼠皮大衣還是比較便宜的。」

顧客很驚訝地問道：「為什麼？」

業務人員幽默地回答說：「原因很簡單，因為我們可以省下做口袋的材料和工錢！」

業務人員在和顧客接觸的過程中，有些顧客會提出一些不切合實際的要求。如果我們確實無法滿足顧客提出的要求，可以用幽默對顧客說「不」。

面對顧客的無理要求，直言很有可能會得罪顧客，給自己帶來損失。用幽默的語言巧妙地應對，可以避免不必要的麻煩。

楊先生在一家牛奶公司做業務工作。一天，楊先生剛到公司，一位顧客就大吵大嚷地闖了進來，他手中拿著一瓶酸牛奶，氣憤地質問楊先生：「這樣的酸牛奶讓人怎麼喝？我要求你們賠償我一百萬，如果你們不答應，我就到法院起訴你們！」

楊先生接過這瓶酸牛奶，發現瓶底有一些玻璃碎片，不禁大吃一驚。但是他馬上鎮靜下來，向那位顧客問道：「這位先生，我們會對顧客的健康負責的。首先我想請問，這瓶酸牛奶你喝過沒有？如果你已經喝了，那我們還是到醫院裏做一下透視吧！然後，我們再到法院解決！」楊先生良好的口才，讓顧客不好意思起來。

當客戶的無理要求很難處理時，業務人員可以借助幽默，巧妙地週旋，讓客戶自覺地不再提出類似的難題。

在推銷過程中，幽默往往可以消除推銷人員的緊張感，使推銷在輕鬆愉快的氣氛中進行。幽默還具有化解不愉快，改善與顧客關係的作用。借助幽默，推銷更容易獲得成功。

有一次，一個推銷新手向一位有著多年推銷經驗的老推銷員訴苦：「我想我不適合做推銷工作。因為我每到一個地方，不是受人白眼，就是受人侮辱。」

老推銷員聽了，很同情地說：「是嗎？那眞是太糟了，我就從來沒有過這種感覺。我做推銷工作已經四十多年，我拿出來的樣品有時被人丟到窗外，就連我自己也曾經被人拒之門外。但是我想我比你要幸運一點，我從來沒有被人侮辱過。」

這位推銷新手聽了，會心地笑了，從此，他努力工作，成為了一名優秀的推銷員。

幽默地看待推銷工作中所遭遇的困難，並以堅忍不拔、持之以恆的精神對待，一定會取得推銷事業的成功。

推銷商品是一件艱辛的工作，每一個成功的推銷人員除了具備良好的業務能力外，不僅要有熱忱的工作態度、良好的服務意識，還要有機智的幽默感。

推銷自己的時候，適當發揮幽默，必能使對方對你產生良好的印象，並使交易的成功率成倍地提高。

一位推銷員在向銷售商推銷某飲品。銷售商問道：「好喝嗎？」

推銷員答道：「當然好喝。你若不信，你就嘗上一杯，保證你會上癮。」

銷售商說：「好吧，那就給我來一杯嘗嘗吧！」

推銷員一邊讓銷售商品嘗，一邊對他說：「我建議你還是不要品嘗，省得上癮以後給自己帶來更多的麻煩！」

銷售商笑了，並和推銷員簽訂了一個數目不小的訂單。

在商業活動中，幽默的作用很大，尤其是在推銷自己的時候，如果使用得當，就會給你帶來很大的利益，但如果使用不當，就會適得其反。

14 幽默在社交中的作用

幽默在社交中的作用是不可低估的。首先幽默能使人感到輕鬆愉快，而這又是提高人的大腦及整個神經系統的張力和充分發揮潛力的必要條件。在社會交往中，當發生矛盾時，那些缺少幽默感的人，會把事情弄得越來越糟；而幽默者能使交際變得更順利、更自然。適當地製造幽默，可以活躍氣氛，使交際更趨完美。

許多名人、偉人，在交往中都曾談笑風生地趣說過自己。

斯庫特去拜訪一位女性朋友，女傭告訴：「十分抱歉！小姐要我告訴你，她不在家。」

斯庫特說道：「沒關係，你就告訴她，我並沒有來過！」

經過這樣的幽默處理，斯庫特以善意的話語表達了自己的心情，並對女主人避而不見的做法進行刺諫。當他的那位女性朋友聽到這種幽默出彩的答話後，還能沉得住氣嗎？上面的故事展現出幽默在社交場中的非凡魅力。

某個盛大的自助餐式酒會上，因為事先預備了各式各樣的美酒，客人們全都讚不絕口。

某位被公認為酒仙的仁兄，在宴會一開始就在朋友之間來回地寒暄道：「哦！對不起，在下先行告退了！」

當他一路來到女主人面前時，女主人知道此仁兄是酒道高手，不禁詫異地問道：「怎麼，您要回家了呀！是不是有什麼地方招待不週呢？」「哦！不，不，我如果一開始喝的話，一定會分不出來東南西北的，所以我想先行告退……」

如果你也喜歡喝酒的話，你就會很容易看到這位仁兄的聰明幽默之處了。面對那麼多的美酒，他當然是不願意錯過的，可是他又怕自己喝醉了以後會出醜，所以他就在喝酒之前為喝酒之後可能出現的情況做好鋪墊，然後他就可以盡興地享受美酒了，因為他明白主人當然不會因為他有可能喝醉而答應讓他回去的。

15 幽默是一種絕妙的溝通能力

一位美國心理學家說：「幽默可以潤滑人際關係，消除緊張，減輕人生壓力，使生活更有樂趣。它把我們從個人的小天地裏拉出來，使我們一見如故，尋得益友。它幫助我們擺脫窘迫和困境，增強信心，在人生的道路上知難而進。」所以說，幽默是一種絕妙的溝通力。

有一個女書迷，因為非常醉心錢鐘書先生的著名小說《圍城》，幾次千里迢迢來，想見錢鐘書先生一面。但自始至終，錢先生就是不給這位女士一個「面子」，只是讓朋友捎話給她，說如果你覺得雞蛋好吃，你就只管吃雞蛋好了，何必一定要去見那個呱呱叫的老母雞呢？

按理說，錢鐘書一個大名鼎鼎的作家，不應該這樣把別人拒之門外，這樣既讓別人覺得他擺著作家的架子，十分高傲，又讓人感到此人十分無情，在多次要求下也不肯出來見面，似乎沒有一點人情味。但他的話卻讓人把這種種猜想都否定了，這句話讓人斷定，他並沒有高傲的架子，也沒有讓人難以接近的冷漠。

16 幽默讓你輕鬆面對人際關係

有的人在與他人的合作中聽不得半點「逆耳之言」，只要別人的言語稍微有所不恭，不是大發雷霆就是極力辯解，其實這樣做是不明智的。這不僅不能贏得他人的尊重，反而會讓人覺得你不易相處。所以，在與人相處中只有始終保持愉快的心情，謙虛、隨和、幽默，這樣才能讓你和別人的合作更加愉快。

喬治和他的兩個好朋友去樹林裏伐樹，但是他的體力比不過他的兩位身強力壯的朋友。晚上休息時，他們的領隊詢問白天每個人伐樹的成績，有一個同伴答道：「傑克伐倒 55 株，我伐倒 49 株，喬治這個笨蛋只伐倒了 15 株。」

雖然朋友說的是玩笑話，但是對於喬治來說確實不怎麼順耳。就在喬治即將發怒的時候，他突然想到自己伐的樹確實很少，簡直和老鼠打窩時咬斷樹根一樣，不禁笑著說：「你說得不對，我是用牙齒使勁咬斷了 15 株樹。」

在這個故事裏，喬治是一個善於控制自己情緒的人。他以幽默的方式心平氣和地面對自己的不足和別人的攻擊，體現了非凡的忍耐力和大度寬容的胸懷。

芬蘭一位建築師說話很慢，訪問他的記者，一直擔心時間不夠用。萬般無奈下記者只好說：「先生，時間不多了，能否請您說快點？」建築師聽後，慢慢掏出煙斗，然後點上，能多慢就多慢，並且懶懶地說：「不行，先生，不過，我可以少說點。」

用幽默化解困境，回答難題，維護自己的利益，捍衛自己的尊嚴，而又不傷對方的感情，達到良好的效果，這是別的手段難以媲美的。

17 廣交朋友需要善用幽默

朋友關係大抵是最適於發揮幽默的一種關係，朋友交往中的交談打趣是很自然，很平常的事。而幽默會使朋友之間的關係更為親密融洽，相互交往變得更富於情趣。俗話說：朋友多了好辦事；多個朋友多條路；在家靠父母，在外靠朋友……能夠多交一些朋友，常常與朋友交談、聊天，就會心胸開闊、信息靈通、心情愉悅，還能取長補短，互相安慰。大家都知道朋友的重要性，但是，在茫茫人海中，要找到志同道合的朋友就不是那麼容易了。其實，知音難覓就難在交朋友的方式上了，而幽默交友不失為一種有效的交朋友的方法。陌生的朋友見面，如果幽默一點，氣氛就會變得活躍，交流就會更順暢。

蕭伯納有個朋友叫賈斯特頓，是著名的小說家，兩人關係非常要好，彼此常常肆無忌憚地開玩笑。賈斯特頓既高大又壯實，而蕭伯納卻瘦削得似一根蘆葦，兩人站在一起時對比特別鮮明。

有一次，蕭伯納想拿賈斯特頓開玩笑，便對他說：「要是我有你那麼胖，我就會上吊。」

賈斯特頓笑一笑說：「要是我想去上吊，准用你做上吊的繩子。」

本來想幽對方一默，卻被對方反諷，蕭伯納沒有生氣，而是哈哈大笑了起來。

這就是蕭伯納，幽默豁達，頗具親和力。也正是這種幽默和親和力，使他與當時眾多的文人學者建立了深厚的友誼。

心得欄 ------------------------------

第七章

與客戶笑談中的幽默口才

因為商業活動的每個環節都需要幽默：採購需要用它打動賣方、銷售需要用它打動買方、談判需要用它討價還價、合作需要用它增進交流……這些都需要運用好幽默。如果你想發展更多客戶，使客戶接納你並保持良好的商務往來，幽默是很有效的工具。

1 幽默助商務活動更上一層樓

幽默不僅可以創造輕鬆的氣氛，而且還能為商務活動創造一個良好的環境。更為重要的是，它就像一架梯子，助你繼續向上攀登，取得商務活動的成功。

在一次商務談判中，雙方唇槍舌劍，氣氛十分緊張。為了緩和這種緊張的氣氛，一方的老闆說：「大家知道嗎？我才高中學歷，而且我上學時，成績很差，但只有英語一科沒有不及格。」

大家立刻被他的話吸引住了，紛紛問道：「為什麼呢？」

這位大老闆立刻回答道：「因為我的學校開設英文和俄文兩門外語，而我選修了俄文！」

大家都笑了，談判在愉快的氣氛中繼續進行，最後雙方達成了協議。

2 幽默可以爭取到客戶的合作

幽默可以製造你與客戶的笑聲，使客戶在笑聲中接受你的產品。如果你要和愛挑剔的顧客打交道，幽默是最有效的工具。

在一個汽車展示會上，一對年輕夫婦對一輛汽車的價錢頗有微詞。「這幾乎等於一輛大卡車的價錢了。」太太抱怨著。

「當然，如果您喜歡大車的話，同樣的價錢，我可以賣給您兩台大型拖拉機。」

面對顧客的抱怨，銷售員運用幽默技巧表達了他所推銷的小型車是物有所值的，在令顧客笑的同時，更容易獲得顧客的認同。

到底如何使用幽默這個有力武器來爭取到與客戶的合作機會呢？下面有幾點建議：

在開口之前先試著判斷客戶是那種類型和風格的人。正確的幽默對你的幫助有多大，錯誤的幽默對你的損傷就有多大。

巧妙地插入幽默的談話會使顧客喜歡上你。但要提醒的是：任何時候都不適於對不熟悉的人使用政治、種族或宗教幽默。

你也可以講一講個人經歷而不是瞎編亂造一些無厘頭的幽默故事。例如你在辦公室裏、在家裏或者孩子小時候的趣事。你還可以把幽默故事記錄下來，這樣你在下次同客戶談話時就能很快地記起有關上次談話的內容。

你還可以把問題變成機會。例如你想在電話中用三十秒介紹一下產品。顧客問：「怎麼收費？」你可以說：「噢，這個電話是免費的。」輕鬆幽默的氣氛的確有利於你成功地推銷產品。

3 以幽默的語言拉近與客戶的距離

商場如戰場。生意場上，強手林立，競爭激烈，如何贏得顧客，使經商成功，這裏面很有文章。運用機智，巧用幽默，將使你贏得顧客的信服，從而旗開得勝、生意興隆。

在商務活動中，一個人如果能夠擁有幽默的口才，他就會利用適當的「巧言妙語」展開業務，並把話說到顧客的心窩裏，從而讓自己的語言更貼近顧客。促進商務活動進一步展開。

在商務活動中，我們會接觸到很多客戶。不論你喜歡與否，我們都要認真地與之相處。運用幽默對待客戶，可以消除與客戶之間的陌生感，使整個商務活動充滿輕鬆和愉快。

小惠是一家餐廳的服務員。一天，一個男人走進餐廳，小惠問他吃點什麼，他回答說要一份帶有土豆和蔬菜的雞。

小惠剛準備離開，他突然說：「是烤雞。」小惠點頭，表示知道了，然後就向廚房走去。但是，這個男人又叫住他，說：「請不要做太多，也不要做太少，而且一定要做得嫩一點。」

小惠順從地回答道：「是的，先生，我這就去告訴廚師。」小惠再次向廚房走去。但是這個男人再次叫住他說：「哦，我差一點忘了，我喜歡雞腿。」

小惠回答說：「先生，我都知道了，只是我不知道你是喜歡左腿還是右腿？」這個男人不好意思地答道：「那就隨便吧！」

在商務活動的許多環節中，利用幽默對待顧客也是一種藝術。巧妙地用幽默對待顧客，可以達到化解不利，改變氣氛的目的。

有三個學生相約來到酒吧喝酒，但他們還沒有成年。服務員叫他們出示自己的身份證，他們猶豫了一會兒說：「身份證忘記帶了，用學校裏的借書證行不行？」

服務員笑著喊道：「給他們上一瓶啤酒，兩冊圖書！」

反應迅速是幽默談吐的特點之一，而一個思維敏捷的商務人員，總能夠以自己幽默的談吐對待顧客，贏取顧客的喜歡。

某家帽廠的推銷員上門向顧客推銷。他對顧客說：「先生，這樣的帽子最適合你戴了，買一頂吧。」

這位顧客中年謝頂，根本就不想買，於是他謝絕道：「我看就不必了，你看我腦袋上的這幾根頭髮，數都能數得過來。」

推銷員馬上說：「可你一戴上這種帽子，別人就不會數你的頭髮了，而且還能夠遮風擋雨！」

顧客哈哈一笑，買下了一頂帽子。

不管你從事什麼樣的工作，用幽默的態度對顧客進行勸說，能巧妙地表達你的意見，並指明顧客想法的不切實際。

一位母親怒氣衝衝地闖進一家商場。她來到銷售糖果的營業員面前，大聲地向她吼道：「我兒子總是在你們這裏買糖果，為什麼他每次買的糖果都缺斤少兩？」

營業員並沒有驚慌，她仔細想了一下，猜出了其中的原因。於是她禮貌地回答：「這位大姐，請不要生氣，你為什麼不稱稱你那個寶貝兒子，看他的體重是否增加了？」

這位母親先是一愣，然後就明白了是怎麼一回事。

幽默是人際關係的潤滑劑，有時利用幽默反駁對方無理的觀點，不失為一種較好的方法。

面對形形色色的顧客，不直接表達對對方所提苛刻要求的不滿，而是按照對方的思路，用幽默的方法對顧客進行勸說或反駁，可以減少與顧客的摩擦，讓商務活動更順利地進行。

在商務活動中，當顧客表現出疑慮的情緒，可以用幽默來化解。這樣可以為商業活動營造良好的氣氛，聯絡與顧客的感情，達到商務活動的目的。

一次，一個推銷員正在推銷T型繪圖尺：「大家看呀，這些T型繪圖尺是多麼牢固，任憑你怎麼折都不會折斷。」為了證明尺子的堅固程度，推銷員捏著一把T型繪圖尺的兩端使勁地想把它折彎。突然「啪」的一聲，他手中的尺子斷成了兩截。

人們的目光中流露出疑惑的神色，有人甚至走了出去，很顯然，人們對尺子的品質感到懷疑。

推銷員見狀，把折斷的尺子高高地舉了起來，大聲說道：「女士們，先生們，這就是T型繪圖尺內部的樣子。」人們哄的一聲笑了起來，雖然他們有疑慮的情緒，但在推銷員的幽默感染之下，還是有人買了不少尺子。

如果每一位推銷員都有這樣開朗灑脫的心境，又何愁產品銷路不暢呢？

疑慮會使顧客產生不快，給商業活動帶來不必要的麻煩。此時，商務人員用一句幽默的話語就能令顧客會心一笑，讓疑慮化為烏有，爭取到顧客的合作。

4 幽默讓商務活動輕鬆愉快

在商務活動中，人們難免會拘謹不安。這時，如果能夠運用風趣的言語，就能讓商務活動在輕鬆的氣氛中順利地進行，促進最後的成功。

有時候，一個簡單的幽默，能夠掃除緊張的氣氛，並讓商務活動順利進行。

有一個業務人員陪同外賓到一家中餐廳就餐。第一道菜是冷拼龍蝦，他幽默地用英語向外賓解釋說：「這是小蝦的祖父。」並很誇張地比劃，表示是個很大的蝦。外賓們笑了，一個聰明的女外賓猜到了是龍蝦。

第二道菜端上來了，是清燉母雞。這次，他用英語說：「這是公雞的妻子。」並學了幾聲母雞叫的聲音。外賓再一次被他的幽默逗笑了，這次一個男外賓猜出了是母雞。

第三道菜是烤鴨。他又故技重施，說：「這是雞的堂兄。」他學了幾聲鴨子叫，並模仿了鴨子走路的動作……在整個上菜的過程中，他都用幽默的方式說出菜名。

這個業務員的幽默給外賓留下了深刻的印象，最終外賓選擇了這家公司，合作完成一個項目的開發工作。

高度的幽默感來自輕鬆自在的心靈，並需要你懂得適度地發揮。只有體會到幽默的精髓，才能真正揮灑幽默的魅力，讓他人感到輕鬆愉快，並對商務活動的成功起到關鍵作用。

幽默能引起人們的縱情大笑，消除內心之中的緊張感。如果你是一個能讓大家感到輕鬆的人，你的魅力會遠遠大於那些刻板的人。

某雨衣廠的推銷員在一次訂貨會上向各地來賓介紹：「本廠生產的雨衣經久耐用，式樣新穎。」但是大家都不願在他這兒停步。他急中生智，拿起一件雨衣往身上一披，模仿模特的樣子走了起來，人們紛紛駐足觀看。

誰知這件雨衣由於一直作為展品被試來試去，肩上已出現了兩個破洞。推銷員也注意到了，他微微一笑，向人們解釋道：「大家看見了沒有？像這種品質不好的雨衣，我們可以包退包換。」

最後這位推銷員簽下了很多銷售訂單。

富於幽默的言談能夠讓你在面對任何事情時，都不再緊張，從實際效果上看，這樣更易於成功。

一次促銷活動中出了一點小差錯，老闆氣急敗壞地大叫道：「如果這次促銷失敗了，我要把你們一個個扔進海裏餵鯊魚……」

小湯聽了，站起來轉身就走，老闆更生氣了：「你要去那裏？」

原先是要去洗手間的小湯馬上改口說：「去學游泳！」

眾人大笑，緊張的氣氛馬上緩和下來，老闆笑著說：「你眞的以為我會把你們扔進海裏嗎？」

幽默能營造輕鬆、愉悅的氣氛，使他人置身其中時，能放鬆身心，舒展情緒。

某天夜裏，由於職員的疏忽，公司發生了火災。消防隊員很快撲滅了大火，可是有許多貨物都被燒毀了。職員感到很緊張，他以為老闆會狠狠地懲罰他，可是老闆一開口就說：「我們實在是太幸運了，一定是得到了上蒼的庇護！」

職員大惑不解，問道：「為什麼呢？」

老闆說道：「如果沒有這麼亮的火光，在這樣漆黑的夜裏，消防隊員怎麼能把大火撲滅呢？」

在商務活動中，運用一些幽默風趣的語言。能夠調節緊張沉悶的氣氛，使繃緊的心弦得到較好的放鬆，營造出良好的商務環境。

5 將幽默滲透進廣告

意想不到的動作、誇張荒誕的情節，等等，這些幽默的元素被廣泛地應用在廣告之中，使幽默的廣告更有趣味性，這樣更有助於向消費者推銷商品。

有一位老太太眉開眼笑地拿著一個碩大的漢堡包推開了家門。剛剛坐好，她就急不可待地切開了漢堡包，然而令她失望的是，裏面的牛肉只有小指甲那麼大。老太太迷惑不解地對著漢堡包看來看去，最後她終於明白那家商店在糊弄自己，老太太惱怒不已，誇張地尖聲叫道：「牛肉在那裏？」

這是美國著名的溫蒂速食店製作的一則幽默廣告，觀眾在捧腹大笑之後，記住了溫蒂速食店。由此，溫蒂速食店的生意越來越興隆，而「牛肉在那裏」也成了美國人的口頭禪。

現在的廣告多數平淡無味，觀眾不會留心這樣的廣告。如果在廣告製作中加入幽默的元素，一定能提高廣告信息的接受效果，令自己的商品為大眾所接受。

有一則牛奶廣告運用了幽默的手法：

一個可愛的小男孩垂涎欲滴地看著桌子上的一罐牛奶，牛奶罐上印著一個小男孩的頭像。這個小男孩在睜大眼睛看著牛奶的同時，嘴裏還在不停地念叨著：「在看我，在看我，還在看我，再看我就把你喝掉！」其實是他一直在看著那罐牛奶，最後，他經不起香甜牛奶的誘惑，一把抓起了牛奶罐，咕咚咕咚地喝了下去。

這則牛奶廣告贏得了眾多小朋友甚至成人的喜歡。

在廣告中加入幽默的成分，可以打動觀眾的心。帶有強烈色彩的幽默語言或畫面，能夠貼近顧客的心理，使消費者在笑聲中認識商品。現在，不管是電視、廣播電台，每天都會出現成千上萬的廣告。當然，其中最能吸引你的是具有創意極高的趣味情節的廣告，它能讓人在開懷大笑的同時，加深對商品的印象。

不同的行業都有著自身與眾不同的特點，將幽默巧妙地運用到不同行業的廣告中，能夠為其增添亮麗的色彩，並產生良好的宣傳效果。這些充滿幽默感的妙語，讓消費者深深地記住了廣告中的產品。

一家小吃店在門兩旁貼上了一副對聯：「一碗山東牛肉麵，力拔山兮氣蓋世。」

一家眼鏡公司這樣宣傳它的產品：「眼睛是靈魂的窗口。為了保護您高尚的靈魂，請為您的窗户安上玻璃。」

一家列印公司這樣形容它的工作：「不打不相識，一打就熟悉；除了鈔票，承印一切。」

一家餐廳這樣招徠顧客：「請到這裏用餐吧！否則你我都要挨餓了。」

一家賣鷄脖子的小店是這樣展示自己的：它在條幅上運用了金黃色作為底子，又用幾朵紅色的火焰作為點綴。最妙的是它的宣傳語——燒吧，烤吧，涮吧，喜歡我就啃我吧！

墓碑之上也能做出幽默的廣告：「這裏長眠的是傑瑞。他悲痛欲絕的妻子繼承了他興旺的事業——蔬菜商店，商店在第 13 號公寓一層，營業時間早 6 點到晚 10 點，歡迎大家惠顧。」

一個生產燕麥片的廠商這樣為自己做廣告：畫面上一碟燕麥片旁，立著一尊維納斯雕像，在她那儀態萬方的神情之外，流露出一股悲哀。她遺憾地望著那碟燕麥片，無可奈何。畫面下的廣告詞道破天機——「假如她有雙臂的話……」很顯然，假如維納斯有雙臂的話，她一定會伸向那盤燕麥片！

6 在商場中巧用幽默的方法

旁敲側擊法是利用幽默的語言來回擊或反駁對方觀點的技巧。由於謎底隱藏在幽默的話語下面，所以在運用這種技巧時，要留給對方一個短暫的回味時問，這樣才能產生較好的效果。

不正面與他人交鋒，而是從側面巧妙地反駁，用幽默的語言旁敲側擊，可以抓住對方的弱點，給對方以警策。

有一個養殖場要買一批良種雞雛，同某廠簽訂了購銷合約，由賣方負責運輸，貨到付款。由於賣方管理不善，在運輸途中雞雛死去幾千隻，因此雙方發生了糾紛。

賣方要求買方付款，買方不肯。經辦人的理由是說：雞雛已經死了，怎麼還能付錢呢？

賣方說：「合約上不是說貨到付款嗎？難道死雞雛不是雞雛？」

買方經辦人明知道他的話沒有道理，可一時也沒對策。這時，養殖場的場長走了過來，笑著問賣方：「請問你家裏有幾口人？」

賣方回答：「五口人。」

場長問：「那五口人？」

賣方說：「我的母親，我們夫妻倆，還有兩個孩子。」

場長繼續問道：「那麼你的父親，還有你的祖父母呢？」

賣方說：「去世了。」

場長問：「難道去世了就不是你家中的人了嗎？」

賣方無話可說，只好自認理虧，承擔了鷄雛的損失。

場長的聰明之處在於，不從正面揭穿對方的陰謀，而是運用幽默的語言去敲打對方，從而巧妙地擺脫對方的無理糾纏。

在某售票廳裏，旅客們都在排隊買票。突然，一個人用力地擠到隊伍的前面，當人們要他排隊時，他又嚷道：「都喊什麼呀，這不能怪我，要怪就怪賣票的動作太慢了！」

人們紛紛指責他的無禮舉動。這個人有點生氣地說：「你們喊什麼？難道你們不知道我是誰？」

售票員平靜地對旅客們說：「這位男士是個健忘症患者，已經不知道自己是誰了。我想，我們不能把票賣給連自己是誰都不清楚的人。」

旅客們都笑了起來，這個人羞得滿臉通紅，只得離開。

7 巧用幽默說服對方

在商場中，巧用幽默也能說服對方。幽默故事說得風趣巧妙，不僅能調節氣氛，還能為商業活動鋪平道路。

有家建築公司提升一位工程師為總工程師，遭到一些人的反對。原來這位工程師在中學讀書時，曾因違反過失受處分。

面對這種情況，公司的老總給大家講了一個笑話：「從前，有一個人，坐船外出。船在航行過程中，他發現一群水族在哭。這個人就問道：『你們在哭什麼？』水族們紛紛說：『龍王突然下了一道命令，凡是有尾巴的水族都要殺掉。我們都是有尾巴的，劫難當頭，所以哭起來。』這個人聽了，非常同情它們，也落下了眼淚。突然，他發現有隻青蛙也在跟著哭。他很奇怪，就問：『你為什麼哭呀？你又沒有尾巴。』青蛙答道：『我怕龍王追查我以前當蝌蚪的事兒呀！』」

眾人大笑，反對的人也同意了這一任命。

當你遇到一件難以解決的事時，如果直言表明你的態度，很有可能會讓他人感到不快。這時，可以說出一個幽默的故事，讓他人明白你的用意。

有一個男子，三十歲就開始脫髮。一天，他來到一家商店，想要購買一瓶生髮水。

店員給他拿了一瓶高級生髮水，說：「這是歐洲原裝進口的，不僅價格公道，而且效果也是絕對的好！」

男子有點不相信地問：「真的這麼有效嗎？」

店員很有把握地說：「當然，這種生髮水可是目前世界上最有效果的！曾經有一位女士來買，想把它送給她的老公；但是因為瓶蓋太緊，一時之間打不開，她就用嘴巴去咬！」

店員繼續說道：「可是這位女士用嘴巴一咬，瓶蓋是打開了，但是生髮水也濺到她的腦袋上和嘴唇上。你猜怎麼樣，不到三分鐘，這位女士的頭髮一下子長到了腳跟，而且她的嘴唇上也長滿了鬍子，就像一個野人一樣！你若不相信，你也可以現場試驗！」

使用幽默故事的人，大都機智而風趣。他們通過幽默的語言清晰地表明自己的態度，使對方產生認同感。

小李去買自行車，但是他發現自行車與廣告上的不一樣。於是向店主說：「怎麼沒有車燈，在廣告上可是有車燈的。」

店主說：「是的，可是燈沒有包括在車的價格之內，這是另外賣的。」

小李氣憤地說：「沒有包括在車的價格之內？你這是欺騙。你的廣告上有車燈，所以車燈就應該包括在車價之內。」

店主回答道：「你說得很對，廣告上還有一個漂亮的姑娘呢，可是，我們也不能給每輛自行車都配上一個呀。」

小李啞口無言，最後他還是買了一輛自行車，當然，車燈是另外付錢的。

心得欄 ----------------------------------

第八章

締造幸福的幽默口才

愛情甜蜜、家庭和睦是大眾的願望，但這個願望常被瑣事影響而不能實現，這時可用幽默順利將願望實現。幽默是愛情的催化劑，可以增強愛的活力；幽默可以使家庭生活妙趣橫生，促進家庭和諧。恰當運用幽默，可讓幽默成為愛情和家庭的守護神。

1 幽默促進家庭的和諧

幽默是睿智的同義詞，也是種語言的藝術。同時，它還是一個人的個性、風度、才氣及修養的具體表現。如果讓幽默走進家庭，能收到意想不到效果。

幽默是智慧的標誌，幽默是道德的表像，幽默還是家庭和諧的助推劑。父子母女，婆媳翁婿，兄弟姐妹，尤其是夫妻之間，倘若整日裏規規矩矩嚴嚴肅肅，從早到晚桌上床下一派公事公辦的架勢，那麼這家庭即使不破敗，恐怕也離名存實亡不遠了。

有一對夫妻非常恩愛，他們總是盡自己最大的能力讓對方幸福，讓這個家溫馨，更讓人稱讚的是他們總是嘴上不饒人，但實際上能互相體諒。一天丈夫下班回到家看到妻子像往常一樣在廚房裏忙活飯菜，餐廳的桌子上擺滿了豐盛的飯菜，色香味美讓人垂涎欲滴。一會兒妻子從廚房走出來和丈夫一起吃飯，這時丈夫發現妻子的臉色很差，而且還經常皺眉，於是問其究竟。妻子說自己有點感冒，丈夫一聽不是大病才放心，囑咐了幾句兩個人便開始一起吃飯。飯後，妻子說自己先去躺一會兒，待會再刷碗，丈夫沒有說什麼，因為他曾經在眾人面前豪言自己從來不刷碗。過了一會兒妻子起來去廚房刷碗，發現丈夫正圍著圍裙刷得起勁，妻子心裏既高興又感激，但生性幽默的她還是略帶調侃的語調說：「有人怎麼說話不算啊，當著那麼多家人的面說自己從不刷碗，現在在幹嗎？」丈夫笑笑說：「我剛才夜觀星象發現今天刷碗買彩票能中大獎呢。」妻子被丈夫的溫馨幽默所感動，給了丈夫一個溫柔的擁抱，這樣的幽默無疑使他們的生活更加和諧了。

這樣的丈夫才是模範丈夫，在妻子需要的時候，能做到幫助妻子分擔，體貼溫柔地對待妻子，這樣的家庭怎能不和睦？很多家庭出現較多的爭吵都是因為婚後工作繁忙或者忽視了感情的維護。例如兩個人不懂得互相體諒，尤其是在需要對方為自己付出，替自己分擔一些憂愁時，經常像沒事人一樣袖手旁觀，這樣不但會讓對方感到難過和心寒，而且會使其懷疑彼此間的感情。這些本不會產生的問題，都是在平時的不注意中產生的，所以不要吝嗇你的幽默，和你的愛人幽默相處，這能喚起你們對彼此間愛情的珍惜意識，讓你們的家庭更加和諧。

在家庭裏，幽默是最好的調合劑。幽默不僅是自身心理的調控閥，而且也是打開他人心扉、驅散心頭陰雲的春風。家裏常有幽默，歡笑油然而生，煩惱溜之大吉。怒目變成笑眼，火氣化作清風。讓幽默成為生活的佐料吧，你會真切地感受到它的美好和奇妙。

2 讓你所愛的人展露笑容

妻子遞給丈夫一張報紙，說道：「你看看這篇文章，吸煙多有害處。科學家說，吸一支煙要減少六分鐘的生命，我看你還是把煙戒掉。」

丈夫看完後，將報紙放在一邊，說道：「你這是害我。」

妻子不解地問道：「我勸你戒煙是要你愛惜身體，怎麼說是害你呢？」丈夫答道：「你沒見這篇文章中還說，不吸煙的人吸入空氣中的煙霧，比吸煙的人遭受的危害更大。我們辦公室裏的人都吸煙，我一個人不吸，不是要遭受更大的危害？我是怕死才吸煙的。」

妻子聽後，平靜地說道：「既然這樣的話，那麼，也請你以後每天給我和女兒也各買一包香煙吧。」

相信妻子這樣的幽默的話語，一定會讓丈夫笑出聲來，愉快地接受建議並改正錯誤。

一位丈夫對他的妻子說：「我很喜歡打高爾夫球，但是由於你不允許，所以我從來都不去。」

妻子打趣地問道：「我不同意你就不去了？你可以反抗啊！這麼膽小，你是個男人，還是一隻老鼠？」

「我是男人，」丈夫堅定地答道，「但是關鍵在於你怕的是老鼠。」

這位丈夫之所以讓人覺得幽默又不失風度，關鍵在於他能和妻子一起笑，而不是取笑或者責備妻子。他的妙語背後隱含著真意：「我會和你一起分享笑的力量。」

假如我們在和家人吵架時，為了避免不至於陷入更加激烈的戰爭，那也不妨運用一下幽默的力量。

一對夫妻發生了口角，眼看局勢愈演愈烈，丈夫對妻子說道：「我們別吵了，否則你又得跪在地上向我爬過來了。」

妻子問：「我什麼時候跪在地上向你爬過來過？」

丈夫說：「難道不是嗎？每次不都是你跪在地上爬著對我喊『從床底下給我滾出來，你這懦夫！』對吧！」

丈夫的這句話一出口，相信即使是火氣再大的妻子恐怕也轉怒為喜了吧。而假如你做錯了什麼事情的話，為了避免所愛的人傷心難過，那也試著運用一下幽默的力量吧！」

丈夫忘記了太太的生日，等他想起來時，已經過去一個星期了。當他在送上一份遲來的禮物時對太太說了一句：「我問珠寶店的小姐『對上週的生日該送什麼禮物好？』，於是她把這個過時了的仿古音樂盒賣給了我。」如果你是這個例子中的太太，怕是會為丈夫的幽默笑出聲來吧？在這樣表達歉意的方式之下，你怎麼還能再為丈夫的「健忘」而氣惱不已呢？

3 懂得用幽默經營幸福婚姻

愛是需要活力的，這種活力除了愛本身所具有的之外，還需要雙方通過自身的努力去增強。在幽默中增強愛的活力是不錯的選擇，因為幽默能使尷尬的場面瞬間化解，能使吵架的夫妻重新和好，能使愛情保持新鮮。

有對夫婦倆本是説好一起去會朋友的，可走到半路妻子又不講理地呵斥起老公來，老公平時都是言聽計從的，可這次不知怎麼，竟來了牛脾氣，一扭頭，回家不去了，頭一次把妻子丟在馬路上，妻子當時氣得眼淚都快流出來了，但不能認輸，於是她賭氣地單刀赴會了。晚上十一點鐘妻子回家，見房裏燈都關了，心想老公是睡了，便沒有按門鈴，掏鑰匙開門時，發現門上貼著紙條，上面寫著：「你必須向我道歉！」妻子憤憤地想：「我還沒有找你算賬呢！」進屋後開燈關門，發現門後又貼著一張紙條，上面寫著：「或者把我皮鞋擦亮也行。」妻子罵道：「呸！我給你擦個屁！」換鞋時她又發現，她的拖鞋上又有一張紙條，上面寫著：「呸，擦個屁！」妻子感到好笑，她心想：「要我道歉，我都要一個星期不理你了，你心裏有數點好不好！」妻子去洗漱，刷牙杯上又有一張紙條，上面寫著：「如果你不知道該怎樣向我道歉的話，書桌上有提示。」妻子看後急忙跑到書桌旁，只見桌上放著半頁紙，正面寫著：把背面的話對我大聲念兩遍就行了。翻到背面，見上面貼著一張報紙上撕下來的廣告，廣告詞是這樣寫的：「做女人，每個月都有幾天心煩的日子。」妻子又想笑，心想：「他以為是我『好事』來了，心煩才對他發脾氣的？可笑。」妻子的氣消了多一半。洗漱完後，妻子上床，見老公扭頭在一邊睡著了。她也不理他，打開床頭燈想看幾頁書再睡，這是她多年來的習慣。打開書，裏面又有一張紙條，上面寫著：「我知道你心裏已經很難過了，你覺得對不住我，有點難過了就行，也不必自責了。其實我也該檢討，要不是我發現馬路對面表哥他們正想看我的笑話，我是不會跟你作對的，男人嘛，除了在外人面前要點面子外，誰會沒事跟自己的老婆過不去呀。」妻子心裏一陣發熱，覺得自己是有點過分了，對不住老公，便雙手抱著老公的頭，將其臉扳過來，卻發現老公臉頰上還寫著兩個大字：「親我」。

這麼搞笑、幽默的道歉方法，使這對夫妻間的愛情顯得那麼活潑、有活力，同時足以見得夫妻間的感情很深。其實夫妻間調節感情的辦法非常多，只要兩個人用心去對待，那麼什麼矛盾都會非常容易地被化解。尤其是幽默的運用，這不但能使氣氛得到緩解，給人創造一種適合聆聽的心境，而且能喚醒夫妻平時的默契，這種默契往往會很有效地消解矛盾。用幽默來處理夫妻間的矛盾不但效果明顯，而且能讓彼此問的感情更加深厚。

4「危機幽默」折射樂觀心態

幽默能給人們帶來輕鬆，所以在遇到困難和挫折情緒低落時，幽默可以使人們緩解內心的緊張和焦慮。經常在這些困難的時刻運用幽默的人就會有一個樂觀處世的心態，無論遇到什麼棘手的問題都會用幽默去調整自己，使自己保持一個良好的心態。所以幽默可以造就樂觀的心態。

有位秀才第三次進京趕考，住在一個經常住的旅店裏。考試前兩天他做了三個夢：第一個夢是夢到自己在牆上種白菜，第二個夢是下雨天，他戴了斗笠還打著傘，第三個夢是夢到跟心愛的表妹脫光了衣服躺在一起，但是背靠著背。臨考之際做此夢，他總覺得似乎有些深意，秀才第二天去找算命的解夢。算命的一聽，連拍大腿說:「你還是回家吧。你想想，高牆上種菜不是白費勁嗎？戴斗笠打雨傘不是多此一舉嗎？跟表妹脫光了衣服躺在一張床上，卻背靠背，不是沒戲嗎？」秀才一聽，心灰意冷，回到旅店便收拾包裹準備回家。店老闆看到後覺得非常奇怪，問:「不是明天才考試嗎？今天怎麼就打道回府了？」秀才如此這般說了一番，店老闆聽後樂了:「我也會解夢的，我倒覺得，你這次一定能考中。你想想，牆上種菜不是高種嗎？戴斗笠打傘不是雙保險嗎？跟你表妹脫光了衣服背靠背躺在床上，不是說明你翻身的時候就要到了嗎？」秀才一聽，覺得此解更有道理，於是精神振奮地參加考試，居然中了個探花。

解的是同一個夢，平時死板算命的先生給出的答案讓人感到毫無希望使人悲觀，但是幽默的旅店老闆給出的答案卻生機盎然，使人樂觀地看待事情，可見幽默感可以造就樂觀處世的態度。

5 幽默讓生活充滿溫馨

曾經有兩個人，一個很幽默、很愛笑，另一個則很嚴肅。這兩個人形容生活：幽默的人覺得生活是彩色的，是充滿溫馨與希望的。嚴肅的人覺得生活是單調的，是充滿坎坷和波折的。由此可見幽默能使生活充滿陽光，充滿溫馨。培養自己的幽默感，使自己充滿陽光般的活力，這樣不僅可以使自己感覺到生活中的快樂，而且可以感染週圍的人，使得人們感受到生活中的溫馨。

曾經有對小倆口吵架後，妻子跑回了娘家，丈夫就寫了封道歉信給妻子。信的大體內容如下：親愛的老婆，你在娘家還好嗎？從我們慪氣到現在，你已經離家出走達 38 小時零 37 分鐘了，這距離你出走史上的最高紀錄還差 4 個小時零 21 分鐘，我知道你在等我向你登門道歉，我也準備這樣做，但我更希望你能堅持下去，再創你出走史上的新高。

我在家裏一切還好，請不要惦念。雖然，你帶走了存摺，不過，你不用擔心我的經濟來源，因為我手裏還有一張附屬信用卡。信用卡用起來就是方便，我已經買了五件襯衣，七條內褲和十二雙襪子，估計每天一套能穿到你回來了。名牌就是名牌，很好用，雖然貴了點。

你也不用擔心我那兩個可愛的小舅子會一時衝動來找我做出什麼不理智的事來，昨天我請他們爆搓了一頓，順便向他們講了我們之間的一點小事，他們聽後拉著我的手哭著說：「姐夫，眞是苦了你了！」

我會接你並向你道歉的，不過你在娘家安心地住一段時間也好，常回家看看嘛，老人們也需要你。另外，如果你明天不回來的話，公司同事冰冰約我去吃比薩我就去了，反正閑著也是閑著，一直拒絕人家也不好，終究是一個單位的同事嘛。再見。此信的落款是：你親愛的老公。

妻子收到信後，順手給丈夫寫了回信。大體内容如下：親愛的老公，謝謝你的來信！我在娘家一切都好，不用掛念。忘了告訴你了，存摺上的存款已經轉存到了我的帳户，本來我還稍許擔心你的經濟情況，不過既然你能惡性透支信用卡過得那麼滋潤，也用不著我擔心了。

我那兩個可愛的弟弟當然不會找你什麼麻煩，他們一直在勸我離婚，讓我找一個有本事的男人。現在才覺得回家的感覺眞好，不必每天那麼辛苦的洗衣做飯，可以自由地逛街買衣服，眞是開心！

祝你明天和冰冰玩得愉快，另外，聽說冰冰的新男友是體育學院的拳擊教練，也不知道是眞是假，你知道我沒那麼八卦啦。再見。此信的落款是：你親愛的老婆。

丈夫收到妻子的回信後，一臉的壞笑，兩個人第二天就和好了。

這對小夫妻的幽默無疑是高水準的。在這兩封信中，沒有責備和怨恨，也沒有道歉和乞求，但是丈夫卻在無形中向妻子傳遞了歉意，妻子也在不知不覺中表示了原諒。信中兩個人還不忘互相諷刺，處處展現著兩個人的幽默個性，但是這些互相的諷刺已然不再是吵架，表達自己不滿的作用早已褪去，促進兩個人感情的作用顯露無遺。這種幽默使得兩個人在吵架後很好地和好，使兩個人的愛情更加甜蜜，使他們的生活充滿了溫馨和陽光。

夫妻間在吵架過後不要急著用離婚來威脅對方，這樣做來化解兩人間的危機的效果是零。尤其是在兩人非常激動的時候，過於較真地去做一些決定，出現的糟糕後果往往是無法挽回的，使人悔之晚矣。很多白頭偕老的夫妻都是很少吵架的，他們的秘訣一定有很多，但是肯定會不乏幽默的元素，因為幽默可以讓生活充滿溫馨。

無論是吵架，還是在平常的生活中，記得用幽默來調節生活。因為幽默能展現生活中輕鬆和美好的一面，會讓人們感受到生活中的溫馨。

生活中有很多人都因為不能拒絕而煩惱，我們看看林肯是如何處理這類事情的。

林肯非常討厭那些前來白宮嘮嘮叨叨，要求個一官半職的人。一天林肯身體不適，但有一個傢伙賴在林肯身邊，準備坐下來長談死纏。正好這時總統的醫生走進林肯的房裏，林肯一面向醫生使眼色暗示，一面向他伸出雙手，問道：「醫生，我手上的斑點到底是什麼東西，我全身都有。我看它們是會傳染的，對嗎？」「不錯，非常容易傳染。」醫生說。那個打算長談的人聽後馬上站起來說：「好吧，我現在不便多留了。林肯先生，我沒什麼事，只是來探望您的。」那個人走後，林肯在房裏笑得前仰後合。

還有一次，一個婦人來找林肯，她理直氣壯地說：「總統先生，你一定要給我兒子一個上校的職位。我們應該有這樣的權利，因為我的祖父曾參加過雷新頓戰役，我的叔父在布拉敦斯堡是唯一沒有逃跑的人，而我的父親又參加過納奧林斯之戰，我丈夫是在曼特萊戰死的，所以我的兒子應該獲得一個上校的職位。」林肯回答說：「夫人，你們一家三代為國服務，對國家的貢獻實在夠多了，我深表敬意。現在你能不能給別人一個為國效命的機會？」於是那個婦人無話可說，只好悄悄走了。

林肯的幽默非常聰明，時常讓人拍手叫絕。在拒絕人的方面，他的幽默更是有了淋漓盡致的發揮。當你面對像林肯所遇到的類似問題時，如果你向對方大聲吼叫，或者惡言相向，也許收效甚微，此時我們就應該向林肯學習。在第一個例子裏，他居然和他的醫生做了一個天衣無縫的配合，嚇跑了來者，真是讓人忍俊不禁。在第二個例子裏，林肯沒有否定那個女人一家為國家作的貢獻，只是轉換了一下思考的角度，就將問題解決了。所以讓我們平日裏多使用幽默吧，有幽默沒煩惱。

6 苦中作樂，用幽默笑對生活

考試落榜、競選失敗、工作被辭，不能不叫人痛苦、鬱悶。但是苦悶不是必要的過程，因為有幽默，可以不苦悶。在不盡如人意的生活中，幽默能幫助你排除愁苦，減輕生活的重負。用幽默的態度對待生活，你就不會總是憤世嫉俗、牢騷滿腹，你也能通過這種幽默的方式學會苦中作樂。

美國成功的劇作家考夫曼 20 多歲的時候就掙到一萬多美元，這在當時對他來說是一筆鉅款。為了讓這一萬美元產生效益，他接受了自己的朋友、悲劇演員馬克兄弟的建議，把一萬美元全部投資在股票上，而這些股票在 1929 年的經濟大蕭條中全部變成了廢紙。但是，考夫曼卻看得很開，他開玩笑似的說：「馬可兄弟專演悲劇，任何人聽他的話把錢拿去投資，都活該泡湯！」

考夫曼股票投資失敗的真凶是美國經濟危機，而他卻把原因歸結到當初建議他把錢投資在股票上的馬克兄弟身上，非常荒謬地說是因為馬克兄弟專演悲劇才造成了他投資股票也成了悲劇的原因，可見他充分發揮了他劇作家的想像力。面對那麼一大筆損失，考夫曼沒有真正怨天尤人，而是運用了假借埋怨、苦中作樂的方法面對這種財產損失的痛苦和困境，值得人們學習和借鑑。

大仲馬的作品多曲折感人，而大仲馬又有很多私生子，所以，取笑譏諷他的人，往往把他的作品比作他的私生子。最使他頭痛的是巴黎統計學會的秘書長李昂納，這人是大仲馬的朋友，每次舉統計數字的例子，總是説大仲馬的情婦和私生子有多少。

有一年該統計學會開年會，大仲馬估計，李昂納又要大放厥詞，説他的壞話了。於是他請求參加年會並獲得了批准，果然不出大仲馬所料，李昂納又舉大仲馬的情婦和其私生子的例子。李昂納報告完畢，請大仲馬致詞，一向不願在大庭廣眾之下發表演講的大仲馬，這次卻破例登台説：「所有統計數字都是撒謊的，包括有關本人的數字在內。」聽眾哄堂大笑。

大仲馬沒有因為被人們嘲笑而苦悶，而是挺身而出用幽默為自己討回名聲。他選擇了恰當的時機，用幽默的方式表達了自己的心聲，不但讓眾人哄堂大笑，而且也為自己澄清了一些問題，達到了預期的目標。

7 與異性交往需要幽默

男女之間的戀情是從男女之間的交往開始的，這種交往不僅是正常的，而且是必要的，它有益於身心健康。心理學的研究和實際觀察發現：交往範圍廣泛，既有同性知己，又有異性朋友的人，比那些少有朋友，或只有同性朋友的人的個性發展更完善，情緒波動小，情感豐富，自製力較強，心理健康水準較高，容易形成積極樂觀、開朗豁達的性格。

拘謹、畏縮，妨礙男女之間的交往；過分熱情、隨便，又顯得輕浮、不莊重，同樣是不可取的。那麼，怎樣才算是正確的異性交往呢？

在某航空俱樂部的一次集會上，一位漂亮的空姐身著晚裝，胸部半裸，頸上繫著的一個金色小飛機飾品剛好垂在胸部。

一位青年空軍軍官很靦腆，當他看到女孩子白皙、豐滿的胸部時，便害羞地低下頭。

這時，這位魅力誘人的女孩子溫柔沉靜地向他說：「啊，您喜歡這個金飛機嗎？」

空軍軍官的話在不經意間脫口而出，話聲雖低但很清楚：「小飛機非常漂亮，可更漂亮的是……」

漂亮的女孩子看了看飛機飾品。這時，空軍軍官最後鼓起勇氣說：「更漂亮的是機場……」

頓時，女孩子開心地笑了。

這句話使漂亮的空姐感到意外。因為青年軍官並沒有俗不可耐地說：「漂亮的是你的胸部。」而是暗示她說「更漂亮的是機場……」幽默終於使他們相互深深地吸引。

只要採用合適的交往方式，把握與異性交往的尺度和時機，誠懇對人，熱情大方，自尊自重，便能處理好與異性的關係，以自身良好的修養和人品贏得異性的尊重和愛情。

正是由於這樣，幽默作為一種含蓄的異性交往方式，使得人們樂以此道在戀愛生活中表達愛的情感，使人在歡笑中體會到彼此的愛。

8 擇偶中需要幽默

幽默，是把歡樂佈滿人們生活空間的高效酵母。幽默感可以洋溢於日常生活的每一個空間，而在戀愛這個領域，幽默大師們更是留下了五彩斑爛的幽默題材。這類幽默故事和材料本身就像一座開採不盡的礦藏，隨時挖取出來稍作加工便可以美化、「樂化」您的生活，增添您生活中的笑聲。

有人問一個如花似玉的少女：「你為什麼嫁給一個風燭殘年的老頭？」

少女反問道：「如果有人給你一張百萬美元的支票，你能不關心支票上的兌現日期嗎？」

還有這樣令人傷心的對話：

「你和瑪麗的婚約撤銷了嗎？」

「是的，她不願嫁給我，嫌我窮。」

「你沒有告訴她，你叔叔很富嗎？」

「告訴啦，所以她現在是我嬸嬸了。」

擇偶時，最好做到不特別看重對方現有的金錢與物質條件，不把對方現有經濟條件的優劣作為擇偶的重要標準；為人處事不處處冷血勢利，不見錢眼開；認同「君子愛財，取之有道」的道理，能靠自己的聰明才智與實力腳踏實地地工作、發展事業。

一位婦人來到婚姻介紹所，對工作人員說：「我感到太寂寞了！我有遺產，什麼都不缺，只是少個丈夫。你們能幫我介紹一個嗎？」

工作人員說：「你能談談條件嗎？」

婦人說：「他必須是討人喜歡的，有學識，懂禮貌，能說會道，喜歡運動，最好還能歌善舞，趣味廣泛，消息靈通……當然，最重要的一條，我希望他能整天在家裏陪著我，我想要他說話，他就會開口；我不要他說話，他就能閉嘴。」

「我懂了，小姐，」工作人員耐心地聽完後說，「你需要的是一台電視機。」

大家都知道，時常互相欺騙的戀人，他們的感情也不會太長久。一對男女如果互相欺騙，往往還會鬧出可怕的笑話，如果是下面這樣的一對戀人，雙方還是及早「鳴金收兵」為好。

「親愛的小麗，」年輕的李曉在信中寫道，「請原諒我打擾你。由於熱戀，我的記性竟然變得如此糟糕。我現在一點兒也記不起來，當我昨天向你求婚的時候，你說的是『行』還是『不行』。」

小麗很快回了信，信中說：「親愛的小曉，收到你的來信我真高興。我記得昨天我說的是『行』，但是我實在想不起來是對誰說的了，再一次吻你。」

有些人不能承受戀人變心的打擊，可能會變得精神失常，報復社會，嚴重的甚至會自殺。那麼，面對戀人的變心，什麼樣的做法才是理智的呢？我們不妨看看下面這個故事中：

一位駐紮海外的士兵收到國內女朋友的絕交信，說她有了新戀人，而且馬上要結婚了，請士兵寄還她的照片。士兵於是從戰友那裏搜集來各式各樣的女人照片，統統裝入木箱，寄給見異思遷的女友。

女友發現箱子裏有一張便條，上面寫道：「請挑出你自己的照片，其餘的寄回來。」

9 婚禮進行曲

・婚禮上，司儀宣佈：「下一項，請新郎講話。」

新郎文質彬彬地向大家欠了欠身，說：「我衷心感謝大家在百忙中前來參加我們的婚禮，這是對我們極大的鼓舞，極大的鞭策，極大的關懷。由於我倆是初次結婚，缺乏經驗，還有待各位今後對我們進行多多幫助、扶持。今天有不到之處，歡迎大家提出寶貴意見，以便下次改進。」

・婚禮剛剛結束，新郎邊從口袋裏掏錢邊問牧師：「我需要付多少錢？」

「在這類服務中，我們一般不收費。」牧師回答說，「但是你可以按你妻子的漂亮程度付錢。」

新郎遞給牧師一張一美元的鈔票。牧師掀起新娘的面紗看了看，然後把手伸進自己的口袋裏說：「我給你 50 美分的找頭。」

・5 歲的女兒第一次參加婚禮，看到新娘穿著白色的禮服，她好奇的問我：「新婚穿白色的衣服代表著什麼？」

我告訴她：「白色代表幸福和快樂，今天是她一生中最幸福的日子。」

女兒沉思片刻，不解地問道：「那麼新郎穿著黑色的衣服又代表了什麼呢？」

•教堂中正舉行婚禮，教堂外的皮皮和冬冬說：「無聊死了，有沒有什麼好玩的？」

「嗯，玩什麼好呢？」

「對，去和新郎開個玩笑。」

「開什麼玩笑呢？」

「我們一起走到新郎面前，大聲叫他爸爸。」

10 用幽默打開對方的心扉

只要你肯揚長避短，在與對方的交往中，在言辭上花一些工夫，以幽默風趣的談吐，製造出一種活潑寬鬆的交際氣氛，不知不覺中，你就會獲得對方的青睞。可以這麼說，如果愛情中沒有幽默和笑，那麼愛還有什麼意義呢？甚至有人說，愛就從幽默開始。

佛蘭克林1774年喪偶，1780年在巴黎居住時，向他的鄰居——一位迷人而有教養的富孀艾爾維斯太太求婚。

佛蘭克林在情書中說，他見到了自己的太太和艾爾維斯太太的亡夫在陰間結了婚。接下來，他繼續寫道：「我們來替自己報仇雪恨吧。」

這封情書被譽為文學的傑作、幽默的精品。文字情書靠語言表達給情人帶來更多的幻想空間；因為，文字情書可以抄抄資料、慢慢修正，或用塗改液塗改，寫出嘴巴不好意思說或說不出口的愛意。

11 愛情中的幽默要注意分寸

處於熱戀中的情人，也不可忘了不時利用幽默來給愛情加溫。這時來點幽默，更能創造出輕鬆愉快、富於情趣的愛情生活。只要你挑動神經中的幽默這根弦，即可與你的戀人奏出一曲和諧的戀曲。

一次，一個小夥子從背後捂住了正在公園長椅上等他的戀人的眼睛，道：「只允許你猜三次，若猜不中我是誰，我就吻你一下。」

你猜女孩怎麼猜的？

她張口喊道：「你是——張學友？梁朝偉？金城武？」

然而，人生風雲難測，愛情也不會一帆風順。

有一位歷史學碩士生，在熱戀之際，仍手不釋卷地用功讀書。女友不滿地說道：「但願我也能變成一本書。」

碩士疑惑不解地問：「為什麼？」

「那樣你就會沒日沒夜地把我捧在手上了。」女友說。

看到她滿臉不快，碩士打趣地說：「那可不行，要知道，我每看完一本書就要換新的……」

女友急了：「那我就變成你書桌上的漢語詞典！」說完，她自己也不禁撲哧笑了。

12 戀愛中的返還幽默

男女青年在戀愛生活中還可以運用「返還幽默」的技巧，這往往跟戀人的好奇心、自尊心、好強心等因素有關。一般情況下，面對男人的甜言蜜語或者明顯的虛情假意，女孩子常束手無策或者疲於應對，但如果有了幽默這種武器，則可在愛情的交鋒中佔據優勢，這樣既可使對方的不實之詞敗露。又讓對方感到你可愛、機智、風趣。下面就是一個運用返還幽默的故事：

男：「請你相信我，我眞的很愛你。」

女：「你讓我怎麼相信呢？」

男：「寶貝，我那純潔的愛情只獻給你一個人。」

女：「那麼，你想把那些不純潔的給誰？」

戀愛生活中，返還幽默有時候是在無意識中被運用的，這種返還幽默往往是靈感突現的神來之筆：

一對戀人正在海灘上躺著，女孩看到一個穿最新款三點式泳裝的女郎站在灘頭搔首弄姿。「喂，你看！」她向男朋友叫道，「她和你崇拜的××一模一樣。」

但男孩並不理會，合著眼睛躺在那兒。

「怎麼？難道你眞的一點都不感興趣嗎？」女孩詫異地問道。

「當然，」男孩說，「她要是眞和××一樣，你是絕對不會讓我看的。」

這位男孩面對女朋友的嘲諷，非常冷靜，用帶有幽默感的攻擊回敬了她，既批評了女朋友的小氣心理，又表達了他知道她很愛他的情感。

愛情是美好的，幽默更給它錦上添花。如果愛情表達死板，肯定會令人生厭。

小夥子向他的女友表達愛慕之心：「親愛的，我眞愛你。你像天上的月亮一樣美麗，又像星星那樣可愛，還像太陽一樣給我帶來了光明和溫暖。沒有你，就像沒有空氣一樣，簡直無法生存。」

他的女友忍不住打斷了他的話：「你是在談戀愛，還是在給我上天文課！」

13 借題發揮，化解醋意

古代有一個關於「吃醋」的典故。

在唐太宗李世民執政時期，一次太宗要為宰相房玄齡賜一美妾，房玄齡的妻子堅決不同意。太宗大怒，賜她毒酒一杯，要她選擇：要麼同意房玄齡納妾，要麼喝毒酒而死。

房玄齡的妻子毫不猶豫地接過毒酒一飲而盡，過了一會兒卻沒有發現一點兒中毒的跡象。最後才弄明白，太宗其實賜的乃是一壺陳醋。

從這個典故就可以看出，「吃醋」實際上是對自己所愛的人與其他異性「交往」的一種嫉妒和由此而引起的不滿。下面這個幽默故事可以幫你理解上面所說的「交往」的範圍界定。

一對戀人參加聚會，女孩子發現男朋友用羨慕的眼光不停地偷看身邊坐著的那位豔麗的女郎，便在他身邊悄悄說道：

「你和她說句話吧，不然別人會以為她是你的未婚妻呢！」

上面故事中的女孩運用的是一種鈍化了的攻擊，男人自然比較容易接受。女孩子一下就聰明幽默地把男朋友的失態喚回來了。巧用幽默，還能使醋意變得溫和、恬淡而富有情趣。

一位剛剛榮升某大企業總經理的男人，在辦完所有的交接手續後，就和他的女友開車去野外溜達，放鬆心情。

半路上到一個加油站加油。他說自己有些累了，想休息一會兒，就叫女友下去加油而自己留在車上。沒想到女友和加油站的老闆有說有笑，非常開心，而且臨走時還互相握了一下手，這時他就心生醋意。等到加完油，女友回到車上。

「剛才你和那個站長真是有說有笑啊！」他不高興地說。

「噢，他是我的高中同學，還有過一段感情！」女友回答說。

「你呀，如果當初嫁給他，現在就只是加油站長的女友，那裏會是總經理的女友呢！？」他有點吃醋地說。

「你要搞清楚，如果我當初選擇了他，現在當總經理的就不會是你，而是他了！」女友很認真地回答。

對於愛吃醋的一方，可以借用幽默避其鋒芒，轉彎抹角地將對方的醋意輕輕彈壓一下，而又不刺傷對方，同時也可以消解對方的妒意；維護雙方的愛情。女友有時打翻了醋罎子，即興展示自己的嫉妒，也能給愛情生活增添不少光彩。

一對戀人一起去參觀新潮美術展覽，當他們走到一幅僅以幾片樹葉遮掩著私處的裸女像油畫前時，男友很長時間都不想離開。

女友忍無可忍，狠狠地揪住男友吼道：「喂！你想站到秋天，等葉子掉完了嗎？」

這位醋吃到油畫上的女友，幽默神經真夠發達。其實在我們週圍，隨時可看到一些聰明的戀人以開玩笑的方式來表達愛情。

一日，一女孩去男友那裏玩，在男友抽屜裏竟翻出一大遝美女相片，女孩馬上就吃起醋來。

男友扔之不忍，留之不行，靈機一動，在每張相片背後寫上一句：「再美美不過我的女朋友。」

女孩方才眉開眼笑。

其實，「醋意」人皆有之，不管是男人還是女人，從某種意義上講，沒有了醋意，也就沒有了愛情。但是「醋意」大到敏感、猜疑、神經質，以至於影響到戀人之間情感的程度就不好了，醋吃得適量可以開胃，吃多了傷身。

有一次在電梯裏，只有 3 個人。一位男士目不轉睛地注視一個美麗的長髮女郎，他的女友很不高興。

突然，那個女郎轉過身來，給了這位男士一記耳光，說道：「我教訓你下次別偷捏女孩子！」

當這對戀人走出電梯時，這位男士委屈地對女友說：「我並沒有捏她呀」？

「我知道，」女友說，「不過，我捏了她。」

適當的時候，兩人彼此之間經常開些小玩笑，可以豐富兩人的感情生活。但這位男士的女友實在是太過於有幽默感了，以至於讓自己的男友挨了別人的耳光，試想如果男友脾氣不好，兩個人必然會發生矛盾。

約會遲到的情況是很多的，如果你真愛對方，你就不能意氣用事。我們認為無論選擇 A 還是 D 都是不可取的，那樣只會使雙方矛盾加劇，甚至導致感情的破裂。B 和 C 的選擇較為可取，可是對於經常約會遲到的愛人也不能一味縱容，那樣也不利於雙方感情的持久。我們建議的做法是：如果對方約會遲到，我們就用幽默的語言點醒對方。

一位小夥提前半小時來到公園門口，可姑娘卻遲到了 45 分鐘，小夥子看到她眞是又愛又恨，說什麼好呢？見姑娘「臉不變色，心不跳」，一副心安理得的模樣，小夥靈機一動，幽默地說道：「哎，人們都說一日不見，如隔三秋，可我對你卻是一日不見，如隔千秋啊，如果你再晚來十分鐘。我就變成老頭子了。」

14 幽默式拒絕

每個人都有愛與被愛的權利，如果對方請人轉告或是暗示，希望與你建立戀愛關係，而你的心裏對此人並不滿意，那當然就要推辭掉。

但是，辭愛的語言要恰當，要委婉幽默，既要把自己的意思表達清楚，讓對方沒有心存幻想的餘地，又不要太不近人情。

有位漂亮的姑娘突然接到一封情書，打開一看，是單位裏表現很一般的小楊寫的。

「癩蛤蟆想吃天鵝肉。」一氣之下，她把情書貼到了單位飯堂。結果小楊被羞得無地自容，原來追求她的人也都被嚇跑了。

後來，小楊終於找到稱心的伴侶，而漂亮姑娘還是孤零零一個人。

所以，假如求愛者與你條件相差較遠，更要注意辭愛要委婉，不然對人、對己都不利。

某醫院的護士小張長得漂亮又機靈，大家都很喜歡她。

這天下班，辦公室年輕的鄭醫師對她說：「小張，一同去吃飯好嗎？我有一件很重要的事想跟你說。」

小張立刻就明白了「重要」的含義。於是她笑著說：「好哇！我也正好有事情要你幫忙呢。」

鄭醫師一聽高興極了，放鬆了心情說：「行，只要是幫你的忙，我一定兩肋插刀。」

小張又笑了：「可沒那麼嚴重。只不過是男朋友臉上生了幾個青春痘，我想問你怎麼治療效果比較好？」

運用這樣幽默含蓄的推辭方法，通常情況下都很有效，有些人也會採用幽默的語言來求愛。這時候，被追求的一方如果要拒絕對方的求愛，更應該幽默以對，這樣既可以達到自己的目的，也不至於傷了求愛者的自尊。

一位年輕的廚師給他喜歡的姑娘寫了一封情書。他這樣寫道：「親愛的，無論是擇菜時，還是炒菜時，我都會想到你，你就像鹽一樣不可缺少。我看見雞蛋就想起你的眼睛，看見番茄就想起你柔軟的臉頰，看見大蔥就想起你的纖纖玉指，看見香菜就想起你苗條的身材。你猶如我的圍裙，我始終離不開你，嫁給我吧，我會把你當做熊掌一樣去珍視。」

不久，姑娘給他回了一封信，她是這樣回覆的：「我也想起過你那像鵝掌的眉毛，像番茄的眼睛，像大蒜頭一樣的鼻子，像土豆似的嘴巴，還想起過你那像冬瓜的身材。順便說一下，我不打算要個像熊掌的丈夫。因為，我和你就像水和油一樣不能彼此融合，你能明白我的意思嗎？」

拒絕別人是一種藝術，幽默地拒絕別人，既不會讓人難堪，也可以達到自己所要表述的意思。

15 讓幽默伴隨愛情成長

境況的改變帶給人的影響，會使人們知道婚姻和家庭生活中的新角色和戀愛的時候會有很大的不同，人們可以用幽默的力量來包容他人的改變。請看下面的例子：

我太太回娘家小住幾天，我又成了單身漢。如果是回到 20 年前，她走的時候會告訴我：「乖乖待在家裏哦！」而現在她說：「不要忘了幫我澆花，不要開著電視機就睡著了。」

從妻子囑咐丈夫的不同的話語中，我們可以感受到他們愛情生活的改變。丈夫對愛情的這種變化的總結帶有一種對愛情變化的無可奈何的幽默。不過，即使如此，丈夫還是總能從妻子的囑咐中感受到愛和關懷。當年齡越來越大，夫妻間還是應該借助幽默保持一種年輕時候對愛情的熱情。

有一對夫婦同往邁阿密海灘附近開會。當他們進入預訂了房間的一家旅館登記住宿時，才發現旅館已經客滿，而沒有他們預訂的記錄。

櫃台職員設法使這位盛怒中的丈夫平息下來。「我們會給你們一間蜜月套房。」

「荒唐，」這位丈夫大叫，「我們已經結婚十五年了。」

「怎麼？」職員說，「要是我把你們安置在跳舞廳裏，你們也不一定非跳舞不可，不是嗎？」

境況的改變會給愛情帶來很大的影響，這讓人明白了在婚姻和家庭生活中的不同時期，人們在愛情中扮演的角色都會有很大的不同，這些不同會改變我們以幽默力量來包容愛人和其他人的方式。

16 幽默：家庭生活中的調味劑

幽默可以使家庭生活更加幸福，夫妻相敬如賓，客客氣氣。仔細想來，這只是家庭生活的一個方面，如果把它當成了家庭生活的全部，那麼這樣的生活也就味同嚼蠟，太沒生氣了。有一個這樣的幽默故事：

一天，一個男子實在忍受不了妻子的一本正經、不苟言笑，於是逃出家門，投宿旅店。服務員為他開了房間，並說：「我們這裏服務週到，會有一種家的感覺。」

他一聽，唬一跳，大聲喊道：「天那，快給我換個房間吧！」

這個男子實在地說出了許多已婚男人的心裏話。其實，家庭應該是溫馨的港灣，夫妻之間的交流應該是輕鬆愉快，推心置腹的。家庭中的幽默不可忽視，愛使得家庭生活變得可愛，幽默使得我們能充分享受家庭之愛帶來的幸福。幽默的力量能幫助我們在愛與幸福之間搭建一座橋樑，試著換一種狀態去生活，家庭也可以變成培植幽默的沃土。

一對男女朋友，他們的關係已經發展到親密無間的程度，溝通也很暢快，很談得來。於是，經過慎重考慮他們結了婚。

隨著時間的改變，他們之間的爭吵也變得越來越頻繁。

一次吵架過後，當他對她說出：「如果當年你真愛我，你就應該嫁給別人。」她還是禁不住為丈夫的幽默笑了。

作為一個妻子，你應懂得欣賞丈夫的幽默感和樂觀精神。在許多時候，幽默的言談也能使你增強對婚姻和家庭的信心。

其實，在婚姻和家庭生活中分享樂趣，不光能防止分歧與爭執，還能使生活之輪平穩地向前滑動。作為家庭成員之一，你有責任時常幽默一下，說些使人覺得輕鬆、有味的言語，來逗家人輕鬆一笑，就像你和朋友或同事在一起時一樣。

丈夫(與妻子吵架後)說：「你說的話像個白癡！」

妻子說：「是嗎？那我們就有共同語言了。」

再如：

妻子說：「婚前你不是叫我天使嗎？」

丈夫說：「對。」

妻子氣憤地說：「那為什麼現在你不這樣叫我了呢？」

丈夫笑著說：「嘿嘿，親愛的，你應該為此感到高興才對，現在我頭腦正常多了。」

一個好吃的丈夫批評妻子的菜做得不好。

妻子就對他說：「你不妨多看看食品廣告，那些廣告看起來都是香噴噴的。」

妻子以幽默的話語傳達了對丈夫的愛，含蓄地表達了這樣一個意思：那些你認為好的東西都離你很遠，只有我在你身邊陪著你，給你做飯吃，這才是實在的。

丈夫罵妻子性子太急。

妻子說：「所以我現在才會為那麼早就結婚感到遺憾呀，遲一點的話，我想我會找到一個不會罵我的！」

有小孩子的家庭，生活中的樂趣總是更多一些。小孩子似乎很小就學會了用幽默來溝通，學會了輕鬆地面對自己。如果你不信請看下面的對話：

「你媽媽有沒有告訴你有關她的新情況？」

「哦，她說她的情況絕對保密。可笑的是她除了一天比一天胖以外，什麼情況也沒有。」

小孩子往往冒出一些使人吃驚的新觀點，或純真的閃光智慧，令我們自歎不如。

一位剛進公司的員工在工作中出了點小差錯，很擔心被解僱，最後卻平安無事，得以續約，全家慶賀了一番。

兒子在學期的最後一天喊叫著進了家門：「爸爸，這是我的成績單。」

「是不是都及格了？」

「和您一樣，爸爸，」兒子自信地道，「老師說我要再重讀一年。」

幾乎所有的家庭不快、摩擦都可能在幽默的言談中倏然消失，就像下面的幽默對話一樣圓滿無比：

妻子：昨晚我做了一個美夢。夢見你答應給我一百塊錢買衣服。肯定，你會成全我的美夢吧？

丈夫：那當然。說來眞巧，昨晚我夢見自己把一百塊錢給了你哩！

幽默是家庭生活中的必備品。沒有幽默的家庭往往缺少歡聲笑語。作為家庭的一個成員，我們有責任變得幽默起來，讓家庭生活變得更輕鬆、更有意義，讓我們的親人因為感受到我們的愛和關懷而更加幸福。適宜的幽默，會使家庭運行得越發順利，讓家中充滿歡聲笑語。

17 用幽默代替大道理

家庭不是講理的地方，夫妻之間不需要太多嚴肅認真、正兒八經的是非理論，卻常常不可少了嘻嘻哈哈、「胡說八道」的歪理幽默。

從來沒有喝過酒的妻子，從丈夫的杯子裏抿了一小口白酒，皺著眉頭說：「酒可眞難喝！」丈夫笑了笑說：「可不是嗎，可你還整天嘮嘮叨叨，卻說我喝酒享樂呢！」

酒對於妻子來說很難喝，而對丈夫來說則可能是一種享受。丈夫利用妻子說酒很難喝這一點講出了一通為自己辯解的歪理。

丈夫在看晚報，當他讀完一篇《女人的壽命比男人長》的文章後，便問妻子：「我眞不知道為什麼男人要先走一步？」妻子解釋道：「總得有人留下來收拾衣服吧！」

家是講幽默的地方，因為家庭和幽默在本質上有許多相通的地方。家庭是男人和女人靠愛情建立起來，又靠愛情來維繫的愛情的棲息地。夫妻間的是是非非、恩恩怨怨不是某種道理可以講得清的，夫妻之間的一些行為也就不能簡單地以「是非對錯」作判斷；而幽默也往往是靠歪理來產生。在這一點上家庭和幽默恰恰有共通之處。

妻子：你經常說夢話，去醫院檢查吧。

丈夫：不用了吧！要是治好了這病，我就沒一點說話機會了！

蘇格拉底婚前並不知道他的新婚妻子脾氣很壞。結婚之後，他才意識到自己娶了一位「惡妻」。雖然蘇格拉底認為自己的婚姻不是很美滿，但他還是常常鼓勵別人結婚。

蘇格拉底這樣說：「如果你娶到一位好脾氣的太太，你會終生幸福；但如果你娶到一個壞脾氣的太太，則恭喜你，你就可以成為『哲學家』了！」蘇格拉底運用帶著很濃的自嘲意味的歪理幽默，表達他對「娶了一個壞脾氣的老婆」這個既成事實的無奈，又表達了對妻子的豁達諒解。歪理幽默還能用來安慰親人。

有一天丈夫對妻子說：「真糟糕，我的鬍子越來越白了，頭髮卻還是黑的，你說這是怎麼回事？這多麼難看，別人一定認為我的頭髮是染的。」

妻子說：「鬍子先白了還不是怪你自己，誰讓你這嘴巴用得最多，而腦用得最少呢！」

丈夫一句一本正經的話，卻讓妻子找到了進行幽默的靈感。妻子的安慰話，讓人忍俊不禁。

18 用幽默詮釋親情

一天，丈夫外出，穿了件嶄新的白上衣，沒料到遇上傾盆大雨，把全身淋透，不但成了只落湯雞，上衣還沾上了很多污泥。

到了家門，看門的狗狂吠不止，並撲向他身上。丈夫很生氣，正想拿起一根木棒打它時，妻子出來說：「算了吧，別打它。」

丈夫生氣地說：「這條狗眞可惡！連我也認不出來了。」

妻子說：「親愛的，你也要設身處地地為它想想，假如這條白狗跑出去變成一條黑狗回來，你能認得出來嗎？」

妻子把丈夫比作了狗，但這並不是嘲諷他，而是夫妻間一種親昵的舉動，妻子用這個小小的幽默來表達對丈夫被雨淋了的關心。丈夫當然不會怪她，反而會被這種幽默逗笑，在妻子深情的關懷面前，丈夫被雨淋成落湯雞的不快也會化為烏有。

有時候，週圍的親人難免做錯事情，例如衣服熨焦了，飯菜燒糊了。這時候，他們自己已經夠自責的了，如果我們再責備他們，他們一定會很難過。這時候他們需要的不是嘮叨和責備，而是諒解、安慰和關懷。

一對夫妻結婚 18 年了，妻子為丈夫煮了 18 年的飯。最近妻子煮了生平最難下嚥的晚餐：菜爛了，肉焦了，涼拌菜沒有一點鹹味。丈夫默默地坐在飯桌旁嚼著，一言不發，她心裏很自責。而當她正要收拾碗碟時，丈夫卻突然把她一抱，吻個不停。

「這是怎麼一回事？」她問。

「哈！」他答，「今晚這頓飯跟你做新娘子那天煮得一模一樣，所以我要把你當新娘子看待。」

啊！虧他想得出來！丈夫這一番幽默所表達的愛和關懷勝過任何沒頭沒腦的責備。幽默，讓妻子品味出濃濃的愛意，感受到無比的幸福。

19 用幽默表達自己的意見

妻子在廚房忙完以後，對久坐不動專等著吃飯的丈夫說：「今晚的菜，你可以選擇。」

「是嗎？都有些什麼菜？」

「炒土豆。」

「還有呢！」

「沒有了。」

「那你讓我選擇什麼啊？」

「吃還是不吃？」

即使丈夫再懶，做妻子的最終還是會原諒他。

當你以幽默的言語與親人交流時，你可以製造機會並獲得你想要的東西。幽默的言語有助於增進家人感情。

有一位先生回家時，裝作氣喘如牛的樣子，卻又得意揚揚地對妻子說：「我一路跟在公共汽車後面跑回來，」他喘著氣說，「這樣一來我省了一元錢。」

妻子笑著說:「你何不跟在計程車後跑,可以省下5元錢!!」

20 做婚慶、壽筵上的幽默客人

有一家辦喜事正趕上下雨。小宇冒雨前去參加婚禮,趕到那裏,身上已濺滿了泥水。

新郎向客人們敬酒時,看到他身上的泥水,抱歉地說:「讓你冒雨趕來,好衣服都弄髒了,都怪我失算,選了這麼個雨天。」大家也都在想,辦喜事下雨,的確是美中不足。可是幽默的小宇接過去說:「老兄此言差矣,自古道『久旱逢甘霖,洞房花燭夜』,這人生的兩大喜事,讓你們小倆口一天都趕上了,這叫雙喜臨門!」

一句話說得大家都笑起來,宴席上氣氛更加活躍。

在婚禮上、壽宴上使用幽默語言,可以增加喜慶色彩,使婚禮辦得更為歡快、更有情趣。而這樣的客人往往也最討人喜歡。

21 做一對幽默夫妻

一次宴會上，林肯和他的夫人面對面坐著。林肯的一隻手在桌上來回移動，兩個手指頭向著他夫人的方向彎曲。

旁人對此十分好奇，就問林肯夫人：「您丈夫為何這樣若有所思地看著您？他彎曲的手指，來回移動又是什麼意思呢？」

「那很明顯，」林肯夫人答道，「離家前我倆發生了小小的爭吵，現在他正在向我承認那是他的過錯，那兩個彎曲的手指表示他正跪著雙膝向我道歉呢。」

人們常說，一個成功男人的背後一定有一個能幹的女人。偉人之所以能取得很大的成就，很多時候都是因為有和睦的家庭作為堅實的後盾。做一對幽默的夫妻。家庭就能禁得起狂風暴雨的襲擊。充滿幽默氣氛的家庭裏，家庭成員之間一般不會出現關係緊張的情況。

一對夫妻結婚多年，從未發生過衝突。

有一天，妻子問丈夫：「你為什麼總對我這麼好？」

丈夫答道：「和你結婚之前，我請教過一位牧師，問為什麼他對妻子那樣好，他說：『不要批評你妻子的缺點或怪她做錯事。要知道，就是因為她有缺點，有時會做錯事，才沒有找到更理想的丈夫。』我牢記住了這句話。」

很多時候，女人即使不能統治家庭，她也特別關注自己在丈夫心目中的地位，不時地用各種語言來進行「你愛我嗎」的試探，面對這種試探，男人可以機智而幽默地進行回答。

22 用幽默化解夫妻矛盾

幽默是打破夫妻之間僵局的最佳方式。如果你說：「你看世界上的冷戰都結束了，我們家的冷戰是不是也可以鬆動一下？」「瞧你的臉拉那麼長幹什麼！天有陰晴，月有圓缺，半月過去了，月兒也該圓了吧！女人不是月亮嗎？」對方聽了大多都會「多雲轉晴」的。

總之，只要一方能針對矛盾的具體情況，採取相應的溝通方式，巧用言語，就可儘快打破僵局，讓家庭生活恢復往日的歡樂與和諧。幽默是家庭生活的潤滑劑，它能給家庭帶來陽光和春風。

兩口子吵架，妻子鬧著要同丈夫離婚。他們去縣法院的路上，要經過一條不深但很寬的小河。

到了河邊，丈夫很快脫掉鞋子走入水中。妻子站在岸邊，瞧著冰冷的河水，正愁著怎麼過去。

丈夫回過頭溫和地說：「我背你過去吧。」

丈夫背著妻子過了河。他們沒走多遠，妻子說：「算了，咱們回去吧！」

丈夫詫異地問：「為什麼？」

妻子不好意思地低著頭說：「離婚回來，誰背我過河呢？」

幽默和溫和的言語一樣，在夫妻之間發生矛盾的時候，幽默所表達的是一種委婉的妥協，既不損及自己的顏面，又能同愛人友好地和解。夫妻之間，貌似嘲笑的關懷幽默總是能夠迅速地彌補雙方之間的個性差異與感情裂痕，拉近雙方的心理距離。

夫妻倆吵得很凶，老婆氣得直說：「我真後悔嫁給你，早知如此，我就嫁給魔鬼了！」

「不行，你不能這樣做，你難道不懂近親結婚是法律所不允許的嗎？」

面對盛怒的妻子，丈夫幽默地把她比作了魔鬼，從而讓妻子在笑聲中冷靜了下來。

有對夫妻是大學裏的同學，結婚後經常吵架。兩個人都感到忍無可忍了，在一次爭吵的高潮中，女的說：「天那，這那像個家！我再也不能在這樣的家裏待下去了！」說完，她就拎起自己放衣服的皮箱，奪門衝了出去。她剛出門，男的也叫起來：「等等我，咱們一起走！天那，這樣的家有誰能待下去呢！」男的也拎上自己的皮箱，趕上妻子，並把她手中的皮箱接過來。

應當試著以幽默去保護自己的家庭。如果沒有根本性的、重大的分歧，幽默將使家庭生活始終處於最佳狀態。

23 幽默反擊伴侶的諷刺

夫妻間的幽默，以和風細雨為多，但當一方的話帶有極強的進攻性與侮辱性時，另一方就要用返還幽默法，按對方的邏輯去作出推論，將對方侮辱性的話語巧妙地反彈回去，以使對方警醒。

一對夫妻吵架，丈夫粗魯地嚷道：「你簡直是一頭蠢豬！」

妻子平靜地回答說：「你這麼多年一直跟豬睡在一起，你也好不到那裏去！」

丈夫罵妻子是豬，這時候，妻子就不能一味退讓了，她抓住丈夫言語的荒謬性，又將謾罵返還給丈夫，使他自取其辱，提醒他在罵別人的時候也是在罵自己。

妻子回家以後，興奮地對丈夫說：「我今天請人看過手相，他說我的第二任丈夫是個英俊瀟灑、學識淵博、又善解人意的人。」

「哦！」丈夫半怒半喜地說，「原來你跟我是第二次結婚呀！」

妻子拐彎抹角地指責丈夫不夠優秀。面對妻子的變相指責，丈夫不露聲色地進行了反擊。

妻子說：「男人都是膽小鬼。」

丈夫說：「不見得吧，否則我怎麼會與你結婚？」

妻子罵男人都是膽小鬼，實際上是在特指丈夫膽子小。丈夫則通過幽默的語言向妻子表達「我敢娶你這麼厲害的女人」不正好說明我膽子大嘛，在揶揄中逗得妻子一笑。

第九章

巧用語言的幽默口才

幽默不是膚淺的談笑，不是低俗的嘲諷，從某種意義上來說，幽默是一門語言技巧，在看似深奧的背後存在著有章可循的學問。只有真正瞭解和掌握了語言技巧的人，在日常生活中才能幽默張口就來。

1 斷章取義的幽默技巧

斷章取義，指的是不顧全篇文章或談話的內容，孤立地取其中的一段或一句的意思。也就是說，所引用的是與原意不符的。而用這種方法產生的幽默，就是通過對字、詞、句等要素不恰當的判斷產生荒誕意義的幽默技巧。為了真正明白什麼是「斷章取義」，我們可以從日常生活中常見的事情來認識一下，例如一些媒體很會對某個名人或者重要人物的話斷章取義，來增加轟動效應，吸引讀者的眼球。

一位大使被派駐紐約，記者們團團圍住了他，並提出了一連串的問題。第一個問題是：「您想去夜總會看看嗎？」

大使心裏想，他應該迴避這個問題才對，於是他淡淡一笑反問道：「紐約有夜總會嗎？」

第二天早晨，大使起床後看到報紙大吃一驚，只見報紙上登出了他接受採訪的那篇報導，報導有一個非常醒目的標題：「大使的第一個問題：紐約有夜總會嗎？」

這就是典型的斷章取義。每一個看到這篇報導的讀者的第一反應可能都會是吃驚、好笑……從報導的標題上人們很容易得出這樣的結論：大使在詢問紐約那裏有夜總會，看來這個大使也不是什麼正經人啊！可事實上大使的意思根本不是這樣，而且恰恰相反，但就因為記者的斷章取義，讓人們得到的結論和說話人本來的意思是大相徑庭，甚至是截然相反的。

這種手法使用在幽默中，會因為對字、詞、句等要素不恰當的判斷而產生荒誕的幽默效果。

有一次，馬克·吐溫和主張一夫多妻制的人爭論一夫多妻制的問題。馬克·吐溫說：「一夫多妻，連上帝也反對。」

那位問：「你能在《聖經》中找出一句禁止一夫多妻的話嗎？」

「當然可以。」馬克·吐溫說，「馬太福音第六章第二十四節說：誰也不許侍奉二主。」

馬克·吐溫是個幽默大師，在這裏，他使用的正是斷章取義的說法。很顯然，「誰也不許侍奉二主」的真實意思顯然和他所說的一夫多妻制是沒有聯繫的，但是他巧妙地斷章取義，附會於自己所說的問題上來，並且自圓其說，以此來佐證自己的觀點，進而產生了幽默的效果。

斷章取義幽默技巧的關鍵在於能否荒謬斷章，經過你的斷章後所產生的意義與本義相差越遠或越荒誕，就越幽默。它的目的性隱含於這種「斷章」中，有時你也可以根據你的需要「恰當」斷章，當你的需要由於你的「斷章」而被表明或被滿足時，幽默的情趣就油然而生了。

斷章取義幽默技巧在日常生活中可以經常用到，只要斷得巧、斷得妙，開懷一笑之餘，也會為沉悶的生活抹上亮麗的色彩。

2 諧音雙關的幽默技巧

諧音雙關是幽默語言技巧中常用的一種修辭格式，即利用詞語的同音或近音條件構成雙重意義，使字面含義和實際含義產生不諧調交叉。諧音雙關以語音為紐帶，將兩個毫不相干的詞義聯繫在一起，使觀賞者通過聯想領悟到說者的幽默感。

諧音雙關是幽默術中常會用到的技巧，它是根據漢語語音的特點，在一定的語言環境中，利用詞語音同或音近的條件，使詩句產生明暗雙重意義。而這雙重意義，一層是字面的，一層是暗含的，暗含的意思往往才是作者的真意所在。通常是利用兩個字詞同音不同義的巧妙關係製造一種有趣的效果。此種幽默有一個非常經典的案例：

清乾隆年間，紀曉嵐與和坤分別擔任侍郎和尚書，兩人是死對頭。一日，二人同席吃飯，桌下忽有一狗穿過，和坤問紀曉嵐：「是狼(侍郎)是狗？」紀笑答:「您看仔細就知道——垂尾便是狼，上豎(尚書)即是狗。」

和坤先發制人，使用諧音雙關法攻擊紀曉嵐，紀大學士也不甘示弱，用同樣的方法給予了巧妙的回擊，兩人都是綿裏藏刀，不露聲色，幽默的技術可謂高明。

有一對年輕夫婦，因家裏只有一台彩電，男的愛看球賽，女的愛看電視連續劇，這樣就出現矛盾了。最後當然是丈夫讓步。

不過這位丈夫還算有心計，平日一有機會，他就向妻子灌輸點體育知識，談談球賽趣聞，久而久之，妻子的興趣果然被他挑動了，有時也跟他一道收看體育比賽的節目，那眞是夫唱婦隨了。到了四年一後的世界盃足球賽時，妻子的眼睛已經被精彩的比賽吸引了，這時，他才煞有介事地對妻子說：

「看你這個高興勁兒，我想起了一句老話。」

「什麼話？」

「知足常樂！」

「怎麼會想起這句話呢？」

「知足常樂嗎，就是知道足球以後，就會常常快樂了唄！」

可見，生活中可利用的諧音非常之多，只要你留心觀察，必能把許多枯燥乏味之事說得有聲有色，饒有風趣。

3 以牙還牙的幽默技巧

以牙還牙幽默技巧，是指運用對方所使用的手段，反過來加之於對方身上，讓對方無計可施，從而達到自己的目的，這種令對方自食其果的情形通常能誘發幽默。又叫做「以其人之道，還治其人之身」。

以牙還牙幽默技巧首先要抓住對方的「牙」，也就是對方施行的技巧和辦法，然後依葫蘆畫瓢，準確地還擊回去，這樣才能顯得有力。這「牙」越集中，越典型，起到的作用才越明顯，幽默味才越濃。

王羲之在某地做官時，有一天，一個年輕人來告狀。年輕人說，因家貧，父親死前曾向某鄉紳要了一塊荒地來埋自己，鄉紳答應了並講明只要「一壺酒」的酬謝。老人死後，年輕人拿一壺酒去感謝時，鄉紳卻說是「一湖酒」。年輕人有口難辯！

王羲之聽後，問年輕人：「你說的可是實情？」年輕人說：「不敢有半句瞎話。」

第二天，王羲之悠閒地到了鄉紳那裏。鄉紳對他仰慕已久，很想求其墨寶。王羲之並不推辭。提筆寫了一幅書法送與鄉紳。

當鄉紳問送點什麼禮品時，王羲之說：「只要一活鵝。」

當鄉紳送給他一活鵝時，王羲之把臉一沉：「我說的是一河鵝。」鄉紳辯解道：「鵝是以只計數，不是以河計數的呀？」

王反問道：「既然如此，難道酒是用湖來計數的嗎？」鄉紳恍然大悟，從此再也不敢向年輕人討酒了。

鄉紳的「牙」就是利用了同音字，偷換了概念，把「一壺酒」變成了「一湖酒」，明顯是仗勢欺人。王羲之深知這一點，於是，他胸有成竹地去鄉紳家給年輕人討個公道。他的辦法就是以彼之道，還施彼身——你利用同音字來欺壓人，我也給你來個以牙還牙戲耍你。於是，有了王羲之的「一河鵝」。用鄉紳最得意的來打擊他的得意，這樣的回擊是最直接的，鄉紳也馬上明白了王羲之的意思。幽默就在鄉紳的喪氣和年輕人的歡欣中誕生了。

很多的幽默是一種調侃或者解嘲，但有的幽默往往帶有一定的攻擊性，在使人發笑的同時還要達到某種還擊的目的。當然，還擊的鋒芒是內斂的，不是潑婦罵街的直白。以牙還牙的幽默技巧就是這樣，既達到了還擊的目的，還讓對方有苦難言。

義大利著名小提琴家帕格尼尼僱了一輛馬車赴劇院演出，眼看就要遲到了，他請馬車夫快點趕路。

「我要付給你多少錢？」帕格尼尼問道。

「10 法郎。」

「你這是開玩笑吧？」

「我想不是。今天人們去聽你用一根琴弓拉琴，你可是每人收 10 法郎！」

「那好吧，」帕格尼尼說，「我付你 10 法郎。不過，你得用一個輪子把我載到劇院。」

面對對方提出的難題時，最簡單的反擊辦法就是使用完全相同的方式，換上內容，如法炮製，返還給對方，其要點一是要隱蔽，二是輕重程度要對等，如果「發難方」是出於戲謔你便還給他一個玩笑；如果對方出於惡意的諷刺，那麼你也不必心軟，可以以同樣的方式直擊其弱處，當然，這種反擊法的前提是你必須一針見血地將對方的弱點指出。

美國幽默大師馬克·吐溫去拜訪法國名人波蓋，波蓋是一個喜歡挖苦人的文人，他取笑美國歷史很短，說：美國人在無事閒暇時往往愛想念他們的祖先，可是一想到他們祖父一代就不能不停止。

馬克·吐溫立刻以充滿詼諧的語句開始反擊，說：當法國人無事時，總是盡力想找出他的父親是誰。

英國詩人喬治·英瑞出身於一個木匠的家庭。他在上流社會中從不隱諱自己的出身。

有個貴族子弟嫉妒他的才華，在眾人面前想出出他的洋相，就高聲地問道：「對不起，我聽說閣下的父親是個木匠，請問他為什麼沒把你培養成木匠？」

喬治微笑著，很有禮貌地反問：「聽說閣下的父親是紳士，那他怎麼沒把你培養成紳士呢？」

這種幽默技巧有其獨到的妙處：它是以對方慣常的手段來回擊對方，既可眩惑對方的眼目，又可使對方感到措手不及，沒有思考的餘地來還擊，這當然會令你大獲全勝，而幽默也在這種較量中產生出來。作為一種幽默術，以彼之道，還施彼身既可令人解頤，又可達到預期目的，這也是它能得到廣泛運用的原因。

4 以謬制謬的幽默技巧

以謬制謬就是對一些無法回答的荒謬問題，避開正面交鋒，假裏藏真，給他一個更荒謬的回答，製造一種幽默的素境。

以謬制謬在辯論中最常用。在雙方的辯論中，一方為了駁倒另一方的錯誤論題，就先假設它是正確的，然後以此為依據，用語言或者行為合乎邏輯地推出一個明顯錯誤的結論，以便對方從這個結論能很自然地反推到自己論題的錯誤，從而使對方的觀點隨之被駁倒。這種方法用在幽默中，由於荒謬的得力巧妙的應對，常能產生出強烈的幽默效果。

在美國的廢奴運動中，廢奴主義者菲力浦斯到全國各地巡迴演講。一次，一個來自反廢奴勢力強大的肯塔基州的牧師問他：

「你要解放奴隸，是嗎？」

「是的，我要求解放奴隸。」

「那你為什麼只在北方宣傳，幹嗎不去肯塔基州試試呢？」

菲力浦斯反問：「你是牧師，對嗎？」

「是的，我是牧師，先生。」

「你正設法從地獄中拯救鬼魂，對嗎？」

「當然，那是我的責任。」

「那麼，你為什麼不到地獄去？」

牧師的指責不能不說是切中要害的，如果菲力浦斯不能很好地應對，勢必造成聽眾對他宣傳的主張的懷疑。但是菲力浦斯巧妙地以謬制謬，有力地反擊了牧師的詰問。牧師自然無言以對了。

英國諷刺作家斯威夫特一次出遊前，要隨從刷一下靴子，但隨從沒有遵照執行。

第二天斯威夫特問起，隨從說：「刷了有什麼用，路上都是泥巴，很快就又沾上泥巴了。」

斯威夫特吩咐立即出發，隨從說：「我們還沒有吃早餐呢？」

斯威夫特立即回答：「吃了有什麼用，很快就又餓了。」

隨從的藉口並無惡意，斯威夫特的反擊也無惡意，回手一擊的幽默以「以謬制謬」為特點。你荒謬我比你更荒謬，你強詞奪理我就比你更強詞奪理。

湯姆和傑克在一起幹活。

湯姆說：「都說一個監工能頂兩個人幹活。今天我當監工，你幹活，咱倆能頂 3 個人。」

傑克說：「咱倆都當監工吧，兩個監工能頂 4 個人呢。」

以謬制謬和以牙還牙有相通之處，都是用對方的辦法還擊對方。但是，以謬制謬重在用比對方更荒謬的結果來反擊對方，程度更深，幽默意味更濃。

克勞斯和迪特在工地上工作。

克勞斯很懶，收工後不願把籃子拿回去，就在籃子上面貼了個字條：「迪特，請把籃子提走，我把它忘了。」

迪特看到籃子後，也在籃子上貼了個字條：「克勞斯，你自己把它提走吧，我沒看見它。」

迪特巧妙地抓住了克勞斯貼紙條留言這一荒謬點，也用貼紙條的辦法予以回擊，還更加荒謬地寫上了「我沒看見它」，幽默的意味橫生。

妻子：「我要得了癌症你怎麼辦？」

丈夫：「我要比以前更癡心，自願接種你的癌細胞，咱們同病同死！」

妻子：「說得好聽，我才不信呢，你巴不得我早死好再討一個。」

丈夫：「不找好的，而且要找還是找個得癌症的，以便再討第三個呀。」

人的心理很微妙，夫妻之間往往就是這樣，一方忙著表忠心，結果另一方怎麼都覺得他(她)做了對不起自己的事情，相反，如果一方就說自己幹了壞事，另一方反而因為對方說得理直氣壯而產生懷疑(因為幹了壞事的人都是心虛的)。就像這個小幽默一樣：面對丈夫的忠心，妻子嗤之以鼻：而面對妻子的「無理取鬧」，丈夫也就只好跟著「無理取鬧」了，這樣反而打消了妻子的疑慮。

5 停頓一下的幽默技巧

所謂停頓異常，就是違反正常規範的語音停頓法則，造成語句間的中斷，形成了說話談吐的時間差，表情達意的語義差，從而使人們在某個特定的情景中聽見與自己習以為常的語言思維相矛盾的語言信息，在出人意料的停頓、接連驚訝省悟中產生頓悟，獲得幽默、諷刺、詼諧的表達效果。

人們聽話的時候，都有一種心理預測，你說了上一句，他心裏已經在預測你下一句要說什麼。如果所講的果然「不出所料」，他會感到平淡無奇，甚至索然無味；如果所講的竟然「出乎意料」，並令他感到新鮮奇妙，幽默感便因此而產生了。

甲：當我拿工資後，你猜我會怎麼辦？

乙：交給老婆。

甲：不，存銀行。

乙：嗯，這才是男子漢！

甲：……然後把存摺給老婆。

乙：……

對話中的甲，故意將「(把錢)存銀行，然後把存摺給老婆」，分成兩部份來說，使人對他話語意義的預測和理解，出現跌宕曲折，趣味橫生。

語意表達的割斷，有時也可以通過語音的停頓來實現，如：

一個小夥子說：「昨天在大街上，有一位漂亮的姑娘，與我素不相識，卻主動對我開口說話。」

他的朋友走過來說：「老弟，你可真走運了！那位漂亮妹妹對你說什麼了？」

「她說……」

「說呀，別不好意思嘛！你我又不是外人了。說出來，我說不定還可以為你當當參謀呢！」

「她說，『先生，隨地吐痰，罰款 50 元』。」

「小夥子」有意把要表達的意思截成兩節，使朋友在心理上預測「這小子有豔遇」了。可是，當他把漂亮姑娘的話說出來的時候，竟完全在聽者的預測之外，話語便出現了幽默。

這種口語上的停頓，實質上就是對思維慣性的利用。停頓前說的部份，常常是給對方一個思考方向的暗示；停頓後說的部份，則是語意的陡然逆轉，讓人產生某種突兀感。

停頓異常會造成懸念，引起聽眾的好奇和注意，在聽眾急於知道下文的時候，講話人會從節奏的變化中創造出幽默的語言藝術。這種藝術手法在相聲、小品、演講等曲藝中廣泛應用。例如有這樣一段相聲：

甲：你少廢話，我這處長不是為你當，我一天忙到晚，為什麼？還不是就為自己……

乙：怎麼著？

甲：機關這些同志們，我具體管房，不講原則……

乙：嗯？

甲：……是不行的。別的我不管，我就看你的禮……

乙：啊！

甲：理由充分不充分，最好你拿酒……

乙：什麼？

甲：九口人的證明來。

這段相聲，每句話都是沒有結束的半截子話，每句話的停頓或者利用諧音，或者故設懸念，亦莊亦諧，饒有風趣。可以看出，停頓異常極其富有表現力，常常會收到出乎意料的幽默效果。

當你表達的意思出乎人們的意料，突破人們的習慣思維時，往往就會得到不一般的效果。就像停頓異常一樣，把本來可以一口氣說完的一句話，故意不一口氣說完，而有意停頓一下，給對方留下一個預測語意趨勢的時間，然後再把後一半說出。當聽者聽完以後，突然發現說話者的意思竟「出乎意料」，頃刻頓悟，開心一笑。

6 用幽默提升你演講的檔次

對一位優秀的演說家來說，他所需要的不僅僅是口若懸河，而且需要高深的學問、廣博的知識、豐富的聯想以及多種多樣的能使自己表達自如的手段，毫無疑問，幽默正是使演講顯得精彩的重要手段之一，它可以提升演講的檔次。

美國的萊特兄弟是人類航空史上勇敢的開拓者，他們於1903年12月17日成功地駕駛有動力的飛機飛上了藍天後不久前往歐洲旅行。

在法國的一次歡迎酒會上，主人再三邀請他們演講。老大威爾伯只好站起來，但他的演講只有一句話：「據我們所知，鳥類中會說話的只有鸚鵡，而鸚鵡是飛不高的。」

威爾伯的演講言簡意賅，讓聽眾在笑聲中悟到真諦。幽默能增加演講者與聽眾之間的親和力。

保羅·紐曼是美國著名的影星，他那精湛的演技與叛逆的形象，使他成為好萊塢備受矚目的男演員。1982年，保羅·紐曼為了祝賀紐約布魯克林大學新設電影系，特地訪問該校，主持了新片《惡意的缺席》的試映會，並參加學生的座談。

有一位學生憤憤不平地說：「我從收音機聽到這部電影的廣告——最後一場是拼得你死我活的槍戰場面，可是實際上，片尾非常平靜和平，像這種虛偽的廣告宣傳實在要不得。」

這位學生說得義憤填膺，現場的氣氛頓時變得十分緊張。保羅·紐曼回答說：「我完全不知道廣播電台的廣告內容。」他頓了一下，接著說：「不過，下一次的片尾一定會出現激烈的射殺場面。鏡頭上出現的是：我用槍打死了那位收音機播音員。」

保羅·紐曼幽默的回答引起哄堂大笑，也化解了緊張的氣氛，贏得了更多觀眾的愛戴。

7 用幽默的開場白來吸引聽眾

演講的開場很重要，它可以奠定整個演講過程的基調。就演說者來說，如果他一開始講話就很嚴肅，那麼接下去的演講就很難活躍起來。而演說者與聽眾的關係一旦在開始就疏遠和隔膜的，以後便不好拉近。所以，開場時幽默一下是有好處的。它可以使演講者和聽眾都處於輕鬆的狀態，縮短雙方的距離。

·一次，高爾基參加會議時，代表們要求他講話。他上台後，與會者長時間鼓掌。掌聲停息，高爾基靈機一動，微笑著說：「如果把花在鼓掌上面的全部時間計算起來，時間浪費得太多了。」全場報以會心的微笑，大家都很欽佩高爾基的謙虛和機智。

·美國著名外交家基辛格也有關於掌聲的出色發揮。有一次基辛格應邀講演，主持人介紹後，聽眾馬上站立，長時間地鼓掌。掌聲停歇後，聽眾慢慢坐下來。基辛格開口說：「我要感謝你們停止鼓掌，因為要我長時間表示謙虛是很困難的事。」

這一風趣的開場白表現出基辛格傑出的語言才能，比起連聲說：「謝謝！謝謝！謝謝諸位！」效果不知要好多少倍。

美國有一位黑人凱特羅克在面對白人聽眾作關於解放黑人奴隸的演說時，他的第一句話是：

「女士們，先生們，我來到這裏，與其說是發表講話，還不如說是給這一場合增添一點『顏色』。」

這是一個自嘲式的開場白。意思是他的出現使全場皮膚的顏色在白色之外添了黑色。聽眾大笑起來。這一笑就沖淡甚至消除了由於種族差異而造成的心理障礙，使種族問題這一敏感和沉重的話題變得輕鬆起來，有利於他為自己的觀點爭取更多的支持者。

臨場演說的難度較大，想要贏得聽眾的共鳴就更難，只是不妨運用幽默來為自己的演講加分，同時還可以激發現場的氣氛。

有一句妙語卻這樣說：一個即興的人就是指花了一整晚的時間去背相關的笑話的人。事實上許多即興之言，都是經過計劃和準備的結果。

英國首相狄斯雷利一次演講完畢，有個年輕人向他祝賀：「您剛才的即興演講眞的棒極了！」

狄斯雷利回應道：「年輕人，這篇即興演說我已經準備了 20 年！」

8 以幽默的語言創造友好氣氛

談判中採取幽默的姿態，可以創造友好和諧的會談氣氛。雙方輕鬆一笑的同時，也就縮短了心理距離，鈍化了對立感。

一位顧客坐在高級餐館的桌旁，把餐巾繫在脖子上，經理對此很反感，叫來一個服務員說：「你讓這位先生懂得，在我們餐館裏，那樣做是不允許的，但話說得委婉些。」服務員走到這位顧客桌前，有禮貌地問道：「先生，您是刮鬍子，還是理髮？」客人意識到自己的行為不得體，從脖子上摘下了餐巾。

服務員說話繞了一個彎子，實現了交際目的，這就是曲徑通幽的口才藝術。

9「雄辯」滔滔，笑話來助陣

談判人員如果言語含蓄幽默一些，就能夠對溝通營造出一種和諧的感染力，從而使談判順利進行，因此談判者要學會運用幽默來表達自己的感受與觀點，而不是要用生硬的語言指責對方。

一次，一個貴婦人打扮的女人牽著一條狗登上公共汽車，她問售票員:「我可以給狗買一張票，讓它也和人一樣坐個座位嗎？」

售票員說:「可以，不過它也必須像人一樣，把雙腳放在地上。」

售票員沒有否定答覆，而是提出一個附加條件：像人一樣，把雙腳放在地上。從而拒絕了對方的過分要求。

在美國的一個猶太人聚集地，有一位富翁請一位猶太畫家為他畫肖像。猶太畫家精心地為富翁畫好了肖像，但最後富翁卻拒絕支付議定的5000元報酬，理由是：「你畫的根本不是我。」不久，畫家把這幅肖像公開展覽，題名為《賊》。富翁知道後，萬分惱怒，打電話向畫家抗議。

「這事與你有什麼關係？」畫家平靜地說，「你不是說過了嗎？那幅畫畫的根本就不是你！」

最後富翁不得不買下這幅畫，並要求改名為《慈善家》。

想要取得一場談判的勝利並不是一件難事，只要你努力學習，掌握有關的談判技巧和策略，讓幽默成為你談判當中的助手，你就一定能夠出奇制勝、取得成功。

10 新聞發佈會上展現幽默與機智

美國前國務卿基辛格是一個世界公認的傑出的政治家和外交家，素以擅長外交辭令著稱。

一次，基辛格隨尼克森總統動身前往莫斯科，途中經過維也納。在那裏，基辛格就即將開始的美蘇首腦會談問題，舉行了一次記者招待會。《紐約時報》記者馬克斯提出一個所謂「程序性問題」:「到時，你是打算點點滴滴地宣佈呢，還是來個傾盆大雨，成批地發表協定呢？」

基辛格風趣地答道:「我明白了，你看馬克斯同他的報紙一樣多公正啊，他要我們在傾盆大雨和點點滴滴之間任選一個，所以無論我們怎麼辦，總是壞透了」。他略微停頓一下，然後一字一板地說:「我們打算點點滴滴地發表成批聲明。」全場頓時哄堂大笑。

基辛格這一對答顯示出他高超的語言運用能力和幽默灑脫的政治家風度，他沒有被動地被記者牽著鼻子走，而是機智果斷地打亂問話的思路，將主動權握在自己手中，做出令人欽佩的絕妙答覆。「點點滴滴地發表成批聲明」遂成為基辛格的一句名言。

在新聞發佈會上，還有些記者很「刁鑽」，很多問題很難正面回答，唯有採取委婉含蓄的回答方式，巧妙地選取一個角度，或從一個側面入手，用大題化小、以偏概全的方法，做靈活別致的答覆。

第十章

突破思維的幽默口才

幽默需要用智慧來點燃，老老實實的文字頂多是能夠取樂，不足以上升到幽默的程度，只有突破傳統思維運用智慧，聰明和搞笑的技巧才能在啼笑皆非中使人受到教育。

1 形褒實貶的幽默技巧

形褒實貶，也稱為明褒暗貶，從文字的表面上看是肯定，但實際的意思卻是否定的。這種方式就是典型的反話正說，也就是明明是要批評對方，說出來的話卻像是在表揚。

一位年輕人和朋友們到公園遊玩，看到有人騎馬，覺得很有意思，也租了一匹馬來騎。可騎上不久，他就發現這匹馬並不好對付，顯然還未被完全馴化。果然，在經過一道籬笆時，這匹馬突然發脾氣將他摔了出去。在歸還馬匹時，朋友問他騎得如何，他看了一下站在一旁的馬的主人，似笑非笑地說：「還不錯，就是這匹馬被主人馴化得太客氣、太懂禮貌了，一看到有籬笆，它就讓我先飛過去了。」

被馬摔下來，確實是件不幸的事，生氣也是在所難免的。但是這位年輕人不但沒有怪罪馬主人把尚未馴化好的馬給自己騎，反倒說這匹馬被主人馴化得太客氣、太懂禮貌了，聽起來是在讚揚，實際上是不滿。看似荒誕不經，卻又妙趣橫生。

2 正話反說的幽默技巧

正話反說，顧名思義就是要表達的實際意思是「是」，但是是用「否」的形式說出來的，也就是用相反的詞語表達本意，目的是使反語和本意之間形成交叉。

在幽默語言交叉技巧中，正話反說以語義的相互對立為前提，依靠具體語言環境的正反兩種語義的聯繫，把相反的雙重意義以輔助性手段如語言符號和語調等襯托出來，使觀賞者由字面的含義悟及其反面的本意，從而發出會心的微笑。正話反說是造成含蓄和耐人尋味的幽默意境的重要語言手段之一。

已經下課了，可老師還在不停地講課。有個學生眼睛不住地往操場上瞧。老師批評他說：「你呀，人在教室，心在操場，這怎麼行呢？」

學生聽了說道：「老師，讓我人到操場，把心留在教室，好嗎？」

很多時候，人們的語言缺乏幽默感，是因為總是用正常思維來表達自己的訴求，而幽默就需要出其不意，打破常規。上面這位同學的回答就是打破常規思維的正話反說，老師的拖堂，學生一般都很討厭，又不好說出來。這位學生卻另闢蹊徑，運用反向思維正話反說，委婉地陳述了自己的意見，又不失幽默風趣。

一位顧客在飯館吃飯，米飯中沙子很多，顧客把沙子吐出來——放在桌子上，服務員見此情景很不安，抱歉地問：「儘是沙子嗎？」顧客搖搖頭微笑地說：「不，也有米飯。」

多麼睿智的幽默！吃飯自然是吃米，但是面對碗裏的沙子，顧客並沒有直接指責，而是順著服務員的意思，否定了服務員的「儘是沙子嗎」的問話，以「也有米飯」幽默地表達了自己的不滿。我們可以通過這句話馬上想到這樣一幅情景：滿碗的沙子裏摻雜著一些米粒。這當然是誇張的想法，但正是這種誇張才是幽默產生的根源。

有一則宣傳戒煙的公益廣告就是其中經典的一例，上面完全沒提到吸煙害處，相反卻列舉了吸煙的四大「好處」：

其一，節省布料。吸煙易患肺癆，容易導致駝背，使身體萎縮，所以做衣服用的衣料就能省下不少。

其二，可以防賊。抽煙的人很容易患呼吸系統疾病，通常咳嗽不止，在夜間咳嗽，賊人必定以為主人未睡，便不敢行竊。

其三，可防蚊防蟲。濃烈的煙霧連人都嗆得難受，蚊蟲更是受不了，只得遠遠地避開。

其四，永葆青春。抽煙的人一般壽命都不長，常常是年紀輕輕地就去世了……

人們都知道吸煙是有害健康的，但是如果這麼羅列吸煙的害處，可能煙民早已經麻木了，起不到警示的效果。而題目上說的吸煙的四大好處，這種提法讓煙民們在心理上有了認同感，但實際上是卻是吸煙的害處，正話反說，顯得很幽默，讓人們從笑聲中悟出吸煙危害健康的道理。

3 欲擒故縱的幽默技巧

欲擒故縱幽默技巧，就是指在矛盾對轉之前把即將轉化的矛盾加以強調，以聳動對方的視聽，最後又全部推翻，語義跌宕，令人忍俊不禁。

欲擒故縱中的「擒」和「縱」，是一對矛盾。軍事上，「擒」，是目的，「縱」，是方法。古人有「窮寇莫追」的說法。實際上，不是不追，而是看怎樣去追。把敵人逼急了，它只得集中全力，拼命反撲。不如暫時放鬆一步，使敵人喪失警惕，鬥志鬆懈，然後再伺機而動，殲滅敵人。這一招用在幽默的技巧中，簡單地說就是先設套讓對方放鬆，然後將人的期望值降到了最低點或激發到最高點，隨之而來的卻是相反的論斷，幽默的效果就自然而出。

民間故事中有這樣的祝壽詩：

「這個婆娘不是人……九天仙女下凡塵。生個兒子去做賊……偷來蟠桃獻母親。」

單看前一句「這個婆娘不是人」和「生個兒子去做賊」，不但讓人高興不起來，甚至還像罵人的話，可是再看後面的兩句話「九天仙女下凡塵」和「偷來蟠桃獻母親」，都是在否定基礎上的高度肯定。因為是仙女，當然可以說「不是人」；去做賊也能原諒，因為「偷來蟠桃獻母親」，一片孝心可嘉。

這樣的祝壽詩，一開始就抓住對方的注意力，讓對方的思路猶如蕩秋千，不由得隨之上下，隨之跌宕起伏。先疑惑，再豁然，及至欣然莞爾。

一對戀人進入了熱戀階段，他們在公園裏如醉如癡地親熱後，女朋友忐忑不安地問：「我問你，別瞞著我，你在和我親熱之前，有誰摸過你的頭，揉過你的發，捏過你的頰？」

男朋友說：「啊，這太多了，昨天，就有一個……」女朋友愕然，醋意大發，忙問：「她是誰？」

男朋友說：「理髮師。」

這位男青年故意讓女友吃點小醋，把「有沒有女孩子和你親近過」的概念轉移到「理髮師」身上，一語出口，濃濃的幸福在瞬間昇華，又博得愛人一笑，可謂一舉兩得。

欲擒故縱幽默法能不能取得好的效果，不僅在於一開始「縱」的效果，更關鍵的還在於後面「擒」的水準。如果只是「縱」得成功，而「擒」得吃力，那就完全變了味兒了。所以，後面的在「縱」前一定要有「擒」的把握。

4 故作蠢言的幽默技巧

故作蠢言，就是說有時候要揣著明白裝糊塗，明知荒謬而故意那麼說，我們戲稱這種方法為「裝瘋賣傻」式的幽默。既然是故作蠢言，那就需要有高人一籌的智慧作為背景，其次是要有別具一格的自由心態，這樣才能耐人尋味。

房客對房東說：「我沒法再忍受下去了，屋頂一刻不停地往我房間裏漏水。」

房東反駁說：「您還想怎麼樣？就您那一點點房錢，難道還想漏香檳不成？」

這的確是個很精湛的裝瘋賣傻式的幽默。房客的前提是「不管漏的什麼都有礙於生活。」但是老成的房東故作糊塗，說成是「漏香檳比漏水要好」。

在一些場合，當出現意外時，如果處理不好，會非常尷尬。這個時候，假裝糊塗是一個很好的辦法，既避免了尷尬又維護了對方的面子。對方一開始也許會心生疑竇，雲裏霧裏，但隨著疑問的渙然冰釋，你的真實意圖所帶來的幽默就會如春風般拂過人們的心田。

一個經理測試手下員工的機智程度。他出了一道題目：「假如你無意間把房間推開，看見女客一絲不掛地在沐浴，而她也看見你了，這時候你該怎麼辦？」

第一位答道：「說聲『對不起』，就關門退出。」

第二位答道：「說聲『對不起，小姐』，就關門退出。」

第三位答道：「說聲『對不起，先生』，就關門退出。」

前兩位的回答都不幽默，唯獨第三位的回答很幽默。它妙就妙在假裝沒看清客人的性別，裝瘋賣傻，既保全了客人的面子，又使自己擺脫了尷尬。

普希金年輕的時候並不出名。有一次，他在彼得堡參加一個公爵家的舞會，他邀請一位年輕而漂亮的貴族小姐跳舞，這位小姐傲慢地看了普希金一眼，冷淡地說：「我不能和一個小孩子一起跳舞。」

普希金沒有生氣，略帶驚奇地看著她說：「對不起！我尊敬的女士，我不知道您正懷著孩子。」說完，他很有禮貌地鞠了一躬，然後離開舞廳。剩下那位女士又氣又惱卻不知如何向別人訴苦。

普希金用裝瘋賣傻的辦法巧妙地回擊了無禮的貴族小姐，使自己體面地下了台。類似上面這種突發情況下的假裝糊塗，其實是一種高超的機智應變的手段。

很多時候，這種故作蠢言還能解除雙方之間的緊張情緒，拉近彼此的距離，使氣氛變得輕鬆融洽。

在一次聚會上，卓別林要來了一把蒼蠅拍，追打一隻在他頭上飛的蒼蠅，好幾下都沒有打著。不一會一隻蒼蠅停在他面前了，卓別林舉起了蒼蠅拍，正要給它致命的一擊，忽然停住了手。他仔細看了一會，把蒼蠅拍放下了。人們問他為什麼不打。他聳了聳肩膀說：「這隻不對，這不是剛才纏著我的那一隻。」

這個舉動似乎是很不明智的，挺蠢的，從消滅蒼蠅的衛生角度來講，不管是不是之前糾纏自己的蒼蠅都應該一律消滅掉。但是，卓別林的故作蠢行使得與會者感到與他更平等了，他們與他交談更加自在、更加自由了，幽默的價值就在這裏。

5 超級荒謬的幽默技巧

荒謬性的邏輯可以歸結為一句話，即「無理而妙」，越是幽默，也就越帶純調笑性；純調笑性越強，與某種切合實際的辦法和道理的距離就越遠。反過來說，越是一本正經地把道理講得頭頭是道，也就越不幽默，越不幽默就越可能有某種現實推理的特點；越是有現實的推理性，幽默就越是讓位給機智。

一位守林人在林中將一個狩獵者抓個正著。「你在幹什麼？」守林人聲色俱厲地問道，「這裏是嚴禁狩獵的，我要懲罰你。」

「哦，先生，我並不是來狩獵的，」狩獵者說，「說起來，實在是不幸，我本來想來這裏自殺的。只是因為開槍時手抖得很厲害，不知怎麼，子彈竟誤落到了野鴨身上。」

狩獵者明白自己做了錯事，為爭取守林人的諒解，他採用了溫和、幽默的方式，雖然這個謊話有些荒唐，但如此幽默的解釋讓對方實在難以嚴肅以對。

有個人在市場上買了六隻來自異國的麻雀，準備進獻給本國的國王。按照這個國家的習俗，「七」是最吉利的數字。如果僅送六隻，他擔心國王會不高興，於是他就決定混一隻本國的麻雀進去，湊夠七隻一起獻給國王。國王見到七隻麻雀，果然很高興。

但在他仔細玩賞後，有人提醒他其中有一隻是本國的麻雀，國王大怒:「這是怎麼回事？你故意加入一隻本國的麻雀難道是在諷刺我孤陋寡聞？」那人早有準備，不慌不忙地解釋道:「陛下的眼睛果然厲害，這隻本國的麻雀是其他六隻異國麻雀的隨行翻譯啊！」

國王一聽，雖然他的話有些荒謬，但也理解了他的一片苦心，還是嘉獎了他。

從以上的兩個例子中我們不難看出，荒謬的要點在於違反常規，在於荒唐，可以說，越是荒唐越是能夠達到幽默的效果。

6 轉換視角的幽默技巧

拋棄習慣的欣賞角度，試著從側面，或者是反面來看待一個事物，由於突破了人們的常規思維，違反了正常的邏輯，因而顯得「不正常」，讓人「笑」意叢生。

事情往往是具有兩面性的，但是人們總是常常看到其中的一面，這就是習慣思維的力量。但是，「尺有所短，寸有所長」，就是因為人們看問題的角度發生了轉變的原因。轉換角度，你會發現平淡中的神奇，悲哀中的幸福，枯燥中的幽默。

・紐約一個兒童遊樂園大門口的牌子上寫著:「成年人必須在孩子陪同下，方可進入。」

・柏林一家花店門口寫著:「送幾朵花給你所愛的女人——不要忘了你太太。」「客人們，請把你的歌藏在心底，因為我們的牆壁，並非像你想像的那樣厚實。」

・墨西哥一邊境小城的入口處，懸掛一則醒目的交通告示：「請司機注意：本城一無醫生，二無醫院，三無藥品，車禍後，無法救你。」

可以看出，只要換個角度來勸誡，既充滿樂趣，也更容易讓人接受，比那些枯燥的警示語有意思多了。事實上，生活中許多不好講的事一旦換個角度來說，面貌就會煥然一新，妙趣橫生。

・一對夫婦去百貨商場購物，妻子看上一件白色的兔皮大衣，但擔心它不能適應雨雪水，就問他博學的丈夫：「親愛的，你説這兔皮怕雨雪嗎？」

丈夫一本正經地回答：「我想他不怕，你看過那個兔子下雨時打過傘？」丈夫另闢蹊徑，從另外的角度給予這個問題一個又合理又荒唐的解釋，這一句話把妻子和售貨員都逗笑了。售貨員不住地對這位妻子誇他的先生聰明風趣，妻子也感覺顏面有光。

・有一次，戈巴契夫為準時趕到會場，要求司機開快車。司機既擔心他的安全，又怕違章，只好婉言謝絕。戈巴契夫急了，命令司機與他調換位置，然後親自驅車，疾馳如飛。很快，車就被交警攔住了，警官命令警士將違章者扣留。警士到車前查詢了一下，然後向警官彙報説：

「警官，坐車的是一位要人，恐怕不好查辦。」警官很不滿地問：「那個人是誰？」

「我説不準，警官。不過，他一定是大人物，因為戈巴契夫先生是他的司機。」警士面露難色地説道。

警士的玩笑開得極具水準，如果直言是戈巴契夫開車，那警官必定會很難堪，那與「難道您有膽量扣留戈巴契夫的車嗎」無異，而用這種轉換角度的方式來說則顯得非常風趣，鬆弛了兩人的神經，活躍了氣氛，相信警官對此事就不會再追究了。

轉換視角的關鍵在於打破常規，這是首要的條件，否則，很難做到突破常規，有所建樹。

伏爾泰的咖啡癮很大，一生中喝了數量驚人的咖啡。有個好心人曾告誡他說：「別再喝這種飲料了，這是一種慢性毒藥，你是在慢性自殺！」

「你說得很對，我想它一定是慢性的。」這位年邁的哲學家說，「要不然，為什麼我已經喝了 65 年還沒有死呢？」

幽默的哲學家先肯定了對方善意的提醒，又從另一個角度給出了一個非常合理的解釋，巧妙地表示了勸諫者的好意，又維護自己的習慣，使得一板一眼的勸諫變得輕鬆而愉快。

7 頓跌生趣的幽默技巧

所謂頓跌生趣，就是先將一句完整的話拆開，用前半句故意設下一個圈套和懸念，讓對方產生錯覺，有所期待，把注意力在前半句的含義上固定下來；然後在故意地停頓之後，突然向另一種含義上轉去，讓聽者產生期待的失落。由於語意前後反差強烈，因而產生幽默的效果。

有一次，英國作家柯南道爾在巴黎叫了一輛出租馬車。他先把旅行包扔進了車裏，然後爬了上去，趕車人問道：「柯南道爾先生，您上那兒去？」

「您認識我？」作家非常詫異地問。

「不，從來沒有見過。」

「那您怎麼能一下叫出我的名字呢？」

「這個嗎，」趕車人井井有條地說，「我在報紙上看到你在法國南部度假的消息；看到你是從馬賽開來的一列火車上下來；我注意到你的皮膚膨脹黝黑，這說明你在陽光充足的地方至少待了一個多星期；又從你右手指上的墨水漬來推斷，你一定經常寫作；另外你還具有外科醫生那種敏銳的目光，並穿著英國式樣的服裝……」說到這裏趕車人頓了頓，柯南道爾吃驚地說：「你居然能從所有這些細微的觀察中認出我來，真是太神奇了，你簡直和福爾摩斯不相上下了。」

「當然，還有一個非常重要的事實。」趕車人說。

「什麼事實？」

「旅行包上寫有你的名字。」

聽到這裏，作家和幽默的趕車人都笑了，兩個人間的陌生感也在瞬間消失了，開始了一段巴黎的快樂之旅。正是幽默的運用，使兩個人之間產生了許多溫馨的感覺，並留下較為深刻的印象。

通過這兩個幽默故事，我們應該看出來了，所謂頓跌生趣，說直白些就是我們生活中常說的說話大喘氣。這個大喘氣，就是較長的停頓。而在這個停頓的前後，讓聽者產生了較大的語意突轉，甚至得到了前後截然相反的意思，在前後這種強烈的語意反差中，幽默就自然而然地產生了。

頓跌生趣法多用於相聲、小品等演出場合與生活中的逗笑場合。生活中可運用這種方法進行調侃：

「我是縣長——」停頓，然後接「——派來的。」

有人說：「早晨我害怕鬧鐘響。那鬧鐘一響，我就像中了一顆子彈似的。」

另一個笑道：「嚇得從床上跳起來了吧！」

「沒有，像死人一樣又睡了。」

平時在說這樣的幽默故事時，要停頓適時，述說平穩，加強語義落差，表達起伏跌宕，將笑聲推向極致。

8 轉彎抹角的幽默技巧

轉彎抹角幽默術是指遇到一些難以言傳的情形時，採用與主題毫不相關的一些話語，再巧妙地轉一個彎，與主題發生聯繫以產生幽默的一種方法。

某君從不喜歡外人知道他妻子的年齡。有一天，當他走進一家賀卡專賣店的時候，他問店員：「你們有沒有結婚情人聖誕新年生日紀念卡出售？」「我們這兒有生日卡、結婚卡、情人卡、聖誕卡、賀年卡，但沒有你要的那種什麼……」

某君連忙解釋：「是這樣的，下星期二是我太太結婚十週年後第八個情人節後的第二個耶誕節後的第四個新年後的第二十一個生日。」

真是難為了這位先生，為了自己妻子的真實年齡不讓別人知道，真是煞費苦心，轉了這麼大的一個彎，讓人聽得是一頭霧水。

但是，不可否認，由此也產生了幽默的效果。

當有什麼話是不好直接說出口的，那就可以採用拐彎抹角這個辦法，把難聽的話說得很委婉，既讓人容易接受，也因此有著十足的幽默意味。

一位家長在他兒子的《學生手冊》上看到這麼一條意見：「您的小孩在學習時創造性地使用自己的視覺器官」。

這段話，家長百思不得其解。於是只好打電話請教老師，教師回答說：「哦，這是說他時常抄旁邊同學的作業，並且抄得巧妙。」

老師沒有直接說孩子有抄襲行為，而且拐的彎很大，讓人不解其意，等聽到最後的答案時，壓抑不住的笑也就噴發出來了。

一對熱戀中的男女青年，小夥子因忙於工作總沒有時間陪女友，女友從最初的無奈變成了生氣。一天他到女朋友家去，看到女朋友新買了六隻小雞，女朋友介紹說其中有五隻公雞，一隻母雞，他便奇怪地說：「親愛的，你怎麼買了五隻公的，一隻母的呢？」

女朋友：「這樣小母雞就總是有人陪，不會像我那麼寂寞了。」

小夥子一下明白了女友的用意，趕忙賠不是，並為以後的行動作了承諾。生氣的女朋友並沒有沖男友發火，而是用另外的方式——轉彎抹角地表達了自己的不滿，這種幽默的方法顯然要比發火更容易讓對方接受。

轉彎抹角幽默技巧要取得幽默的效果，在很大程度上取決於所轉的彎與所抹的角和實際情形之間的反差。這含有設置懸念的味道，一開始你的話離你所想表達的意思相距十萬八千里，讓對方摸不著頭腦，強烈地想知道下文，然後你才轉彎抹角地把話題拉近，最後將自己的意思完全表達出來，卻往往與對方所期望的情形有較大的出入，期望與現實產生衝突，幽默也就應運而生了。

9 暗渡陳倉的幽默技巧

暗渡陳倉幽默術就是用表面的做法來吸引對方的注意力，掩人耳目，然後實現自己的真實意圖。由於明暗之間的強烈反差而給人以不和諧的感覺，從而產生強烈的幽默效果。

「明修棧道，暗渡陳倉」是一個人所共知的成語，它來源於這樣一個故事：劉邦滅秦後，被項羽封為漢王。在從關中往漢中去時，他聽從張良的計策，沿途燒毀棧道，以表示無意東歸，麻痹項羽。後來，劉邦又表面上修棧道，卻暗地裏繞道陳倉打回漢中，取得了楚漢戰爭的初步勝利。

這個成語的意思概括起來，就是說：用表面上的一套做法來掩人耳目，暗地裏卻另有打算。表面上的做法必須做得真，才能吸引對方，才能讓對方信以為真，這樣才能實現暗地裏的真正打算。這種手法使用在幽默中，就會因為明與暗之間的反差而給人以不和諧的感覺，從而產生強烈的幽默效果。

病人臨終前曾向吝嗇鬼借了3萬元。病人剛咽氣，吝嗇鬼便趕來弔唁。

他安慰死者的兒子說：

「孩子，不必過於悲傷，無論是卑微者還是至高無上的偉大人物，誰也免不了要走這一遭……拿破崙到那兒去了？希特勒到那兒去了？亞歷山大大帝到那兒去了？你爸爸生前借我的3萬元又到那兒去了？」

吝嗇鬼自然是怕人去財空，自己借出去的錢沒了著落，想急於提醒死者的兒子還錢的事情。但是，他也知道人剛去世，家人還沉浸在悲痛中，此時如果正面提出來必然讓人反感，可是不提出來又不是他的本性，於是，他巧妙地利用弔唁玩了一次明修棧道，暗渡陳倉的把戲：他假惺惺地來弔唁死者，並且勸慰死者的兒子「要節哀順變，人都是會有一死的，不必過於難過」，所以他舉出了拿破崙、希特勒、亞歷山大大帝這些知名的人物來證明自己的話。但事實上，他的用意並不在此，這些都只是他明著修的棧道，他的真實意圖是提醒死者兒子他的父親欠自己的錢還沒有還。吝嗇鬼先使用明修棧道的方法掩人耳目，接著暗渡陳倉，落到了自己的真實意圖上：「你爸爸生前借我的錢又到那兒去了？」

吝嗇鬼玩得可謂高明，既弔唁了對方，安慰了死者的兒子，又實現了自己要賬的目的，可謂一舉兩得。從旁人的角度看來，吝嗇鬼的辦法充滿著幽默，讓人真是哭笑不得。

由此，我們看到，「明修棧道，暗渡陳倉」幽默術的關鍵在於「修棧道」，讓對方不明白你的真實意圖，產生欺騙性，這樣你才能順利地「暗渡陳倉」，實現目的。「修棧道」的目的就是迷惑對方，做得越像，對方越容易上當，你就越能輕易地「暗渡陳倉」。

10 吹牛也要打草稿

自我吹噓是人們所厭惡的，但是一句兼具自我宣傳和自我炫耀的話，如果還具有適度的幽默感，就能避免引起反感，並讓人愉快地接受。

韓國三星集團主席李健熙在號召全體員工趕超新力時說:「除了老婆、孩子不變，一切都要改變！」

日本羅德企業集團在韓國的休閒購物據點——羅德廣場落成時，其企業總裁重光武雄就說了一句頗幽默的話：

「除了葬儀社外，我們應有盡有。」

日本百貨業界的巨人，丸井百貨公司在推出可以簽賬購買任何東西的「綠色簽賬卡」時，有一句很幽默的自誇詞：

「除了愛人之外，什麼東西都賣給你。」

以下的幾則幽默笑話，就是這種以吹牛的方式來誇耀自己的佳作。美國職業棒球界的某選手曾誇耀自己的跑步速度說：

「我若告訴你我能跑得多快，您恐怕嚇死哦！只要我打出全壘打時，觀眾還沒聽到球棒打到球的聲音，我人可能已經一壘了。」——這麼說來它的速度簡直就是超音速了嘛！

・有位超級大富翁，乘坐私人直升機到美國佛羅里達州度假。當他的直升機降落在飯店頂樓後，有十數人的服務生開始為他搬運行李。可是，有位服務生髮現行李中竟然有滑雪板，於是就向那位富翁說：

「對不起，這裏是佛羅里達呀！這裏是不下雪的。」可是富翁卻很不在乎地回答說：

「沒關係！雪會和下一批行李一起運來。」

・有位蘇格蘭人招待一位來蘇格蘭訪問的美國人到山中遊玩。這位蘇格蘭人就對著山谷大聲呼喊，結果其回音過了五分鐘後才傳回來。於是他就對那位美國人說：

「你看，這很了不起吧！在貴國可能找不到如此大規模的山谷回音吧！」蘇格蘭人很得意地說。可是那位美國人卻一點也不驚奇地回答說：「哦！不，這也不怎麼稀奇，我在落磯山中露營時，晚上睡覺前，我在帳篷外大喊一句『起床了，天亮了！』於是隔天早上這句話的回音剛好傳回來把我叫起來。」

附錄　廣告妙語

眼藥水廣告：滴後請將眼球轉動數次，以便藥水佈滿全球。

花店廣告：送幾朵花給你最愛的人，但不要忘了你的妻子。

香水廣告：本品最能吸引異性，故隨本品奉送自衛教材一份。

餐館廣告：請來本店就餐吧！不然你我都要挨餓了。

冷氣機廣告：本品在世界各地的維修工是最寂寞的。

理髮店廣告：雖為毫髮技藝，卻是項上功夫。

美容院廣告：請不要向本店出來的女子調情，她也許就是你的祖母。

11 氣定神閑的幽默

所謂氣定神閑，是指製造幽默時要不露痕跡、「淡淡地」，這正是幽默的最高境界，如同會說笑話的人，往往自己面無表情、毫無笑意，卻冷不防地說出叫人前仰後合的話。

有一個人詰問競選對手：「你一無所長，到底有那樣比我強？」

競選對手只是淡淡一笑：「我實在跟閣下差不多，閣下的優點，我全有！我的缺點，閣下也都具備！」這句話，若不是聰明人，還眞難會意，它的妙處是表示「我的優點，等於或大於閣下！閣下的缺點，等於或大於我！」

當記者採訪甘迺迪總統是如何在二次大戰時成為英雄的。「由不得我，」他回答說：「是日本人炸沉了我們的船。」

有一位年輕人新近加入某公司的行列，同事向他介紹老闆。「這位是傑利，我們的董事長。」這位同事然後打趣道：「他生來就是個領導人物——公司老闆的兒子。」他們三人都哈哈大笑了。

幽默力量使得這位老闆人性化，但未損及他的自尊。他以笑來證明他也能以輕鬆的態度來看自己的地位。

12 輕描淡寫的幽默

幽默不像小說那樣，有完整的結構，曲折的情節；也不像喜劇那樣有著激烈的矛盾衝突。它多是三言兩語，輕描淡寫，隨意道來。儘管如此，在一笑之餘卻又讓人感到它的底蘊，因為幽默是對事物深刻理解後的抽象，具有一種特殊的穿透力。

有一次，亨利四世出巡，路過一村莊。吃午飯時，他派人找來一放蕩漢作陪。「坐在我對面！」亨利四世說，「我們共進午餐。你叫什麼名字？」

「陛下，我叫放蕩漢。」鄉下佬一面回答，一面在國王對面坐了下來。

「哦！哦！放蕩漢，這個名字太妙了……老夥計，你能告訴我放蕩和淫蕩的區別嗎？」

「陛下，」農夫答道，「它們之間僅僅隔了一張桌子。」

農夫的回答雖然直接明瞭，卻達到了很好的幽默效果。

有人問邱吉爾：「做一個政治家應具備什麼條件？」

邱吉爾回答：「政治家要能預言明天、下個月、明年即將發生的一些事情。」

又問：「假如到時候預言的事情沒有實現或發生，那怎麼辦呢？」

邱吉爾說：「那就要說出一個理由來。」

要說出「做一個政治家應具備什麼條件」，絕非三言兩語就能夠說清楚：邱吉爾的成功之處就在於，用最簡單的語言說出了非常複雜的道理。幽默正是這樣，需要有「片言明百句，坐地馳萬里」的廣度。從接受者的角度來說，很少有人能夠耐心去聽別人的長篇大論。

13 出乎意外的幽默

幽默之魅力往往在於出人意外，與聽者心中所想的情況相差甚遠，讓聽者有一種「受騙」的感覺。每當幽默者在結束他的故事時，人們就會這樣想：我怎麼沒想到會是這樣呢？這樣幽默就成功了。

丹妮太太：「瓊斯，聽說你同你丈夫離婚了，只用了一個星期就把所有手續辦好了。你一定付給律師很多錢吧！」

瓊斯：「一個子兒也沒付。」

丹妮太太：「為什麼？」

瓊斯：「那律師已成為我的未婚夫了。」

有幾個人在一起討論世界上誰最怕老婆。當然誰也不能把世界上所有「怕老婆」的人集中起來進行「評比」，這個問題的結論是什麼呢？一般人恐怕難以想到，答案竟是「太監最怕老婆」。人們都知道，太監是不娶老婆的，那麼答案為什麼是太監呢？直到這時，幽默者亮出「底牌」：正因為太監怕老婆，所以他們才自殘不娶老婆。

一段好的幽默一般都具有「出其不意」的效果。試想，如果你在講述一個故事的時候，一開始人們就知道了後面的結果，誰還有興趣聽下去呢？

• 有三個人到紐約度假。他們在一座高層賓館的第 45 層訂了一個套房。一天晚上，大樓電梯出現故障，服務員安排他們在大廳過夜。

他們商量後，決定徒步走回房間，並約定輪流說笑話、唱歌和講故事，以減輕登樓的勞累。

笑話講了，歌也唱了，好不容易爬到第 34 層，大家都感覺精疲力竭。「好吧，彼德，你來講個幽默故事吧。」

彼德說：「故事不長，卻令人傷心至極——我把房間的鑰匙忘在大廳了。」

• 一個美貌的姑娘獨自坐在酒吧裏，一位青年男子走過去問：「這兒還有人坐嗎？」

「什麼？去阿芙達旅館？」姑娘大聲地喊道。

「不，不，你弄錯了，我只是問這兒還有人坐嗎？」

「您說現在就去？」她尖叫著，比剛才更加激動。青年男子被弄得狼狽極了，紅著臉坐到另一張桌子上。顧客們投來輕蔑的目光。

過了一會兒，年輕姑娘走到他的桌邊，輕聲說道：「對不起，我只是想看看您對意外情況的反應。」

這回輪到青年男子大叫起來：「什麼？要一百美元？」

• 一位夫人打電話給建築師，說每當火車經過時，她的睡床就會搖動。「這簡直是無稽之談！」建築師回答說，「我來看看。」

建築師到達後，夫人建議他躺在床上，體會一下火車經過時的感覺。

建築師剛上床躺下，夫人的丈夫回來了。他見此情形，便厲聲喝問：「您躺在我妻子的床上幹什麼？」

建築師戰戰兢兢地回答：「我說是在等火車，你會相信嗎？」

・一位中年紳士在軟體市場溜達時，一個古怪女人走近了他。

「這位老哥，我們有非常精彩的毛片，您想不想買？如果您有興趣的話，我會給您優惠。」

這麼一來，中年紳士木然回答她：

「你打錯算盤了！我是婦產科醫生呢！」

14 幽默口才彰顯個人魅力

幽默的特徵之一是溫和親切、富有人情味。

巴頓將軍由於職業和性格的關係，他對自己家庭的內部管理，也採取了準軍事化的模式，凸顯了他的做事風格。

兒子的臥室寫的是「男兵宿舍」；女兒的臥室寫的是「女兵宿舍」；客廳寫著「會議室」；廚房寫著「食堂」。

那麼，他們夫妻的臥室應該掛上一塊「司令部」的牌子吧！可是沒有。那上面寫的是──「新兵培訓中心」。

幽默能帶給你意想不到的吸引力。你總是可以在幽默中發現睿智的光芒。思路清晰、反應敏捷、妙語驚人是具有幽默感的人的共同特徵，他們總是可以從容地面對各種紛繁的場合。下面的關於競選的故事，展現了具有幽默感的人是怎樣用其獨特的魅力來保護自己的。

15 幽默口才展示你的知識和品位

幽默的談吐是表達自己友善態度的必勝法寶，它能放鬆談話對象的拘謹心情，打破現場氣氛的緊張沉悶，為你樹立一個有品位的形象。美國第 35 任總統約翰·菲茨傑拉德·甘迺迪就是一位善於用幽默表現自己品位的人。

·1962 年，甘迺迪總統偕夫人賈桂琳前往法國訪問。在訪問行程中，甘迺迪及其夫人多次被要求介紹自己，同時發表對法國之行的看法。

在夏樂宮的記者招待會上，甘迺迪再次被問到類似的問題，這一次他沒再用官方的口吻回答記者的問題，而是笑著說：「本人是陪同賈桂琳·甘迺迪到巴黎來的男士，為此，我感到很榮幸。」

·20 世紀 50 年代初，美國第 33 任總統杜魯門有一次會見麥克亞瑟將軍。麥克亞瑟自恃戰功赫赫，非常傲慢。會見中，麥克亞瑟毫無顧忌地拿出煙斗，裝上煙絲，取出火柴，在他準備點燃煙絲的時候，才停下來，向總統問道：「你不介意我抽煙吧？」

很明顯，麥克亞瑟不是眞心向杜魯門徵求意見的，但如果杜魯門阻止他的話，就會顯得粗魯，所以杜魯門只是看了一眼麥克亞瑟，說：「抽吧，將軍，別人噴到我臉上的煙霧，要比噴在任何一個美國人臉上的都多。」

杜魯門這句話軟中帶硬，既委婉地指出了麥克亞瑟的無禮，又沒有損傷自己的風度。杜魯門說完這句話之後，就只剩下麥克亞瑟難堪了，這次教訓也讓傲慢的麥克亞瑟收斂了很多。

值得注意的是，這樣的幽默方式僅適用於上級對下級的言語中。如果反過來用，則有可能讓上級覺得下級把自己擺在與其平起平坐的位置，甚至有看不起自己之感，那這樣效果就可能適得其反了。

16 幽默口才增加你的影響力

這世上還有什麼比歡笑更能感染人的呢？只要你掌握了給人帶來快樂的方法，你也就更容易獲得人們的接受和肯定，成為一個社交場上有影響力的人。

「百萬富翁的創造者」拿破崙・希爾曾經說過：「如果你是個幽默的人，那麼你就會輕而易舉地去影響你週圍的人，讓他們永遠喜歡你；如果你是個悲憤的人，即使你身邊充滿了歡樂的海洋，你也會看不到的。」在這個忙碌的社會，沒有誰不願意和能給自己帶來快樂的人在一起，能帶給別人歡笑的人是最受歡迎的人，也是最有影響力的人。

幽默是讓自己獲得別人尊敬與愛戴的法寶，也是展現自己親和力的絕佳舞台。

樂觀和幽默是與人建立良好關係的催化劑，能帶給別人快樂的人就更容易被大家所接受和肯定。

美國著名幽默大師馬克·吐溫有一次到一個小城演講。在演講前，他來到一家理髮店準備打理一下儀容。健談的理髮師沒有認出他，就對他熱情地介紹起這個小城來，還告訴他當天晚上小城中有一場馬克·吐溫的演講，並詢問他有沒有搶到門票。

「還沒有買票，」馬克·吐溫微笑著說。「唉！」理髮師聽後遺憾地說：「馬克·吐溫的演講從來都不會有空位的，您就只好從頭到尾站著了。」馬克·吐溫微笑著接道：「馬克·吐溫一演講，我就只能永遠站著。」

如果馬克·吐溫直接揭示自己的身份，那麼這位理髮師一定會因為自己的一席話而窘迫不已。這位世界頂級的文學大師善解人意地用一句妙語委婉地表達了自己就是馬克·吐溫，既沒有終止這場愉悅的談話，又保全了理髮師的面子。

雖然不知道那位可愛的理髮師當下有沒有聽出來自己服務的那個人就是當晚要舉行演講的馬克·吐溫，但即便沒有，他也會在看到報紙和海報之後恍然大悟。馬克·吐溫的親切、隨和當然也會讓人們對他敬愛有加。

俄羅斯鋼琴家安東·魯賓斯坦也是這樣一位善用幽默的藝術家。在某次獨奏會上，魯賓斯坦因為有事沒有提前進場，在大廳門口被現場的工作人員攔了下來。工作人員要求他出示門票並嚴厲地表示：門票早已被搶購一空，大廳裏面已經沒有空位了！「沒有空位了嗎？」魯賓斯坦笑著接道，「那我坐在鋼琴前面可以嗎？」

魯賓斯坦的話很明顯是在提醒工作人員，自己並非聽眾而是演奏者。與直接點出自己身份的方式不同，讓對方自覺意識到其身份的做法給這位工作人員留足了面子，也保全了他嚴肅的工作形象。就這樣簡單的一段對話，將魯賓斯坦的度量和體貼表現得淋漓盡致。

摘取歐美陵園裏墓碑上寫的幾則令人莞爾的墓誌銘權作欣賞：

在英國約克郡，牙醫約翰的墓碑上寫道：「我這一輩子都在忙著為人們填補蛀牙，現在這個墓穴得由我自己填進去啦！」

在美國佛蒙特州安諾斯堡的墓園裏，有一塊墓碑上寫著：「這裏躺著我們的安娜，她是被一根香蕉害死的；錯不在水果本身，而是有人亂丟香蕉皮。」

還有一對夫婦為出生兩週便夭折的孩子撰寫的墓誌銘頗令人回味：「他來到這世上，四處看了看，不太滿意，就回去了。」

這就是幽默：一種對世事的雍容大度，一種對人生的豁達感悟。

17 運用幽默口才一語驚人

在一次電視節目中，主持人向一位女作家問了這樣一個問題：「一個女人要婚姻持久，你認為什麼是最重要的？」

「一個耐久的丈夫。」女作家隨口答道。

那位主持人提出的問題不是一兩句話就能說清楚的，但女作家又不能不回答，為了避免過多的糾纏，女作家以「一個耐久的丈夫」做答，既幽默、簡潔，又發人深省，可謂「一語驚人」。其實，生活是個很大的舞台，在這個大舞台的很多場景裏我們都能看到各種各樣的人演出一幕幕「一語驚人」的劇碼，女作家可以成為主角，小女孩也可以。

在蕭伯納訪問蘇聯期間，一天早晨，他照例外出散步，一位極可愛的小姑娘迎面而來。蕭伯納童心未泯，同她玩了許久。臨別時，他把頭一揚，對小姑娘說：「別忘了回去告訴你的媽媽，就說今天同你玩的可是世界上有名的蕭伯納！」蕭伯納暗想：當小姑娘知道自己偶然間竟會遇到一位世界大文豪時，一定會驚喜萬分。

「您就是蕭伯納？」

「怎麼，難道我不像嗎？」

「可是，您怎麼會自己說自己了不起呢？請您回去後也告訴您的媽媽，就說今天同您玩的是一位蘇聯小姑娘！」

上面的故事中，蘇聯小姑娘不但「一語驚人」,「驚」的還是一個偉大的人物。她聰明幽默地展示了人人平等、自尊自信等值得讚揚的信念，從而一語驚醒了表現得有些驕傲的蕭伯納。

「能告訴我，你為什麼要從手術室跑出來嗎？」醫院負責人問一個萬分緊張的病人。

「那位護士說：『勇敢點，闌尾炎手術其實很簡單！』」

「難道這句話說得不對嗎？她是在安慰你呀。」負責人笑著對病人說。

「啊，不，這句話是對那個準備給我動手術的大夫說的！」

病人幽默地畫龍點睛，鮮明地表達出自己對醫生手術水準的懷疑。本來一個不容易啟口的事情，被他用幽默含蓄地表達清楚了。

雅典的首席執政官聽說哲學家保塞尼亞斯是一個能言善辯的人。這天，他派人把保塞尼亞斯找到貴族會議上來，對他說：

「貴族會議的成員們每個人都有一個問題要問你，你能不能用一句話來回答他們所有的問題？」

保塞尼亞斯不假思考地說：

「那要看看都是些什麼問題了。」

議員接連不斷地提出了幾十個不同的問題。當問題提完後，保塞尼亞斯還是不假思索地回答：「我全都不知道！」說完，他轉身走出了貴族會議大廳。

上面這個幽默屬於善辯一類，善辯所表現出的常常是說話者的聰明智慧，敢於或者勇於表現自己。保塞尼亞斯就很好地表現出了自己遊刃有餘、揮灑自如的語言駕馭能力。

18 幽默是個人活力的重要因素

一個具有高度幽默感的人，他的生活是多姿多彩的。一個具有高度幽默感的人，除了多方面的能力外，表現出來的還有充沛的活力和堅忍的意志。

愛迪生除了是科學家、發明家外，還是個商人。由於他的發明，我們才能有很多的現代電氣設備。這些還只是他充沛的活力貢獻給人類的一小部份創造。更耐人尋味的是愛迪生是一個世人皆知的幽默家。他小時候依靠幽默來應付困苦的生活，在火車上兜售糖果、點心和報紙。

有一次火車上的管理員不耐煩地扯了他的耳朵，使他的耳朵聾了。但是他後來說：「謝謝那位先生，他終於使我清靜下來，不必堵著耳朵去搞實驗了。」

具有幽默感的人，往往具有很大的創造力。

幽默可以使我們不失掉這些機會，至少是不會全部失掉這些機會。有人要求愛因斯坦解釋他的相對論。當時，相對論還鮮為人知，愛因斯坦很為人們的漠視而苦惱。於是他這麼回答：

「如果你和漂亮的女孩子在一起坐了一個小時，感覺上好像才過了一分鐘；如果你坐在熱爐子旁邊一分鐘，就好像過了一個多小時。那麼，這就是相對論！」

沒有解釋艱深的理論，沒有訴說創造過程中的種種困難，但是他以極通俗的話來表達他的偉大發現。這句話本身就創造了一個讓人們對相對論產生興趣的契機。

女友到居里夫人家做客，忽見她的小女兒正拿著英國皇家協會剛獎給她的一枚金質獎章玩，不禁一驚，忙問居里夫人：「這樣一枚象徵極高榮譽的獎章，你怎麼能給孩子玩呢？」居里夫人卻笑了笑說：「我是想讓孩子們從小就知道，榮譽就像玩具，只能玩玩而已，絕對不能永遠守著它，否則將一事無成。」

這正體現出一個人要永遠充滿活力，就必須不斷地前行，居里夫人幽默的話語正體現了這個觀點。

19 幽默者總能贏得他人好感

卡爾曾經擔任過美國電話電報公司的最高行政領導。在他任職期間，有一次主持股東會議，人們對他提出了許多質問、批評和抱怨，會議氣氛頗為緊張。其中有一位女士不斷提出質疑，說公司在慈善事業方面的投資太少了。

她厲聲問：「去年一年中，公司在這方面花了多少錢？」卡爾說出一個幾百萬元的數字。

「我想我快要暈倒了！」她說。

卡爾面不改色地解下自己的手錶和領帶，放在桌上，說：「在你暈倒之前，請接受這筆投資。」

在場的大多數股東笑了起來。

20 幽默的話語更能與人溝通

大科學家愛因斯坦非常欽佩幽默大師卓別林。一次，他在給卓別林的信中寫道：「你的電影《摩登時代》，世界上每個人都能看懂，你一定會成為一個偉人。」

卓別林回信說：「我更欽佩你，你的相對論世界上沒有人懂，但你已經成為一個偉人了。」

愛因斯坦的信中除了對卓別林的誇讚，還暗含譏笑《摩登時代》寓意過於簡單，「每個人都能看懂」的意思；卓別林也不甘示弱，巧妙地順著來信的「讚美語」，自然得體地反過來回敬了對方。想必愛因斯坦看到回信時，一邊忍俊不禁，一邊沉浸在兩人之間美妙的友誼中。

一次，德國詩人海涅收到一位友人的來信。拆開信封，裏面是厚厚的一遝白紙，一張一張緊緊包著。他不耐煩地拆開一張又一張，一直拆了十幾張，總算看到最裏面的一張很小的信紙，上面鄭重其事地寫著一句話：「親愛的海涅：最近我身體很好，胃口大開，請君勿念。你的朋友路易。」

過了幾天，這個叫路易的朋友收到了海涅寄來的一個很大很沉的包裹。他不得不叫人幫忙才把包裹抬進屋裏，打開一看，竟是一塊大石頭，上附一張卡片，寫著：

「親愛的路易：得知你身體很好，我心上的石頭終於落了下來。今天特地寄上，望留作紀念。」

這肯定會成為路易一生中最難忘的一封來信。他給海涅的信實在是虛張聲勢，小題大做，海涅的回信機智地以大石頭比喻對朋友身體的擔憂，以「石頭落地」表示收信後的放心和輕鬆，絕對形象真切，只是看這樣一封信也太耗費體力了。路易在感受到朋友的熱情和友愛之外，還會悟到一點別的什麼。

21 幽默勝於握手

某人赴宴遲到，匆忙入座後，發現烤乳豬就在他座位面前，於是高興地說：「還算好，我坐在乳豬的旁邊。」話剛出口，他卻發現身旁坐著一位胖女士，正對他怒目而視，便急忙賠著笑臉說：「對不起，我是說那只燒好了的。」

他失誤有兩點：一是說話不注意語言所指與交際環境的協調性；二是語言表達缺乏明晰性。他的兩句話都有歧義，如果說前一句可以做兩可解釋的話，那後一句就是明確說對方是「沒有烤好的乳豬」了。這兩句話都會使現場氣氛非常緊張，還可能引發更激烈的爭吵。其實那位先生絕對不會有意攻擊對方，所以，如果那位「胖女士」對前一句話不是「怒目而視」，而是能夠幽默地加以對待，甚至回敬他一句「難道你不怕也被烤熟了嗎」，就會緩和當時的緊張氣氛，也會使「某人」及時認識自己說錯了話，就不會再犯第二個錯誤了。

總之，人際交往中，能夠靈活機動，適時適地地運用幽默不僅能化解尷尬和緊張的氣氛，還能為你贏得更加廣泛的人脈。

心得欄 ------------------------------------

第十一章

擊中人心的幽默口才

大道理無處不在，但大道理因其說教性，往往讓人望而生畏。相反，寓理於小幽默中，卻往往容易引起共鳴，而讓人更易接受。如果習慣於說教，不妨換種方式，來點幽默去說服他人。在交往中，多用些幽默語言，可以在平和的氣氛中達到說服他人的目的。

1 小幽默更勝大道理

生活中，我們常常會碰到一些人在我們面前不停抱怨，這時我們常常會給對方講一些道理，幫助對方排解心中鬱悶。有時候，我們會幫助對方調整好心緒，但有時候對方卻可能會因為我們的勸慰而更加煩躁，更有怨氣。我們能否說服他人的關鍵是，對方是否能靜下心來聽我們提出的意見或建議。

一個諱疾忌醫的人患了急性盲腸炎，不得不住進醫院，但他頑固地反對手術。他理直氣壯地說：「既然上帝把盲腸放在這裏，那一定有他的道理的。」

「當然，當然，」醫生禮貌地回答說，「上帝給你盲腸，就是讓我能夠把它拿出來啊！」病人一聽，不禁笑了起來，然後欣然接受了手術治療。

醫生面對頑固的病人，如果態度惡劣，不但解決不了問題，還會使病人情緒激動，更加不利於手術。面對這位頑固的患者，這位聰明的醫生只是幽默地順著病人的問題，給出了一個讓人意想不到的答案，就讓病人乖乖地和醫生合作了。小小的幽默，力量的確很大。

有位夏先生住在平房裏，一下雨房子就漏，雖然多次向上級反映，一直也沒有得到解決。

有一次，上級單位前來慰問，上級問：「你家房子漏不漏？」

夏先生乘機說：「還行，也不是天天漏，只是在下雨的時候才漏！」一個月之後，夏先生的房子就修好了。

以幽默的方式來表情達意，這是最高明的解決問題的辦法，也是溝通的一個重要途徑。因為它委婉含蓄，雖然沒有說明自己的意思，但是已經在笑聲中友好地向對方表明了自己的意思。

2 幽默的語言讓說服更有力

一位女子由於太貪吃而消化不良，身材肥胖。去看醫生時，她詢問醫生：「醫生，開點什麼藥好呢？」除了開健胃消食的藥之外，醫生故作神秘地說：「我還有一劑保准管用的名藥，你想知道是什麼嗎？」女子很高興地問：「當然了，是什麼？」醫生回答說：「饑餓。」女子會意地笑了。

醫生顧慮到這位女子的自尊，故意避開「肥胖」二字，把饑餓比作治病的良藥，暗示她有點胖了，並婉轉地勸她少吃東西。很明顯，這種提建議的方式比直接批評對方的身材更容易被接受。

這種看似「顧左右而言他」的說服方式可以在儘量顧全對方面子的同時發揮勸說的功能，以達成勸服目的。這種幽默的勸服能夠讓當事人的心理較為平衡，更加容易接受自身的缺點並加以改正。

3 用幽默的方式說服上司

下屬需要向上司提建議時，可以通過幽默的方法，把建議表述得含蓄委婉，從而使自己處在進可攻、退可守的位置。

一位將軍在早上去視察士兵的時候，順便詢問了一下士兵們的早餐狀況。大部份士兵都含糊其辭地對他說「還行」「可以」，只有一位士兵很滿足地說：「半片蜜西瓜、一個鷄蛋、一碟臘肉、一碗麥片粥、兩個夾肉卷餅、三塊蛋糕，長官。」

將軍聽了之後，滿是疑惑地說：「這都快趕上國王的早餐了！」這位士兵畢恭畢敬地回答：「長官，很遺憾，這是我在外面餐館吃的。」

這次視察之後，將軍馬上下令改善士兵的伙食。

這是一位很善於迂迴表達對軍中伙食不滿的士兵，他的幽默俏皮的語言既可讓長官一下子就明白了士兵想要的伙食標準，又可讓長官很容易接受自己的想法。一個小小的幽默就是這樣奇妙。

4 運用幽默勸導他人

社交場合中，如果你對他人的說服不能直接表述時，不妨採取曲折暗示的方法。以間接暗示的幽默方法，能促使對方頓悟，這種拐彎抹角的方法比一吐無餘更能表達你的意見，並避免激化雙方的矛盾。

馬克·吐溫坐火車出行，查票時，他遞給列車員一張兒童票。

列車員故意仔細打量著馬克·吐溫，說：「真是看不出來，你還是個孩子。」

馬克·吐溫說：「你千萬不要這麼說，我現在已經是大人了，但是在買火車票時，我還是孩子。」

運用幽默曲折地進行解釋，是一種輕鬆、調侃的態度，能夠產生「言在此而意在彼」的效果，表現自己想要表達的意思。

朋克是一位愛好旅遊的人。有一天，他來到一個陌生的城市，因為已到晚間，就走進一家小旅館準備休息。

朋克問旅館的老闆：「一個供應早餐的單間需要多少錢？」

旅館老闆回答：「不同樓層的房間有不同的價格。」

朋克說：「那就請你詳細地介紹一下吧！」

老闆說：「五樓的是 7 美元一天，四樓的是 8 美元一天，三樓的是 10 美元一天，二樓的是 15 美元一天。」

朋克聽完之後，拿起箱子轉身就要走。旅館老闆見他要走，連忙問道：「先生，你覺得價錢太高了嗎？」

朋克微笑著回答道：「噢，不是這樣的，我只是覺得你的價格太低而已。」

雖然朋克沒有直率地回答對方，但他言談的力度並未因此而減弱，而且立場明確，大有綿裏藏針之勢。由於他借用了老闆言語當中的「價格太高」而反用其意，從而暗示了自己的真正意圖。

一個酒店裏來了一位客人要酒喝。客人品嘗了一口，便大聲叫道：「哎呀，好酸！」

酒店老闆聽了，非常生氣，叫人把客人綁在了柱子上。

這時又來了一位客人，他很奇怪地問老闆為什麼綁人。酒店老闆說：「我的酒明明是香甜可口的，這傢伙卻說是酸的！要不然，你來嘗嘗！」

這位客人剛嘗了一口，就皺著眉對酒店老闆說：「你把他鬆開，把我綁起來吧！」

後一位客人雖然沒有直接說酒店的酒是酸的，但是他用含蓄風趣的話語向老闆巧妙地表達了酒的確是酸的這一事實。可見，用含蓄的幽默，可以避開正面的衝突，有利於緩和雙方的矛盾。

有一位老人向所居住社區的管理員反映樓上的小夥子生性好動，晚上也不閑著，他在樓下睡不好。直接去找，又怕小夥子不高興。

社區管理員就在一次和小夥子閒談時講了一則笑話暗示他：有個老頭老失眠，每晚都很難入睡，而樓上住了一個經常上晚班的小夥子。小夥子每天下班回家，雙腳一甩，鞋子「噔」「噔」兩下，重重地落在地板上，每次都將很不容易才入睡的老頭驚醒。老頭提了意見，當晚小夥子下班回來，習慣性地甩出了一隻鞋，剛甩出第一隻鞋後，他意識到不應當，便輕輕地脫下了第二隻鞋。第二天一早，老頭埋怨小夥子說：「你一次將兩隻鞋甩下，我還可以重新入睡，你留下一隻沒有甩，害得我等你甩第二隻鞋等了一整夜吶！」

管理員的笑話才說完，小夥子就明白笑話是有所指的，意識到自己的不足之處。

管理員用這種方法巧妙地暗示小夥子，取得的效果遠比直接告訴他，晚上回來動作輕一點兒，不要打擾別人休息要好得多。

5 曲意表達，點到為止

曲意表達是不把所有的意思和盤托出，而是把本來可以直說的話，故意含蓄地表達出來，使別人易於接受。

一般說來，爭辯中佔有明顯優勢的一方，千萬別把話說得過死過硬，即使對方全錯，也最好以曲意表達之言暗示他，使對方認錯道歉，從而體面地結束無益的爭論。

一位顧客在一家餐館就餐時，發現湯裏有一隻蒼蠅，不由得大動肝火。他先質問服務員，對方全然不理。後來他親自找到餐館老闆，提出抗議：「這一碗湯究竟是給蒼蠅的還是給我的，請解釋。」那老闆只顧訓斥服務員，也不理睬他的抗議。他只得暗示老闆：「對不起，請您告訴我，我該怎樣對這隻蒼蠅的侵權行為進行起訴呢？」那老闆這才意識到自己錯了，忙換來一碗湯，謙恭地說：「您是我們這裏最尊貴的客人！」

這個顧客借用所謂蒼蠅侵權的類比之言暗示對方：「只要道歉，我就饒恕你。」這比直接的抗議還要有效，也易於被別人接受。

要想說服成功，除了用理、用情之外，還要求方法要正確、巧妙，絲絲入扣、娓娓道來，更能深入人心。

6 含蓄的幽默讓你更顯睿智

觀點的表達可以直接，可以婉轉。直接表達直率坦誠，含蓄表達則更顯出做人的藝術與靈活感。含蓄之美，在於有所保留，在於給人留有思考和反省的餘地。含蓄的表達猶如一杯清茶，越多品幾次，越能體味個中滋味。

一位母親有兩個兒子。一天，用餐時，剛吃了一口菜的小兒子就撅著嘴說：「媽媽，好苦！」母親很生氣地說：「那你就別吃菜了，只喝湯就行了。」

大兒子看到了，便問弟弟為什麼只喝湯不吃菜。母親回答：「我的廚藝這麼好，他偏說菜是苦的，你說該不該罰？」大兒子嘗了一口，便自覺地端起了湯碗：「我也只喝湯吧！」

母親頓時一愣，繼而會心一笑。

大兒子「自我懲罰」的舉動實際上已經含蓄地表明瞭自己的看法，讓母親也感覺到自己廚藝有待提高，而不是孩子們故意找茬。這樣幽默的話語不但可以讓母親很容易接受，還可以讓母親會心地笑起來，何樂而不為呢？

兩位年輕作家在一起聊天。

甲炫耀自己文思如泉湧，說：「我經常半夜靈感大發，一寫就是半宿，然後就一直失眠。你知道怎麼解決這個問題嗎？」

乙：「你不妨看看自己寫的文章，肯定一會兒就睡著了。」

身為朋友，乙不方便直接批評甲的文章寫得不好，就利用看他的文章會睡著的回答，曲意表達其看法——你的文章寫得很差，具有催眠效果。由於觀點表達巧妙，並不會讓對方心生不快，也更易讓對方看出顧及他顏面的苦心。

7 幽默地批評下屬更有效

上司對下屬提出的批評不能是隨意而為的，適時、適度地帶有幽默元素的批評會顯得溫馨而易於讓人接受，這不只能讓下屬認識到自己的問題所在，還可以對其工作產生積極的激勵作用。

有一次，某公司的一個職員以參加其祖母的喪禮為由請了一天的假，結果此事被其上司撞破了。

等這位職員回到公司之後，上司問他：「你相信人會死而復生嗎？」還沒有反應過來的職員沒有怎麼思索就答道：「當然相信。」

「這就對了，」上司微笑著說，「昨天你請假去參加祖母的喪禮，今天她就來看望你了。」

8 「難言」之時用幽默

一天，有個調皮的小男孩來到村口的理髮店，要求理髮師為他刮鬍子。

理髮師請他在椅子上坐下來，並在他臉上塗了肥皂水，便去跟別人閒聊去了。

小男孩等得不耐煩了，叫了起來：「理髮師，你什麼時候才替我刮鬍子？」

「我在等你的鬍子長出來呢！」理髮師答道。

上面這個故事中，理髮師沒有直接責備小男孩的胡鬧，也沒有把他拒之門外，而是運用含而不露的幽默技巧和小男孩開了一個玩笑，使小男孩在幽默輕鬆的交流中認識到自己的錯誤。其實在生活中，如果帶上一些幽默的色彩，指責也可以表達善意。

9 幽默批評，忠言順耳更有效

「良藥苦口」「忠言逆耳」的說法，經常被用來告誡人們要虛心接受批評。可是如果給良藥裹上糖衣，讓忠言聽著順耳，批評的效果豈不是更好？那麼如何做到這一步呢？

首先，批評要善意，要尊重、理解、信任被批評者，對事不對人，以理服人。對事，也僅僅是對其缺點、錯誤，而不能抓住一點，不及其餘，以致否定一個人的全部工作。其次，要注意批評的方式方法。一般說來，在面對批評時，特別是上級批評下級、長輩批評晚輩時，被批評者的心理常處於緊張、嚴肅的狀態，嚴重時還會有伴有焦慮、恐懼、對立、洩氣等情緒，它們是雙方建立感情聯繫的障礙，多少會影響到批評的效果。如果批評能運用幽默的手段，批評者笑著講道理，被批評者在笑聲中微微臉紅，內心深處接收到的是觸動而非刺激，心情愉快接受指教，就更容易接受批評了。

喬治·華盛頓是美國的第一位總統。他有一個年輕的秘書，一天早晨，這位秘書來遲了，他發現華盛頓正在等著，感到很內疚，便說他的錶出毛病了。

華盛頓平靜地回答：「恐怕你得換一隻錶，否則我就要換一位秘書了。」

華盛頓的批評是嚴厲的，但同時也是幽默的，用換錶來類比換秘書，相信那位年輕的秘書能夠聽出總統的真實意思。

人都是有自尊心的，俗話說「人要臉，樹要皮」，直截了當地批評某個人，會條件反射地引起他找某些理由來為自己辯護，或者會以沉默反抗，口服心不服，造成積怨，而幽默的批評往往採用了影射的方式，保住了對方的臉面，讓對方有個思考迴旋的餘地。其次，幽默總能產生許多笑料和聯想，使聽者能領會到說話人的真正目的，從而愉悅地接受批評。

一位女員工總習慣星期一上班遲到。有一天，主管問她：「小姐，星期天晚上有空嗎？」

「當然有，先生！」這位女員工很開心，以為主管要請她吃晚飯。

「那就請你早點上床睡覺，週一早上早些起來，免得上班遲到！」

主管對女員工的提醒是善意的，又以幽默委婉的方式表達出來，使女員工更容易接受。上級在對下屬進行管理中，批評與責備有時是必需的，不可缺少的。然而，事實上，一貫的指責和批評很難使自己的下屬心平氣和，也難以取得好的管理效果。鑑於此，如果在管理中採用夾帶著濃厚幽默語氣的人性化批評，通過滿面的笑容來進行管理，那就沖淡了批評與責備的意味，在說者有意，聽者有心的情況下，保全了對方的自尊。

10 用幽默口才緩和氣氛

大千世界，紛繁複雜，在任何場合都免不了磕磕碰碰。一些細節如果處理不好，會帶來不必要的麻煩。如果遇到一些棘手問題，學著用幽默的心態面對它，會使大事化小，小事化了，從而還你一片明淨的天空。

每一天，人們都要面對諸多的人和事，大家在與人交往之時總會出現一些小摩擦。如果將這些小問題看得過重，會影響自己的正常生活，也會對別人造成心理上的不愉悅，而幽默的心態則能緩和一些尷尬氣氛。

在一艘遊船上，一位有妻室的辯論能手與一位漂亮時尚的女子同在一個包廂。經過交談，女子被辯論能手的語言魅力深深吸引，想引誘他。

她躺在軟席上說：「先生，我覺得好冷。」辯論能手很紳士地為她蓋上被子。但是她還是說冷。於是辯論能手把自己的被子也給了她。但是那位女子還是不停地說冷。

辯論能手沮喪地問：「我還能怎麼幫助你呢？」

女子說：「我在家的時候，我媽媽總是用身子來暖和我。」

不料辯論能手機智地回答道：「那我現在總不能跳下海去找你的媽媽吧？」

就這樣，辯論能手用他的機智幽默化解了同處一室的尷尬，為兩個人都贏得了一個相對輕鬆的空間。幽默是人類獨創的智慧。在尷尬中使用幽默是一種無懈可擊的力量，在你或者別人遇到尷尬的時候，不妨來一劑幽默的空氣清新劑。

一位電影明星一次又一次地向著名導演希區柯克嘮叨攝影機的角度問題，讓他務必從她「最好的一邊」來拍攝。「抱歉，做不到，」希區柯克說，「我們沒法拍到你最好的一邊，因為你正把它壓在椅子上。」

面對這位明星的嘮叨，希區柯克沒有表現得不耐煩，而是非常有風度地用一個小幽默來調節了一下氣氛。像希區柯克這樣常常保持樂觀的態度、同別人一起分享幽默的人，不但會受人歡迎，也一定是一個快樂的人。

11 創造性幽默思維，良好氣氛

常規的思維往往將人的思想束縛在一種慣性之中。而幽默思維是一種較高級的思維形式，善於從常人想不到的角度來思考和表達問題，讓人們在令人捧腹之時感受到腦力激盪的魅力。

在一次「香港小姐」評選中，主考人向某小姐提了個特別的問題：「你願意嫁給蕭邦還是希特勒？」某小姐笑著回答：「我願意嫁給希特勒。」全場愕然。某小姐接著說：「假如我嫁給希特勒，也許就不會發生第二次世界大戰了。」滿堂為之喝彩，該小姐一舉奪魁。

按照常規思維，人們的選擇肯定是才華橫溢的蕭邦而非惡貫滿盈的希特勒。某小姐的逆向思維，反而讓她因善良之心脫穎而出。

突破常規思維，還能在危急時刻救你一命。

有一天乾隆皇帝問大學士紀曉嵐：「紀卿，『忠孝』之意何解？」

紀曉嵐答道：「君要臣死，臣不得不死，為『忠』；父要子亡，子不得不亡，為『孝』。」

乾隆皇帝立即說：「那好，朕現在就要你去盡忠，行嗎？」

「臣領旨！」

「那你打算怎麼個死法？」乾隆皇帝問。

「跳河。」

乾隆皇帝當然知道紀曉嵐不會去死，於是就靜觀其應變辦法。不一會兒，紀曉嵐回來了，乾隆笑道：「紀卿何以未死？」

紀曉嵐答道：「臣走到河邊，正要往下跳時，屈原從水裏向我走來，他說：『紀曉嵐，你此舉大錯矣，想當年楚王昏庸，我才不得不死。你在跳河之前應該先回去問問皇上是不是昏君，如果不是昏君，你就不該投河而死；如果說是，你再來跳河也不遲啊！』」

紀曉嵐跳出常規思維，面對皇帝的戲謔，巧借屈原之說，金蟬脫殼，不愧是如簧之舌，一代辯才！幽默化思維可以在緊張狀態中，以從容的姿態出現。其中暗含明知故犯的勇氣，以便在真實性的基礎上，誇大真理的某一點，以取得漫畫式的效果，這對人們在放鬆的狀態下釋放靈感，是有益無害的。

12 幽默使交往更融洽

一個人的語言可以像優美的歌曲，也可以像傷人的邪火。幽默機智的話能給人以喜悅滿足之感，在社交中適地適時地運用幽默將會使人們的關係更加和諧、親切。可以說，幽默是人類特有的天賦，幽默與智慧相伴。古往今來，許多智者都不乏幽默感，他們的智慧中蘊涵著幽默，幽默中含有機智，正如俄國文學家契訶夫所說:「不懂得開玩笑的人是沒有希望的人！這樣的人即使額高七寸、聰明絕頂，也算不上真正有智慧的人。」

有一次，財政部長喬治•漢弗走進艾森豪總統的辦公室時，艾森豪握住他的手並親切地說:「親愛的喬治，我注意到你的梳頭方式和我一樣。」漢弗抬頭一看，原來艾森豪和他一樣，都是光頭。俗話說「伸手不打笑臉人」，就是這樣一個道理。幽默輕鬆，表達了人類征服憂愁的能力，廣布歡笑，令人如坐春風，神清氣爽，困頓全消。在人的精神世界裏，幽默實在是一種調節氣氛的精神養料。

善說者一席幽默的話語，往往既活躍了氣氛，又縮短了兩者之間的距離。無數事例可以證明，風趣幽默是說者和聽者建立融洽關係的有效途徑與手段。

13 用幽默打破僵局

用轉移話題的幽默談判技巧能打破僵局。這種轉移話題打破僵局的方法，常常使談判繞了一個圈子，多走了一些彎路之後又成功地到達了終點，達成雙方都能接受的協定。話題轉移得幽默巧妙，不僅能調節氣氛，還能為談判掃除障礙，鋪平道路。

初秋的一天，四個商人忙裏偷閒坐在公園的長凳上，邊欣賞雲淡風輕的秋色，邊閒談起來。一個說：「我們四人是要好的朋友，幹嗎不趁此良機暢談各自的缺點，好讓我們彼此瞭解呢？」他這麼一說，其他三人都點頭同意。

一個說：「我好喝酒，常常是見酒不要命，不醉不甘休。」

其他三人聽罷吃了一驚，心想，我一定要說得比他更慘些，要不他會為自己的缺點感到難過的。

接著，另一人說：「既然老兄如此坦誠，我不妨也實話實說吧，我好賭，有時，甚至想偷錢去賭。」大家又是大吃一驚。

第三個商人說：「老兄們，我真是傷透腦筋了，知道嗎，我越來越喜歡鄰居家的一個女兒，一個有夫之婦。」

聽了這話，商人們更加吃驚。輪到第四個商人了，可他默不作聲，其他三人再三追問，他才開口說：「我不知道知何啓齒呀！」

「沒關係，老兄，我們一定為你保密！」

「是這樣的，我有一個改不了的毛病——好傳閒話。」

14 放鬆精神，感受美感

有人說：「沒有幽默的語言是一篇公文，沒有幽默感的人是一尊塑像。」這話是很有見地的。現代社會高效率、快節奏、信息量大，這樣必然會使人的大腦容易產生疲勞。如果我們的生活多點笑聲，多點幽默，就會消除人們的煩躁心理，保持情緒的平衡。說話，在某種程度上，具有一定的娛樂性。它不應該讓人感到緊張、費力，而應給人一種舒適、輕鬆的感覺。

一天晚上，一位先生在馬路上丟失了一隻金戒指。當時路燈很暗，他無法尋找。

這位先生急匆匆地趕回家，在房間裏到處找起來。他妻子問：「你找什麼東西？」

「我找戒指。」

「你是在家裏丟掉的嗎？」

「不，在馬路上。」

「那你為什麼要在這裏找？」

「因為馬路上黑，家裏亮。」

幽默的談吐往往惹得人們捧腹而笑，然而，談吐的風趣也是一種美感，給人以美的享受。

有個大財主訂了個規矩：莊稼人遇到他，都得敬禮，否則便要挨鞭子。

一天，阿凡提經過這裏，碰上了大財主。

「你為什麼不向我敬禮？窮小子！」大財主怒不可遏。

「我為什麼要向你敬禮？」

「我最有錢，有錢就有勢，窮小子，你得向我敬禮，否則我就抽你。」

阿凡提站著不動。

圍觀的人越來越多，大財主有點兒心虛，便壓低聲對阿凡提說：「這樣吧，我口袋裏有一百塊錢。我給你五十塊，你就向我敬個禮吧！」阿凡提慢慢悠悠地把錢裝進兜裏，說：「現在你有五十塊錢，我也有五十塊錢，憑什麼非要向你行禮不可呢？」

週圍的人大笑起來，大財主又氣又急，一下子把剩下的五十塊也掏了出來：「聽著，如果你聽我的，那我就把這五十塊錢也送給你！」

阿凡提又把這五十塊錢收下，接著嚴肅地說：「好吧，現在我有一百塊，你卻一分錢也沒有了。有錢就有勢，向我行禮吧！」

大財主目瞪口呆。

阿凡提的故事雖然帶有寓言的色彩，但他的話語的確有趣，給人以美的享受。

如果我們的生活中多一些幽默，少幾分冷漠，就會讓生活變得更有趣味。

有一次美國老牌明星雷利參加一場晚會。

主持人問道：「你經常去看醫生嗎？」

雷利說：「對，我經常去看。」

主持人問：「為什麼？」

雷利說：「因為只有常去看醫生，醫生才能活下去。」

台下頓時爆發出熱烈的掌聲，人們紛紛為雷利機智的話語喝彩。

主持人又問：「你經常買藥嗎？」

雷利回答：「是啊，藥店經理也得活下去。」台下又響起一陣熱烈的鼓掌聲。

主持人問：「你常吃藥嗎？」

雷利說：「不，當然不，我常把藥片扔掉，因為我也要活下去。」

主持人突然轉向另一個問題：「夫人還好嗎？」

雷利笑著答道：「還是那一個，沒換。」

台下又是一陣大笑。

主持人與雷利的問答，使台下的觀眾興致盎然，笑聲不斷。正是雷利的機智和幽默，才讓晚會妙趣橫生，使現場氣氛十分熱烈。

在現實生活中，很多人會因一些微不足道的小事引發煩躁的情緒，於是心理失衡，或鬱鬱寡歡，或大發雷霆。此時，來一點輕鬆的幽默，能讓你擺脫煩惱，使你的生活充滿樂趣。

15 用幽默製造互動

演講的氣氛很重要。從演講者走上演講台的那一刻起，整個演講場合就已經充滿了一種由演講者的風度所帶來的演講氣氛。

要想嫺熟地營造幽默的演講氣氛，我們還要學會改變話題，或者改變講話的方式，通過講些小笑話或來一兩句妙語，由他們本身所具有幽默的力量來吸引聽眾。例如說到人生的問題，你可以說：

「先生們，不論人生多麼艱難與痛苦，我們總是可以在一個地方找到『慰藉』的，那就是辭典裏。」

上面的演講者通過前半句話吊起聽眾的胃口，又通過後半句話給出出人意料的結果，成功地為他的演講營造出幽默的氣氛。不過，有些時候演講者所用的幽默也會失敗，這時候你就可以這樣說：

「這個幽默的奧妙之處，得要出動聯邦調查局才能發現。」

如果你只顧自己說些自認為幽默的話語，那麼你的幽默可能會很少成功，因為你忽略了你的聽眾。一個真正的演講高手在營造幽默的演講氣氛時，一定不會忘記與他的聽眾互動，他可以通過與聽眾開玩笑的方式讓聽眾參與到他的幽默中來，這種在聽說雙方之間互動、交流的基礎上營造起來的幽默氣氛才是和諧的、有效的。

幽默的人善於撥動笑的神經，使嚴肅的話題變得輕鬆，讓對方丟掉緊張的情緒。幽默是一種藝術、一種潤滑劑，面對嚴肅的話題時幽默一下，會產生較好的效果。

一名司機將車停在一個禁止停車的區段裏。他怕車子被員警拖走，於是在車窗外貼了一張紙條：「非常對不起，我已在附近轉了半個小時了，如果我不把車停在這裏，我將失去這份工作。」

當他回來時，發現一張違章停車罰單和一張便條同樣地貼在他的車窗上，他拿下便條，只見上面寫著：「我已經在這裏工作了二十年，如果不給你開這張罰單，我將失去我的工作。」

幽默能夠創造和諧愉悅的氣氛，使對立的雙方發生心理上的轉變，消融抵觸情緒，使嚴肅的話題變得輕鬆，易於為對方所接納。

有一位小夥子，剛開始學騎車。當他騎到馬路邊上時，看到前面有人，就連聲喊叫：「別動！別動！」那人聞聲站住了，但最終還是被小夥子撞倒在地。

小夥子放下自行車，扶起這人，連聲向他道歉。那人拍拍身上的土，幽默地說：「原來你在打靶呀，叫我別動就是為了練瞄準！」

幽默展示的是一種溫和的態度，因為它是極具生活色彩的。無論遇到什麼樣的問題，只要我們能巧妙地運用幽默，常常能取得事半功倍的效果。

112	員工招聘技巧	360元
113	員工績效考核技巧	360元
114	職位分析與工作設計	360元
116	新產品開發與銷售	400元
122	熱愛工作	360元
124	客戶無法拒絕的成交技巧	360元
125	部門經營計劃工作	360元
127	如何建立企業識別系統	360元
129	邁克爾·波特的戰略智慧	360元
130	如何制定企業經營戰略	360元
132	有效解決問題的溝通技巧	360元
135	成敗關鍵的談判技巧	360元
137	生產部門、行銷部門績效考核手冊	360元
138	管理部門績效考核手冊	360元
139	行銷機能診斷	360元
140	企業如何節流	360元
141	責任	360元
142	企業接棒人	360元
144	企業的外包操作管理	360元
145	主管的時間管理	360元
146	主管階層績效考核手冊	360元
147	六步打造績效考核體系	360元
148	六步打造培訓體系	360元
149	展覽會行銷技巧	360元
150	企業流程管理技巧	360元
152	向西點軍校學管理	360元
154	領導你的成功團隊	360元
155	頂尖傳銷術	360元
156	傳銷話術的奧妙	360元
159	各部門年度計劃工作	360元
160	各部門編制預算工作	360元
163	只為成功找方法，不為失敗找藉口	360元
167	網路商店管理手冊	360元
168	生氣不如爭氣	360元
170	模仿就能成功	350元
171	行銷部流程規範化管理	360元
172	生產部流程規範化管理	360元
173	財務部流程規範化管理	360元
174	行政部流程規範化管理	360元
176	每天進步一點點	350元
177	易經如何運用在經營管理	350元
178	如何提高市場佔有率	360元
180	業務員疑難雜症與對策	360元
181	速度是贏利關鍵	360元
183	如何識別人才	360元
184	找方法解決問題	360元
185	不景氣時期，如何降低成本	360元
186	營業管理疑難雜症與對策	360元
187	廠商掌握零售賣場的竅門	360元
188	推銷之神傳世技巧	360元
189	企業經營案例解析	360元
191	豐田汽車管理模式	360元
192	企業執行力（技巧篇）	360元
193	領導魅力	360元
197	部門主管手冊(增訂四版)	360元
198	銷售說服技巧	360元
199	促銷工具疑難雜症與對策	360元
200	如何推動目標管理（第三版）	390元
201	網路行銷技巧	360元
202	企業併購案例精華	360元

204	客戶服務部工作流程	360 元
205	總經理如何經營公司(增訂二版)	360 元
206	如何鞏固客戶（增訂二版）	360 元
207	確保新產品開發成功(增訂三版)	360 元
208	經濟大崩潰	360 元
209	鋪貨管理技巧	360 元
210	商業計劃書撰寫實務	360 元
212	客戶抱怨處理手冊(增訂二版)	360 元
214	售後服務處理手冊（增訂三版）	360 元
215	行銷計劃書的撰寫與執行	360 元
216	內部控制實務與案例	360 元
217	透視財務分析內幕	360 元
219	總經理如何管理公司	360 元
222	確保新產品銷售成功	360 元
223	品牌成功關鍵步驟	360 元
224	客戶服務部門績效量化指標	360 元
226	商業網站成功密碼	360 元
228	經營分析	360 元
229	產品經理手冊	360 元
230	診斷改善你的企業	360 元
231	經銷商管理手冊（增訂三版）	360 元
232	電子郵件成功技巧	360 元
233	喬·吉拉德銷售成功術	360 元
234	銷售通路管理實務〈增訂二版〉	360 元
235	求職面試一定成功	360 元
236	客戶管理操作實務〈增訂二版〉	360 元
237	總經理如何領導成功團隊	360 元
238	總經理如何熟悉財務控制	360 元
239	總經理如何靈活調動資金	360 元
240	有趣的生活經濟學	360 元
241	業務員經營轄區市場（增訂二版）	360 元
242	搜索引擎行銷	360 元
243	如何推動利潤中心制度（增訂二版）	360 元
244	經營智慧	360 元
245	企業危機應對實戰技巧	360 元
246	行銷總監工作指引	360 元
247	行銷總監實戰案例	360 元
248	企業戰略執行手冊	360 元
249	大客戶搖錢樹	360 元
250	企業經營計畫〈增訂二版〉	360 元
251	績效考核手冊	360 元
252	營業管理實務（增訂二版）	360 元
253	銷售部門績效考核量化指標	360 元
254	員工招聘操作手冊	360 元
255	總務部門重點工作（增訂二版）	360 元
256	有效溝通技巧	360 元
257	會議手冊	360 元
258	如何處理員工離職問題	360 元
259	提高工作效率	360 元
260	贏在細節管理	360 元
261	員工招聘性向測試方法	360 元
262	解決問題	360 元
263	微利時代制勝法寶	360 元
264	如何拿到 VC（風險投資）的錢	360 元
265	如何撰寫職位說明書	360 元
267	促銷管理實務〈增訂五版〉	360 元

268	顧客情報管理技巧	360 元
269	如何改善企業組織績效〈增訂二版〉	360 元
270	低調才是大智慧	360 元
271	電話推銷培訓教材〈增訂二版〉	360 元
272	主管必備的授權技巧	360 元
274	人力資源部流程規範化管理（增訂三版）	360 元
275	主管如何激勵部屬	360 元
276	輕鬆擁有幽默口才	360 元
277	各部門年度計畫工作（增訂二版）	360 元
278	面試主考官如何達成招聘工作	360 元

《商店叢書》

4	餐飲業操作手冊	390 元
5	店員販賣技巧	360 元
10	賣場管理	360 元
12	餐飲業標準化手冊	360 元
13	服飾店經營技巧	360 元
18	店員推銷技巧	360 元
19	小本開店術	360 元
20	365 天賣場節慶促銷	360 元
29	店員工作規範	360 元
30	特許連鎖業經營技巧	360 元
32	連鎖店操作手冊（增訂三版）	360 元
33	開店創業手冊〈增訂二版〉	360 元
34	如何開創連鎖體系〈增訂二版〉	360 元
35	商店標準操作流程	360 元
36	商店導購口才專業培訓	360 元
37	速食店操作手冊〈增訂二版〉	360 元
38	網路商店創業手冊〈增訂二版〉	360 元
39	店長操作手冊（增訂四版）	360 元
40	商店診斷實務	360 元
41	店鋪商品管理手冊	360 元
42	店員操作手冊（增訂三版）	360 元
43	如何撰寫連鎖業營運手冊〈增訂二版〉	360 元
44	店長如何提升業績〈增訂二版〉	360 元
45	向肯德基學習連鎖經營〈增訂二版〉	360 元
46	連鎖店督導師手冊	360 元
47	賣場如何經營會員制俱樂部	360 元

《工廠叢書》

5	品質管理標準流程	380 元
9	ISO 9000 管理實戰案例	380 元
10	生產管理制度化	360 元
11	ISO 認證必備手冊	380 元
12	生產設備管理	380 元
13	品管員操作手冊	380 元
15	工廠設備維護手冊	380 元
16	品管圈活動指南	380 元
17	品管圈推動實務	380 元
20	如何推動提案制度	380 元
24	六西格瑪管理手冊	380 元
30	生產績效診斷與評估	380 元
32	如何藉助 IE 提升業績	380 元
35	目視管理案例大全	380 元

38	目視管理操作技巧(增訂二版)	380 元
40	商品管理流程控制(增訂二版)	380 元
42	物料管理控制實務	380 元
46	降低生產成本	380 元
47	物流配送績效管理	380 元
49	6S 管理必備手冊	380 元
50	品管部經理操作規範	380 元
51	透視流程改善技巧	380 元
55	企業標準化的創建與推動	380 元
56	精細化生產管理	380 元
57	品質管制手法〈增訂二版〉	380 元
58	如何改善生產績效〈增訂二版〉	380 元
60	工廠管理標準作業流程	380 元
62	採購管理工作細則	380 元
63	生產主管操作手冊(增訂四版)	380 元
64	生產現場管理實戰案例〈增訂二版〉	380 元
65	如何推動 5S 管理（增訂四版）	380 元
66	如何管理倉庫（增訂五版）	380 元
67	生產訂單管理步驟〈增訂二版〉	380 元
68	打造一流的生產作業廠區	380 元
70	如何控制不良品〈增訂二版〉	380 元
71	全面消除生產浪費	380 元
72	現場工程改善應用手冊	380 元
73	部門績效考核的量化管理（增訂四版）	380 元
74	採購管理實務〈增訂四版〉	380 元

《醫學保健叢書》

1	9 週加強免疫能力	320 元
3	如何克服失眠	320 元
4	美麗肌膚有妙方	320 元
5	減肥瘦身一定成功	360 元
6	輕鬆懷孕手冊	360 元
7	育兒保健手冊	360 元
8	輕鬆坐月子	360 元
11	排毒養生方法	360 元
12	淨化血液　強化血管	360 元
13	排除體內毒素	360 元
14	排除便秘困擾	360 元
15	維生素保健全書	360 元
16	腎臟病患者的治療與保健	360 元
17	肝病患者的治療與保健	360 元
18	糖尿病患者的治療與保健	360 元
19	高血壓患者的治療與保健	360 元
22	給老爸老媽的保健全書	360 元
23	如何降低高血壓	360 元
24	如何治療糖尿病	360 元
25	如何降低膽固醇	360 元
26	人體器官使用說明書	360 元
27	這樣喝水最健康	360 元
28	輕鬆排毒方法	360 元
29	中醫養生手冊	360 元
30	孕婦手冊	360 元
31	育兒手冊	360 元
32	幾千年的中醫養生方法	360 元
33	免疫力提升全書	360 元

34	糖尿病治療全書	360 元
35	活到 120 歲的飲食方法	360 元
36	7 天克服便秘	360 元
37	為長壽做準備	360 元
38	生男生女有技巧〈增訂二版〉	360 元
39	拒絕三高有方法	360 元

《培訓叢書》

4	領導人才培訓遊戲	360 元
8	提升領導力培訓遊戲	360 元
11	培訓師的現場培訓技巧	360 元
12	培訓師的演講技巧	360 元
14	解決問題能力的培訓技巧	360 元
15	戶外培訓活動實施技巧	360 元
16	提升團隊精神的培訓遊戲	360 元
17	針對部門主管的培訓遊戲	360 元
18	培訓師手冊	360 元
19	企業培訓遊戲大全（增訂二版）	360 元
20	銷售部門培訓遊戲	360 元
21	培訓部門經理操作手冊（增訂三版）	360 元
22	企業培訓活動的破冰遊戲	360 元
23	培訓部門流程規範化管理	360 元

《傳銷叢書》

4	傳銷致富	360 元
5	傳銷培訓課程	360 元
7	快速建立傳銷團隊	360 元
10	頂尖傳銷術	360 元
11	傳銷話術的奧妙	360 元
12	現在輪到你成功	350 元
13	鑽石傳銷商培訓手冊	350 元
14	傳銷皇帝的激勵技巧	360 元
15	傳銷皇帝的溝通技巧	360 元
17	傳銷領袖	360 元
18	傳銷成功技巧（增訂四版）	360 元
19	傳銷分享會運作範例	360 元

《幼兒培育叢書》

1	如何培育傑出子女	360 元
2	培育財富子女	360 元
3	如何激發孩子的學習潛能	360 元
4	鼓勵孩子	360 元
5	別溺愛孩子	360 元
6	孩子考第一名	360 元
7	父母要如何與孩子溝通	360 元
8	父母要如何培養孩子的好習慣	360 元
9	父母要如何激發孩子學習潛能	360 元
10	如何讓孩子變得堅強自信	360 元

《成功叢書》

1	猶太富翁經商智慧	360 元
2	致富鑽石法則	360 元
3	發現財富密碼	360 元

《企業傳記叢書》

1	零售巨人沃爾瑪	360 元
2	大型企業失敗啟示錄	360 元
3	企業併購始祖洛克菲勒	360 元
4	透視戴爾經營技巧	360 元
5	亞馬遜網路書店傳奇	360 元
6	動物智慧的企業競爭啟示	320 元
7	CEO 拯救企業	360 元
8	世界首富　宜家王國	360 元

9	航空巨人波音傳奇	360 元
10	傳媒併購大亨	360 元

《智慧叢書》

1	禪的智慧	360 元
2	生活禪	360 元
3	易經的智慧	360 元
4	禪的管理大智慧	360 元
5	改變命運的人生智慧	360 元
6	如何吸取中庸智慧	360 元
7	如何吸取老子智慧	360 元
8	如何吸取易經智慧	360 元
9	經濟大崩潰	360 元
10	有趣的生活經濟學	360 元
11	低調才是大智慧	360 元

《DIY 叢書》

1	居家節約竅門 DIY	360 元
2	愛護汽車 DIY	360 元
3	現代居家風水 DIY	360 元
4	居家收納整理 DIY	360 元
5	廚房竅門 DIY	360 元
6	家庭裝修 DIY	360 元
7	省油大作戰	360 元

《財務管理叢書》

1	如何編制部門年度預算	360 元
2	財務查帳技巧	360 元
3	財務經理手冊	360 元
4	財務診斷技巧	360 元
5	內部控制實務	360 元
6	財務管理制度化	360 元
8	財務部流程規範化管理	360 元

9	如何推動利潤中心制度	360 元

為方便讀者選購，本公司將一部分上述圖書又加以專門分類如下：

《企業制度叢書》

1	行銷管理制度化	360 元
2	財務管理制度化	360 元
3	人事管理制度化	360 元
4	總務管理制度化	360 元
5	生產管理制度化	360 元
6	企劃管理制度化	360 元

《主管叢書》

1	部門主管手冊	360 元
2	總經理行動手冊	360 元
4	生產主管操作手冊	380 元
5	店長操作手冊（增訂版）	360 元
6	財務經理手冊	360 元
7	人事經理操作手冊	360 元
8	行銷總監工作指引	360 元
9	行銷總監實戰案例	360 元

《總經理叢書》

1	總經理如何經營公司(增訂二版)	360 元
2	總經理如何管理公司	360 元
3	總經理如何領導成功團隊	360 元
4	總經理如何熟悉財務控制	360 元
5	總經理如何靈活調動資金	360 元

《人事管理叢書》

1	人事管理制度化	360 元
2	人事經理操作手冊	360 元
3	員工招聘技巧	360 元
4	員工績效考核技巧	360 元
5	職位分析與工作設計	360 元

7	總務部門重點工作	360 元
8	如何識別人才	360 元
9	人力資源部流程規範化管理（增訂三版）	360 元
10	員工招聘操作手冊	360 元
11	如何處理員工離職問題	360 元

《理財叢書》

1	巴菲特股票投資忠告	360 元
2	受益一生的投資理財	360 元
3	終身理財計劃	360 元
4	如何投資黃金	360 元
5	巴菲特投資必贏技巧	360 元
6	投資基金賺錢方法	360 元
7	索羅斯的基金投資必贏忠告	360 元
8	巴菲特為何投資比亞迪	360 元

《網路行銷叢書》

1	網路商店創業手冊〈增訂二版〉	360 元
2	網路商店管理手冊	360 元
3	網路行銷技巧	360 元
4	商業網站成功密碼	360 元
5	電子郵件成功技巧	360 元
6	搜索引擎行銷	360 元

《企業計畫叢書》

1	企業經營計劃〈增訂二版〉	360 元
2	各部門年度計劃工作	360 元
3	各部門編制預算工作	360 元
4	經營分析	360 元
5	企業戰略執行手冊	360 元

《經濟叢書》

1	經濟大崩潰	360 元
2	石油戰爭揭秘(即將出版)	

當市場競爭激烈時：

培訓員工，強化員工競爭力
是企業最佳對策

「人才」是企業最大的財富。如何提升人才，是企業永續經營、戰勝對手的核心競爭力。積極培訓公司內部員工，是經濟不景氣時期的最佳戰略，而最快速的具體作法，就是**「建立企業內部圖書館，鼓勵員工多閱讀、多進修專業書籍」**

建議您：請一次購足本公司所出版各種經營管理類圖書，作為貴公司內部員工培訓圖書。 使用率高的（例如「贏在細節管理」），準備 3 本；使用率低的（例如「工廠設備維護手冊」），只買 1 本。

最暢銷的《企業制度叢書》

名稱		說明	特價
1	行銷管理制度化	書	360 元
2	財務管理制度化	書	360 元
3	人事管理制度化	書	360 元
4	總務管理制度化	書	360 元
5	生產管理制度化	書	360 元
6	企劃管理制度化	書	360 元

上述各書均有在書店陳列販賣，若書店賣完，而來不及由庫存書補充上架，請讀者直接向店員詢問、購買，最快速、方便！

請透過郵局劃撥購買：

郵局戶名：憲業企管顧問公司

郵局帳號：18410591

醫學保健叢書

1	9週加強免疫能力	2	維生素如何保護身體
3	如何克服失眠	4	美麗肌膚有妙方
5	減肥瘦身一定成功	6	輕鬆懷孕手冊
7	育兒保健手冊	8	輕鬆坐月子
9	生男生女有技巧	10	如何排除體內毒素
11	排毒養生方法	12	淨化血液　強化血管
13	排除體內毒素	14	排除便秘困擾
15	維生素保健全書	16	腎臟病患者的治療與保健
17	肝病患者的治療與保健	18	糖尿病患者的治療與保健
19	高血壓患者的治療與保健	20	飲食自療方法
21	拒絕三高	22	給老爸老媽的保健全書
23	如何降低高血壓	24	如何治療糖尿病
25	如何降低膽固醇	26	人體器官使用說明書
27	這樣喝水最健康	28	輕鬆排毒方法
29	中醫養生手冊	30	孕婦手冊
31	育兒手冊	32	幾千年的中醫養生方法
33	免疫力提升全書	34	糖尿病治療全書
35	活到120歲的飲食方法	36	7天克服便秘
37	為長壽做準備		

上述各書均有在書店陳列販賣，若書店賣完，而來不及由庫存書補充上架，請讀者直接向店員詢問、購買，最快速、方便！

請透過郵局劃撥購買：

劃撥戶名：憲業企管顧問公司

劃撥帳號：18410591

最暢銷的商店叢書

名　稱	說　明	特　價
1　速食店操作手冊	書	360 元
4　餐飲業操作手冊	書	390 元
5　店員販賣技巧	書	360 元
6　開店創業手冊	書	360 元
8　如何開設網路商店	書	360 元
9　店長如何提升業績	書	360 元
10　賣場管理	書	360 元
11　連鎖業物流中心實務	書	360 元
12　餐飲業標準化手冊	書	360 元
13　服飾店經營技巧	書	360 元
14　如何架設連鎖總部	書	360 元
15　〈新版〉連鎖店操作手冊	書	360 元
16　〈新版〉店長操作手冊	書	360 元
17　〈新版〉店員操作手冊	書	360 元
18　店員推銷技巧	書	360 元
19　小本開店術	書	360 元
20　365 天賣場節慶促銷	書	360 元
21　科學化櫃檯推銷技巧	4 片（CD 片）	買 4 本商店叢書的贈品 CD 片（1800 元）

上述各書均有在書店陳列販賣，若書店賣完，而來不及由庫存書補充上架，請讀者直接向店員詢問、購買，最快速、方便！

凡向**出版社**一次劃撥購買上述圖書 4 本（含）以上，贈送「科學化櫃檯推銷技巧」（CD 片教材，一套 4 片）。

請透過郵局劃撥購買：

郵局劃撥戶名：憲業企管顧問公司

郵局劃撥帳號：18410591

經營顧問叢書 ㉗⑥ **售價：360 元**

輕鬆擁有幽默口才

西元二〇一一年十二月　初版一刷

編著：李俊鵬
策劃：麥可國際出版有限公司（新加坡）
編輯：蕭玲
校對：焦俊華
發行人：黃憲仁
發行所：憲業企管顧問有限公司
電話：（02）2762-2241　（03）9310960　0930872873
臺北聯絡處：臺北郵政信箱第 36 之 1100 號
銀行 ATM 轉帳：合作金庫銀行　帳號：**5034-717-347447**
郵政劃撥：**18410591**　**憲業企管顧問有限公司**

登記證：行政業新聞局版台業字第 6380 號

圖書編號 ISBN：978-986-6084-35-5